KB121336

The Power of Small

작은 것의 힘

사소한 행동의 심리학

작은 것의 힘

2020년 2월 26일 초판 1쇄 발행
2022년 6월 13일 초판 4쇄 발행

지 은 이 | 아이슬링 레너드 커틴, 트리시 레너드 커틴
옮 긴 이 | 박선령
펴 낸 이 | 김정수, 강준규

책임편집 | 유형일
마 케 팅 | 추영대
마케팅지원 | 배진경, 임혜솔, 송지유

펴 낸 곳 | (주)로크미디어
출판등록 | 2003년 3월 24일
주   소 | 서울시 마포구 성암로 330 DMC 첨단산업센터 318호
전   화 | 02-3273-5135 FAX | 02-3273-5134
편집문의 | 070-7863-0333

홈페이지 | http://www.rokmedia.com
이 메 일 | rokmedia@empas.com

ISBN 979-11-354-5976-4 (03180)
책값은 표지 뒷면에 있습니다.

안드로메디안(Andromedian)은 로크미디어의 실용 도서 브랜드입니다.
잘못 만들어진 책은 구입하신 서점에서 교환해 드립니다.

The Power of Small

작은 것의 힘

사소한 행동의 심리학

아이슬링 레너드 커틴, 트리시 레너드 커틴 지음 · 박선령 옮김

모든 일이 너무 힘겹게 느껴질 때

작지만 강력한 변화를 이루자

Andromedian

아이슬링 레너드 커틴 Aisling Leonard-Curtin

The Power of Small

아이슬링 레너드 커틴은 마음챙김과 수용전념치료(ACT), 기능분석치료(FAP)를 전문으로 하는 상담 심리학자이다. 아일랜드에서 가장 큰 수용전념치료 워크숍 기관인 액트 나우 퍼포즈풀 리빙(ACT Now Purposeful Living)의 공동 설립자이기도 하다. 유구한 역사를 자랑하는 더블린 트리니티 칼리지에서 심리학을 전공했으며 동 대학교에서 박사 과정 수업을 가르치고 있다. 사람들이 현재에 집중하고 삶의 장애물을 극복해 인생에서 중요한 것에 몰두할 수 있게 돕고 있다. 아이슬링은 교차 검증(peer reviewed)을 받은 전 세계 100명 미만의 ACT 코치 중 한 명이다. 기업, 정신의학과, 중독치료센터, 지역 커뮤니티, 공공기관 및 교육기관 등에서 경험을 쌓았다. 또 유럽 세계화조정기금(EGF), CPM 코칭, 더블린 공과 대학, 국립 더블린 대학교를 포함한 다양한 기관과 협력했다. 하버드 대학을 포함해 전 세계 대학들에서 강의를 하고 ACT 워크숍을 진행하고 있다. 아일랜드 코크 대학(UCC)의 코칭 석사과정 강사이기도 하다. ACT 관련 저서들로 국제적인 인지도를 쌓았으며 많은 사람들에게 혁신적인 마음 관리 방법을 알리는 데 열중하고 있다. 복잡한 개념을 알기 쉽게 설명하고 적용하는 것에 열정을 가지고 있으며 2016년에 《성소수자를 위한 마음챙김과 수용(Mindfulness and Acceptance for Gender and Sexual Minorities)》을 출간했다. 정기적으로 라디오 방송에 출연하고 신문 인터뷰에 응하고 있다. 여가 시간에는 소설을 쓰거나 즉흥 코미디 공연을 한다.

트리시 레너드 커틴 Dr. Trish Leonard-Curtin

트리시 레너드 커틴 박사는 변증법적 행동치료(DBT), 수용전념치료, 기능분석치료를 전문으로 하는 상담 심리학자다. 아일랜드에서 가장 오래된 트리니티 칼리지에서 심리학과를 우등 졸업했고 동 대학에서 심리학 박사 학위를 받았다. 아이슬링과 함께 액트 나우 퍼포즈풀 리빙(ACT Now Purposeful Living)의 공동 설립자이다. 미국의 심리 치료 및 DBT 치료법 협력 기관인 TIC(Treatment Implementation Collaborative)의 설립자인 셰리 매닝 박사 밑에서 수학했다. 트리시는 외래 환자, 병원, 개인 진료 등 다양한 환경에서 청소년과 성인의 트라우마를 상담하고 치료해왔다. 마음챙김을 기반으로 하는 다양한 심리치료 방법을 훈련했고 일상생활에서의 마음챙김도 중요하게 여긴다. 영국의 국민건강보험(NHS)과 함께 명상 기반 워크숍을 공동 기획했다. 트리시는 DBT의 '변증법' 개념에 관심이 많으며 사람들이 변화의 어려움을 극복하고 균형을 맞춰 가치 있는 삶을 살도록 돕는 데 최선을 다하고 있다.

박선령

세종대학교 영어영문학과를 졸업하고 MBC방송문화원 영상번역과정을 수료하였다. 현재 번역 에이전시 엔터스코리아에서 출판기획 및 전문 번역가로 활동하고 있다.

주요 역서로는 《성실함의 배신 : 목적 없는 성실함이 당신을 망치고 있다》, 《어떻게 인생 목표를 이룰까 : 와튼스쿨의 베스트 인생 만들기 프로그램》, 《북유럽 신화》, 《타이탄의 도구들 : 1만 시간의 법칙을 깬 거인들의 61가지 전략》, 《앤디워홀 이야기》, 《곁에 두고 싶은 사람이 되라 : 마음을 얻는 관계의 기술 충성》, 《똑똑한 심리학》, 《결정의 심리학》 등 다수가 있다.

커틴 할머니께.
제가 살아오는 동안 내내, 특히 제 청소년기에
해 주신 수많은 작은 일들에 감사드립니다.
할머니께서 직접 만드신 사과 타르트와 갈색 빵을 먹으면
극도의 불안과 깊은 슬픔에 빠져 있을 때도 항상 연결되어
있다는 느낌에 평온한 기분이 든답니다.
정말 사랑합니다.
제 인생에 할머니 같은 분이 계셔서 얼마나 감사한지 몰라요.

– 아이슬링 레너드 커틴

올해 초에 돌아가신 아버지께.
아주 어릴 때부터 아버지는 학문에 대한 나의 끝없는
호기심과 욕구를 북돋아 주셨고, 책과 자연, 음악에 대한
사랑을 너그럽게 키워 주셨다. 아버지의 사랑과 지지,
그리고 되고 싶은 사람이 될 수 있고 마음먹은 건
뭐든지 이룰 수 있다는 한결같은 믿음을 누릴 수
있었던 나는 정말 축복받은 사람이다.

– 트리시 레너드 커틴

목차

3부 작은 도구의 힘

4부 '작은 것의 힘'을 기본적인 생활방식으로 삼자

추천사

이 책을 읽으면서 '세상에! 이건 나잖아'라는 생각이 계속 들었다. 내 안의 두려움을 인식한다는 건 그리 마음 편한 일이 아니다. 나는 실패를 두려워한다. 이것은 자신을 괴롭히는 생각 중에서 가장 흔한 편에 속한다고 저자들은 말한다. 그러면서 이런 생각이 우리를 지배하지 못하도록 하려면, 그 사실을 인정하고 40초 동안 크고 빠르게 반복해서 말하라고 한다. 실패는 대부분의 사람이 본능적으로 반응을 보이는 단어라고 한다. 맞다. 처음 사실을 입 밖에 냈을 때는 정말 마음이 아팠다. 하지만 40초 동안 그러자 별로 고통을 느끼지 않게 되었다. 두려움을 인정하고 이름을 붙임으로써 그 해악에서 어느 정도 벗어날 수 있게 되었다. 이건 작은 한 걸음이지만 우리 삶에 스트레스와 고통을 안겨 주는 두려움을 해체하기 위한 첫 걸음이었다.

이 책은 주로 수용에 관한 것이다. '원치 않는 감정을 피하려고 할수록 불안과 우울증을 겪을 가능성이 커진다.' 때로는 슬픔을 느끼지 않으려고 일부러 바쁘게 지낸다. 때로는 치매를 앓는 부모에게 분개하고 부끄러워하기도 한다. 저자들은 그런 분노의 감정을 글로 적으라고 한다. 공개적으로 말할 수 없는 내용이라도 스스로에게는 인정하라고.

이 책은 우리 자신에 대해서 다시 알게 한다. 내가 태어났을 때는 꿈도 못 꿨던 엄청난 성능을 가진 컴퓨터를 이제는 매일 사용한다. 그만큼 기술적으로 매우 복잡해진 이 세상에서 자신의 마음과 육체에 대한 인식은 줄어들었고, 스스로를 편하게 대할 수 없다. 아이슬링과 트리시가 책 초반에서 말하길, 우리는 스마트폰이나 컴퓨터처럼 항상 '켜진' 상태를 유지하다 보니 결국 심한 중압감을 느낀다.

이에 대한 해답은 크고 극적일 필요가 없다고 한다. 신선한 공기를 마시면서 5분 동안 밖을 걸어 다니거나, 2분간 조용히 앉아서 호흡에 집중하는 등 작은 일이 큰 효과를 발휘할 수 있다. 또 친구의 말에 신중히 귀 기울이고, 주의 깊게 음악을 듣고, 음식을 먹을 때 한 입 한 입 맛을 느끼고, 밖에서 나는 소리와 바람, 모든 사물의 색을 알아차리는 등 자동 조종 모드에서 벗어나 살아가는 매 순간을 음미하는 법을 배워야 한다고 설명한다.

거절하는 법을 배우는 것처럼 다른 간단한 방법도 있다. 나도 15년쯤 전에 거절을 잘 못 하는 탓에 지나치게 많은 일을 수락하고 있다는 걸 깨달았다. 그래서 휴대폰에 '그냥 싫다고 말해'라고 적은 스티커를 붙여뒀다. 효과가 있었다. 언제든 그 일을 할 다른 사람을 찾을 수 있었고 나는 스트레스를 덜 받게 됐다. 저자들의 말처럼, 다른 사람의 요청을 거절하지 못하면 결국 그들을 원망하게 될 뿐이다.

이 책의 목적은 사람들이 좀 더 만족스러운 삶을 살고, 스스로 만든 감옥을 나가도록 돕는 데 있다. 아이슬링과 트리시는 매일 이런 일을 하고 있다. '못 다 부른 노래를 가슴에 묻은 채로 죽어 가는 사람들이 많다.' 올리버 웬델 홈스의 이 형언할 수 없이 슬픈 말을 인용하면서 그들은 책을 끝맺는다. '작은 것의 힘'은 우리와 이 세상이 그 노래를 마저 부를 수 있게 도와준다.

올리비아 오리어리(Olivia O'Leary)

천 리 길도 한 걸음부터.

– 노자

오늘날에는 여러분이 대화를 나누는 사람 두 명 중 한 명이 심한 중압감을 느끼며 산다는 걸 알고 있는가? 직장에서든 일상에서든 그렇다. 지금처럼 다양한 상황에서 계속 '온(on)' 상태를 유지해야 했던 적은 없다. 마치 골대 위치가 계속 바뀌는 것 같은 기분이 드는 상태다. 갈수록 해야 할 일도 많고 감당할 역할이 많은데, 우리가 가진 시간과 에너지, 자원은 계속 줄기만 한다.

이런 부담스러운 상황을 타파하고 이 순간에 취할 가장 효과적인 조치를 알도록 해 줄 작지만 유용한 도구와 전략이 있다. 이 책은 그것을 알아내기 위한 여정이다.

우리는 심리학자이며 부부이기도 하다. 이 책을 쓰는 우리의 공통된 목표는 여러분에게 아주 작은 기술을 가르쳐 주는 것인데, 인생에 더없이 긍정적인 영향을 미칠 것이다.

우리 두 사람도 정신 건강상의 어려움과 삶의 여러 시련을 경험했다. 그래도 훈련 과정을 통해 우리의 지식과 경험을 구체화할 수 있는 도구를 갖추었고, 이걸 '작은 것의 힘'이라는 개념 안에 담았다. 하지만 단순히 전문적인 자격과 전문가의 경험을 통해서만 접근하지 않는다. 그동안 살면서 쌓은 인생 경험을 '작은 것의 힘'으로 발전시켰다. 책 곳곳에 그런 개인적인 경험의 자세한 내용과 우리가 직면한 여러 상황에서 '작은 것의 힘'을 활용해 어떤 도움을 받았는지 알렸다. 여러분도 유용하게 활용할 수 있을 것이다.

우리의 과거 경험과 증거에 기반을 둔 심리학 지식을 결합시키면, 힘든 상황에서도 도움이 될 작지만 강력한 도구들을 제공할 수 있으리라고 생각한다.

'작은 것의 힘'은 무엇이고, 어떻게 작동하는가?

개인적으로 상담을 받으러 오거나 그룹 상담에 참여하는 사람들 대부분은 인생에서 별로 좋은 위치에 있지 못하다. 본인이나 다른 사람, 세상의 온갖 잘못된 일들 때문에 중압감을 느끼고 있다. 물론 우리가 고쳐 주기를 바라는 것도 무척이나 많다.

고통을 겪는 사람이 오면, 우리는 그의 주된 문제가 어디에서 왔는지 꽤 빨리 찾는다. 핵심 질문을 몇 가지 던지면, 그들의 인생에서 제대로 진행되고 있는 부분은 어디고 궤도에서 벗어난 부분은 어디인지 정확히 찾아낼 수 있다.

큰 약속, 큰 실망

미셸이라는 내담자가 있다. 그녀는 인간관계에 불만이 있고 그때문에 육체적으로나 심리적으로 고통을 받고 있다. 자기 직업을 극도로 싫어하고 자발적으로 즐거운 시간을 보낸 기억도 없다. 침대에서 일어날 기력도 없을 만큼 힘들어 보인다.

미셸은 큰 변화를 빨리 이루고 싶어 한다. 하지만 너무 한꺼번에 모든 걸 바꾸려고 집착하다 보면 전혀 전진하지 못한 채로 마비되기 십상이다.

미셸은 전에도 여러 번 큰 약속과 큰 실망의 덫에 사로잡혔다. 신속한 최신식 해결책을 위해 수천 유로의 돈과 셀 수 없이 많은 시간을 투자했다. 처음에는 항상 결의를 불태우며 시작하지만 얼마 못가 포기하기 일쑤였다. 그러다가 점점 환멸을 느꼈고, 시간이 흐르면서 자기 삶을 변화시킬 수 없다는 결론을 내렸다.

미셸은 항상 일을 크게 벌일 생각만 하다가 추진력을 잃었다. 우리는 작고 점진적인 단계별 사고를 통해 그녀의 삶을 변화시키고자 했다. 그래야 지속 가능하고 오래도록 유지되는 변화의 토대를 마련할 수 있다.

가장 효과적인 방법은 빠른 해결책에 기대기보다 모든 걸 관리 가능한 작은 단위로 세분하는 것이다. 신속한 해결은 단기적으로는 이익을 얻을 수 있지만, 장기적으로는 지속적인 고통을 초래한다.

이 책은 본인이 감당할 수 있는 방법을 통해 모든 걸 작게 쪼개는 기술을 알려 준다. 때로는 이로 인해 단기적인 고통을 겪을 수도 있다. 하지만 우리의 경험, 그리고 우리와 함께 일했던 이들의 경험에 비춰 볼 때, 여기서 얻는 장기적인 이득은 그 이상의 가치가 있을 것이다. 그렇기는 해도 이 작은 여정에는 우여곡절이 자주 생기고, 효과를 극대화하려면 원칙을 꾸준히 지켜 나가야 한다는 말을 덧붙이고 싶다.

이 책은 여러분이 궁지에서 벗어나 삶을 개선할 수 있는 여러 가지 기술을 작고 이해하기 쉬운 덩어리로 쪼개 놓았다. 필요할 때마다 하나씩 골라서 활용할 수 있다. 그렇게 천천히 추진력을 쌓으면서, 점진적이고 지속 가능한 방식으로 큰 변화를 이루면 된다.

우리는 미셸 같은 클라이언트들에게 상담이 끝난 뒤에 해야 할 일을 하나씩 정해 준다. 대개 하루 5~10분 정도면 할 수 있는 작은 일들이다. 우리가 추천하는 책을 읽거나 추가적인 연습을 하는 것일 수도 있다.

미셸에게 가장 큰 도움이 되는 핵심 행동은 매우 간단하고 관리하기도 쉬워서 실제로 참여할 가능성이 높기 때문에 결국 긍정적인 변화로 이어질 것이다.

또 이 책의 각 장 마지막 부분에는 여러분을 위한 작은 행동을 추천한다.

이 책은 네 부분으로 구성되어 있다. 1부는 여러분의 안전지대와 여러분이 하는 행동, 즉 보다 만족스러운 삶을 향해 나아가려는 욕구에서 우러난 행동과 원치 않는 경험을 통제하거나 피하려는 욕구에서 나오는 행동을 식별하도록 도와준다. 2부의 내용은 보다 목적 있고 의미 있는 삶을 살기 위해 바꿔야 하는 것들을 파악하는 데 도움이 된다.

3부에서는 '작은 것의 힘' 도구 세트를 제공한다. 중압감을 느끼는 상황에서도 전혀 도움이 되지 않는 현재의 대응 방안을 바꿀 핵심 기술과 전략을 알려 줄 것이다. 4부에서는 '작은 것의 힘'을 활용해서 얻은 이익을 유지하는 지혜, 조언, 도구 등 필요한 정보를 몇 가지 제공한다.

책을 다 읽을 때까지 한 번에 하나씩 작은 행동을 따라 하면서 전체적인 과정에 참여하면, 아무리 부담스러운 상황에도 적용할 수 있는 효과적인 도구가 가득 든 상자를 가질 것이다. 인생이 너무 벅차다고 느낄 때 언제든 이용할 수 있으며, 작지만 강력한 변화를 이루는 데 필요한 기술을 골라서 사용할 수 있다.

오늘의 스몰 스텝

나의 '스몰 스텝 다이어리'

일기장을 하나 준비해서 첫 페이지에 '나의 스몰 스텝 다이어리'라고 적는다. 이 책을 읽으면서 하게 될 '작은 것의 힘' 여정을 여기에 기록하는 것이다. 마음에 드는 공책을 따로 구입해서 쓸 수도 있고, 그게 너무 과하다고 생각하면 지금 가지고 있는 연습장이나 일기장을 사용해도 괜찮다.

여러분의 '스몰 스텝 다이어리'는 중압감을 느낄 때마다 다시 찾는 곳이 될 것이다. 열심히만 참여한다면, 이 다이어리에는 본인이 직접 조금씩 발전시킨 수많은 개인화된 기술과 도구, 전략 등이 담길 것이다.

작은 기초

삶을 위한 준비운동

결점이 많고 엉망진창인 우리 인생을 전부 긍정하는 것은
놀랍도록 대담하고 자유로운 행동이다.

— 타라 브랙(Tara Brach)

이 책 《작은 것의 힘》은 심리학자인 스티브 헤이즈(Steve Hayes) 박사
와 커크 스트로살(Kirk Strosahl) 박사, 켈리 윌슨(Kelly Wilson) 박사가 미국
에서 개발한 수용전념치료(Acceptance and Commitment Therapy, ACT)의 원리를
바탕으로 한다.

ACT는 우울증과 불안감부터 만성통증과 중독에 이르기까지 다
양한 문제에 시달리는 이들에게 도움이 되는 효과적인 방법이다.
직장에서 극도의 피로(번아웃)를 느끼는 사람이나 생산성과 리더십 기
술을 키우려는 사람에게도 도움이 된다. 또 운동 능력을 향상시키
고 싶은 운동선수에게도 매우 유익하다.

ACT의 기본 전제는 마음이 경직되어 있으면 고통을 겪거나 힘들
어 할 가능성이 높다는 것이다. 사람은 누구나 때때로 심리적 경직
성의 함정에 빠진다. 그건 마음을 짓누를 정도로 정신없이 돌아가

는 이 세상에 대한 매우 정상적인 반응이다. ACT의 목적은 이런 상황에 좀 더 유연한 정신으로 대처할 수 있도록 돕는 것이다.

심리적 유연성이란 무엇인가?

신체적 유연성이 몸을 구부리거나 움직이거나 물리적 환경에서 발생하는 모든 일에 반응하는 능력이라면, 심리적 유연성은 고통스러운 사건이 일어나도 회피하지 않고 현재의 순간에 충실할 수 있는 능력이다. 자신에게 가장 중요한 것들과의 연결을 유지하면서, 원치 않는 생각이나 감정에 이리저리 휘둘리지 않고 자신의 가치관에 따라 행동하는 것이다.

스트레칭, 운동, 몸에 좋은 식습관 등을 통해 몸이 유연해지는 방법을 배울 수 있듯이, 자기 성찰과 명상, 그리고 당장은 불편해도 장기적으로 이익이 되는 일을 하면 심리적으로 유연해질 수 있다.

그리고 운동을 거의 하지 않고 앉아서만 지내면 몸이 더 굳어지는 것처럼, 우리 마음을 더 경직시키는 일들도 있다. 심리적으로 경직되면 우울증과 불안감, 중독 증세, 질병이 발생하거나 삶에 대해 전반적으로 불만을 품을 위험성이 커진다.

심리적 경직성을 초래하는 세 가지 정신 상태

1. 현재에 대한 인식 부족

과거나 미래의 일에만 정신이 팔려 있으면 심리적으로 경직된다. 이미 벌어진 일을 계속 되새기거나 앞으로 일어날 수도 있고 일어나지 않을 수도 있는 일에 얽매이면, 자기 인생에 실제로 영향을 미칠 수 있는 유일한 시간인 현재, 지금 이 순간과의 연결이 끊어진다.

2. 생각과 감정의 함정에 빠진다.

현재와의 접점을 잃을 정도로 본인의 생각과 감정에만 사로잡혀서 다른 건 아무것도 보이지 않거나, 특정한 생각이나 감정을 멀리하려는 헛된 시도에 모든 시간과 에너지를 쏟는 악순환에 빠진다. 이런 함정 때문에 단기적으로는 기분이 좋을지 몰라도 장기적으로는 무거운 대가가 따르는 행동을 하게 된다.

3. 정말 중요한 일을 그만둔다.

자신의 행동에 방향감각이나 목적의식, 진실성이 부족하면 심리적으로 더 경직될 수 있다. 본인에게 무엇이 중요한지 확실히 모르면 행동을 이끌어 줄 중심축도 약해진다. 그 결과로 뭐가 중요한지도 모른 채 무계획적으로 행동하면서 생각과 감정에 휘둘리게 된다. 그리고 이런 행동 때문에 자기가 바라는 이상적인 모습이나 원하는 자리에서 더 멀어진다.

심리적 유연성을 얻기 위한 작은 전략

'작은 것의 힘'의 목표는 심리적으로 유연해지는 방법을 배우는

것이다. 이를 위한 전략은 다음과 같은 세 가지 주제로 분류할 수
있다.

1. 현재에 대한 자각 — 자기가 살아가는 현재의 순간과 다시
   연결되는 방법을 배울 수 있고, 그 과정에서 보다 융통성 있
   고 현명하면서 사려 깊은 사람이 된다.

2. 원치 않는 경험까지 받아들이는 개방적인 태도 — 사고와
   감정의 덫에서 벗어나, 자신의 생각과 감정을 유익하고 효
   과적으로 관찰하는 방법을 배울 수 있다.

3. 중요한 일에 참여 — 자신에게 정말 중요한 일, 그리고 자기
   삶이 나아가고자 하는 방향과 연결되는 방법을 배울 수 있
   다. 이런 핵심적인 가치관을 통해 계속 발생하는 작은 행동
   들을 이끈다면 삶의 방향이 완전히 달라진다.

'작은 것의 힘'은 이런 전략을 모두 가르쳐 주므로 심리적으로 훨
씬 유연하게 살 수 있다. 물론 이후에도 여전히 원치 않는 생각을
하거나 원치 않는 감정을 느끼기도 할 것이다(우리는 인간이다). 하지만
그런 생각이나 감정 때문에 진로를 이탈하는 일이 크게 줄어들 것
이다.
여러분은 이 책을 읽는 동안 우리가 가르쳐 주는 작은 기술들이
담긴 도구상자를 얻을 테고, 그 상자의 크기는 계속 늘어날 것이다.
심리적 융통성을 얻게 해 주는 이 도구상자가 아무리 고통스러운

상황에서도 핵심적인 가치관을 바탕으로 대응하도록 도울 것이다.

오늘의 스몰 스텝

자신의 심리적 유연성 평가

심리적 유연성을 측정하는 스펙트럼상에서 어디쯤에 있는지 파악하는 데 도움이 되는 질문이 세 가지 있다. 0에서 9까지의 숫자는 여러분이 얼마나 자주 이런 행동에 휘말려서 결국 심리적으로 더 경직되는지 보여 준다.

0은 그런 일이 한 번도 없음을 뜻한다. 9는 항상 그렇다는 얘기고, 5는 절반쯤 그렇다는 뜻이다.

1. 일어난 일 혹은 일어날지도 모르는 일에 대한 생각에 완전히 빠져 있는가? 자기가 한 일이나 해야 하는 일, 혹은 하고 싶은 일들에 대한 생각에도?

2. 자신의 생각과 감정에 너무 사로잡힌 나머지 빠져나오기 힘든가?

3. 항상 바쁘게 오가면서 뭔가를 하지만 실제로는 진전이 없는가? 스펙트럼의 반대쪽 끝에서^(이쪽도 문제가 많지만) 색다르고 의미 있는 일을 하고 싶지만 한 번도 그렇게 하지 못했는가?

여러분의 점수는 자기가 지금 어디쯤에 있는지, 그리고 어떤 목표를 추구할 수 있는지 알려준다. '작은 것의 힘'은 여러분을 지배하는 쓸모없는 사고 패턴과 행동 습관을 바꾸는 공간을 만들어서 심리적 유연성을 늘리는 방법을 알려 준다.

1부
편안함의 덫

1장
안전지대

거의 산다고 할 수 없을 정도로 조심스럽게 살지 않는 이상,
실패를 겪지 않고 산다는 건 불가능하다.
그리고 이런 경우에는 기본적으로 실패한다.

— J. K. 롤링(J. K. Rowling)

어떤 상황으로 인한 중압감은 사람마다 느끼는 정도가 매우 다르며, 그 감정이 우리에게 미치는 영향도 살면서 겪은 일이나 유년기의 경험에 따라서 크게 달라진다. 예를 들어, 살면서 충격적인 경험을 많이 겪은 사람은 격한 감정에 대응할 때 자신의 경험에 많은 영향을 받을 수 있다. 흥미로운 사실은, 충격적인 사건을 겪은 사람 중에는 자신의 위기 대처 능력이 탁월하다고 여기는 이들이 있다는 것이다. 그들은 '어떻게든 해결하자' 모드가 되어 무슨 일이든지 다 할 기세지만, 하던 일을 멈추고 자기가 느끼는 감정을 인정하는 건 절대 하지 않는다. 어쩔 때는 완전히 무력한 상태에 빠져서 아무 일도 하지 못한다. 이를 닦지도 않고, 영양가 있는 음식을 챙겨 먹지도 않으며, 가족과 친구에게 문자메시지를 보내거나 전화를 하지도 않는 등 모든 일이 불가능해진다.

하지만 일반적으로 충격적이거나 자기 힘으로 대처할 수 없는 문제에 직면했을 때, 또 스스로 감당할 수 없는 강렬한 감정을 느끼면 거기에 압도되는 경향이 있다. 물론 스트레스 같은 원치 않는 감정이 우리 삶에 상당히 긍정적인 영향을 미칠 수 있다는 사실을 인정하는 게 중요하다.

또 자신의 안전지대 밖에서 벌어지는 상황이나 과제에 맞부딪혀야 할 필요도 있다. 그래야만 성장할 수 있다. 스트레스가 없다면 우리는 매우 지루하고 평탄한 삶을 살 것이다.

편안한 상태에 안주한다는 것은 곧 고정된 상태를 유지한다는 뜻이다. 평소 하던 일에서 벗어나지 않으면 인생을 의미 있게 변화시킬 수 있는 가능성과 멀어진다. 하지만 문제는, 안전지대에서 너무 멀리 벗어나면 상황을 도저히 감당할 수 없을 것 같은 기분을 느끼게 된다는 것이다. 자기가 감당할 수 있는 변화를 이루려면 이 책이 가르쳐 주는 '작은 실행' 방법을 이용해서 안전지대의 범위를 안전하게 점진적으로 넓혀 가야 한다.

우리 인간은 천성적으로 '전부 아니면 무(無)'를 추구하는 존재다. 우리 대부분은 중요한 문제를 미루거나, 장기적으로는 관리하기 힘들고 지속이 불가능한 속도로 사는 경향이 있다. 아마 여러분도 '전부 아니면 무' 성향이 어떤 건지 잘 알 것이다. 기준과 목표를 너무 높게 잡았을 수도 있고, 여러분 힘으로 할 수 있는 일은 별로 없다는 이야기를 믿고 있을지도 모른다. 대다수의 사람은 이 스펙트럼의 한쪽 끝에서 다른 쪽 끝으로 휙휙 이동하곤 한다.

우리가 함께 여정을 시작하는 지금, 자신의 안전지대에서 살며시 벗어나 새로운 경험을 얻을 수 있는 방식으로 이 책을 사용하라고 권하고 싶다. 어떤 일을 시작할 때는 열정을 활활 불태우다가 금세 절제력을 잃는 사람이라면 기억해야 할 게 있다. '작은' 실행 방법은 결국 안전지대를 점진적으로 확장하기 위한 것이고, 균형 있고 조화로운 삶을 사는 데 필요한 기술을 습득하면 감당하기 힘든 기분을 안겨 주는 근원도 약화된다.

그러니 진도를 더 나가기 전에 이 책을 읽게 된 근본적인 목적을 되새겨 보라고 부탁하고 싶다. 일상의 스트레스가 참을 수 없을 만큼 심하기 때문인가? 읽지 않은 메일로 넘쳐나는 편지함, 영원히 끝날 것 같지 않은 할 일 목록, 건강하고 균형 잡힌 식사를 하고 하루 8시간씩 잠을 자고 매일 30분씩 운동하고 더할 나위 없이 완벽해 보이는 모습으로 주변 모든 사람을 행복하게 해 주는 불가능한 일을 해내야 한다는 스트레스 말이다.

아니면 소중한 사람이 죽거나 관계가 파탄을 맞거나 상대가 멀리 이사 가서 더 이상 곁에 없는 상황일지도 모른다. 아니면 마음에 들지 않는 직장에서 일하면서 갈수록 사방이 꽉 막힌 기분이 들거나, 지금도 책임져야 할 일이 너무 많은데 계속 일이 쌓이기만 할 수도 있다. 재정적인 어려움에 처했는데 벗어날 방법을 모를 수도 있다. 하지만 여러분을 짓누르는 문제가 무엇이건, 이 책은 작고 간단한 실행 방안을 통해 앞으로 나아갈 수 있게 도와준다.

삶의 모든 영역을 한꺼번에 바꾸고 싶다는 건 지극히 유혹적인 생각이다. 하지만 우리는 하나의 중요한 영역에서 시작할 때 가장 큰 영향력을 발휘한다는 걸 몇 번이고 깨달았다. 그렇다고 해서 '작은 것의 힘' 전체가 한 가지 부분에만 집중한다는 얘기는 아니다. 사실은 반대다. 하지만 지금은 가장 긍정적인 영향을 미칠 수 있다고 생각하는 삶의 영역에서 시작하는 게 가장 좋다.

오늘의 스몰 스텝

본인의 안전지대 파악

자기가 안전지대 안에 머물기 위해서 하는 행동 세 가지를 '스몰 스텝 다이어리'에 적어 보자. 밤마다 술을 마시기, 외출하지 않고 집에 있기, 해야 하지만 아직 엄두가 나지 않는 특정 일을 피하기 등일 것이다. 외부의 위협을 받지 않는 안전한 곳에 계속 머물기 위해 하는 일은 본인만 안다. 이 작업을 하면, 그 행동이 뭔지 생각하고 그것이 자신에게 도움이 되는지 아닌지 평가할 기회를 얻게 된다. 그리고 용기를 내 이 책에서 배운 내용을 최대한 활용하고 싶다면, 안전지대를 지키기 위한 각 행동에 따르는 대가를 한 가지 이상 생각해 보자.

이런 확인 과정을 통해 변화가 시작된다.

2장
자기 관리 영역

자기 관리는 결코 이기적인 행동이 아니다. 그건 내가 가진 유일한 재능,
다른 이들과 나누기 위해 갖고 태어난 재능을 지키는 훌륭한 방법일 뿐이다.

— 파커 파머(Parker Palmer)

안전지대에서 벗어나지 않으면 긍정적인 성장을 이룰 수 없는 것과 마찬가지로, 안전지대에서 너무 빨리, 너무 멀리 벗어나는 경우에도 자기 관리 영역 밖으로 나가게 되어 지속 가능한 변화를 이루지 못할 수 있다. 하지만 자기 관리 영역 안에 머무르면 믿을 수 없을 만큼 긍정적인 방향으로 삶을 바꿀 수 있다. 우선 지금까지와는 다른 태도로 인간관계에 반응해 보자. 지금까지 가능하다고 생각했던 것보다 훨씬 많은 일을 할 수 있다는 걸 알게 된다.

중압감이 너무 커서 변화를 위한 행동을 전혀 할 수 없을 때는, 그 중압감을 완전히 뿌리 뽑으려고 하기보다 감당할 수 있는 상태로 변형시킬 방법을 찾아야 한다.

아무 조치도 취하지 않고 놔두면, 심한 중압감 때문에 건강과 행복, 자신과 타인과의 관계, 삶에서 느끼는 재미와 긍정적인 참여 의

식을 해치는 행동을 하게 된다.

중압감은 시간이 지나면 점점 더 심해지게 마련이다. 스트레스 같은 일상적인 자극은 감당할 수 있지만, 여기에 더 심한 스트레스가 더해지면 갑자기 상황이 뒤집히면서 그전까지 감당할 수 있었던 일들마저 감당하지 못할 수 있다. 소중한 사람을 잃거나 임신을 하는 등의 중요한 변화가 이런 '티핑 포인트(tipping point)'가 될 수 있다. 벌써부터 무리하고 있던 상황이라면 이런 경험이 우리를 기습 공격할 수도 있고, 오랜 시간 반복적으로 스트레스를 받아 왔다면 기분이 매우 저조하고 상처받기 쉬운 상태일 수도 있다. 자기 관리 영역을 시각적으로 표현한 '작은 것의 힘(The Power of Small)' TEDx 강연을 참고하자.

너무 멀리 벗어나는 경우

변화를 추구할 때 안전지대에서 멀리 벗어나려다가 그만 자기 관리 영역을 이탈하고 문제를 겪는 사람들이 많다. 일례로 자기 요구를 주장하는 데 어려움을 겪는 사람이, 누군가 자기를 괴롭힐 때마다 주위 사람 전부에게 그 얘기를 한다면 자기 관리 영역에서 벗어날 확률이 높다. 자기 시간과 에너지를 다른 사람에게 쏟는 게 본인의 안전지대에 속한 일이라면, 일기장에 자기 욕구를 쏟으면서 많은 시간을 보내는 건 자기 관리 영역에서 벗어난 일일 수도 있다.

자신의 요구를 주장하는 데 문제가 있다면, 여러분의 안전지대에는 본인의 감정과 욕구를 밀어내고 다른 사람의 욕구를 우선시하는 것과 관련된 작은 행동이 다수 포함되었을 것이다. 그리고 다른 사람을 위해 애쓰기보다 본인을 위해 노력하기가 더 어려움을 알 수도 있다. 안전지대에서 벗어나 자기 관리 영역 안에 확고하게 뿌리를 내리는 방법은, 여러분의 요구를 우선으로 주장해 줄 사람을 한 명 택하는 것이다. 자기 관리 영역 안에 머무르려면 특히 공감 능력이 뛰어나고 이해심이 많은 사람을 선택해야 한다.

만약 여러분이 스펙트럼의 반대쪽 끝의 버럭 화를 내는 성격이거나, 어떤 상황과 의견에 대한 반응 때문에 종종 어려운 지경에 빠지는 사람이라면, 신중하고 연민 어린 태도로 지속적인 피드백을 받는 큰 변화를 기대하기는 힘들 것이다. 하지만 자신의 안전지대에서 한 걸음 벗어나면서도 여전히 자기 관리 영역 내에 확실히 뿌리를 내리려면, 자신을 괴롭히는 상황들을 종이에 전부 적어 보자. 하지만 바로 상대방에게 이메일이나 문자메시지로 보내지는 말자. 10분 정도 기다렸다가 자기가 쓴 내용을 다시 확인해 보자. 그러면 자신의 생각과 반응 사이에 약간의 거리가 생길 것이다.

10분씩 기다리는 데 익숙해지면, 사람들에게 자기 기분을 말하기 전에 기다리는 시간을 점점 늘릴 수 있다. 여러분이 취해야 하는 작은 행동은 현재 여러분의 안전지대가 어떤 상황이냐에 따라 크게 달라진다. 자신의 기본적인 대응 방식에서 아주 약간만 벗어나기 때문이다.

자기 관리 영역에는 두 가지 중요한 요소가 포함되어 있다. a) 장기적으로 관리 가능한 작은 조치를 취하는 것, b) 여러분의 영혼을 양육하고 자양분을 공급하는 순간을 일상 속에 포함시키는 것이다.

참여하거나 회피하는 모든 행동이 영향을 미친다. 어떤 행동은 우리에게 자양분을 공급하는 반면 어떤 행동은 우리를 고갈시킨다. 어떤 행동이 여러분에게 자양분이 되는가는 여러분의 성격이 얼마나 내향적인지 혹은 외향적인지에 따라 달라진다.

사람에게는 친구를 만나거나 어울리며 즐기는 취미 활동에 참가하는 등 타인과 함께하는 활동이 어느 정도 필요하다. 하지만 우리 삶에는 평화와 고독을 안겨 주는 활동도 마찬가지로 필요하다. 그러므로 내향적인 자기 관리 활동과 외향적인 자기 관리 활동의 균형이 매우 중요하다.

5분 탈출

'작은 것의 힘'의 핵심 도구 중 하나가 5분 탈출이다. 간단히 설명하자면, 안전지대에서는 벗어났지만 자기 관리 영역 안에는 확실하게 포함되어 있는 어떤 일을 5분 동안 하는 것이다. 어떤 사람의 경우에는 속도를 늦추고 일에서 벗어나는 게 5분 탈출일 수 있다. 어떤 사람은 회피해 온 도전에 직면하기 위해 계획적이고 의식적인 조치를 취하는 것일 수도 있다.

중압감은 시작도 끝도 없는 원의 형태를 띠는 경우가 많다. 이미 뭔가에 압도당한 상태이기 때문에 자기를 압도하는 대상에게 아무런 조치도 취할 수 없다고 느끼고, 또 아무것도 못 하니까 계속 압도된다. 5분 탈출은 조심스러운 방법으로 5분간 그 원을 깨뜨리는 작업이다. 여러분은 영원히 꼬리를 물고 이어지는 이야기를 바꾸기 위해 아주 적은 시간만 들이면 된다. 이 과정에서 마음 불편한 일, 위로가 되는 일, 행동이 주된 일, 모든 행동을 중단시키는 일을 할 수도 있다. 어느 쪽이든 클라이언트들과의 실습을 통해 반복적으로 증명되었다. 5분 탈출은 앞으로도 중압감을 덜 느끼는 삶을 살기 위한 귀중한 도구다.

5분 탈출의 몇 가지 예

숀은 미납 청구서 때문에 중압감을 느낀다. 그래서 새로운 청구서가 도착해도 열어 보지 않고, 도저히 펼쳐 볼 용기가 나지 않는 다른 청구서들과 함께 그냥 쌓아 두기만 한다. 이 무더기가 점점 커질수록 숀은 더 큰 중압감을 느낀다.

숀에게 가능한 5분 탈출 방법은 매주 늘어나는 이자와 연체료, 그리고 재정적인 스트레스 때문에 파트너와 계속 언쟁을 벌이면서 생기는 관계의 악영향 등 청구서 회피에 따르는 대가를 의식적으로 생각하는 것이다. 그래야 자신의 회피 행동 때문에 정말 중요한 일에서 멀어지는 걸 공개적이고 솔직하게 인정하고 최소화할 수 있다. 이 방법을 활용한 숀은 자기에게 정말 중요한 것, 즉 더욱 애정 넘치고 조화로운 관계와 자신의 책임을 다할 방법을 찾게 되었다.

숀은 수개월간 청구서를 쌓아 뒀다가 한꺼번에 해결하는 평소의 중압감 주기에 휘말리는 대신, 다음과 같은 5분 탈출 방법을 활용했다. 우선 청구서를 한 장 가져와서 탁자 앞에 앉아 네다섯 번 심호흡을 한 다음 청구서를 개봉한다. 그리고 청구서에 적힌 액수를 읽으면서 불편한 감정이나 원치 않는 생각이 스멀스멀 피어오르는 걸 느낀다.

눈을 감고 지불을 피할 경우에 겪을 고통을 다시 생각하면서, 자기 삶에서 이 한 가지 빚만큼은 꼭 청산하겠다고 다짐한다. 만약 이 일이 숀의 자기 관리 영역 안에 속한다면, 그는 이런 의식적이고 의도적인 방법으로 5분간 약 세 개의 청구서를 확인할 수 있다.

5분 탈출은 상황을 다르게 생각하거나 느끼는 게 아니라(적어도 지금 당장은), 일시적으로는 불편할 수 있지만 결국 도움이 되고 장기적으로 삶이 훨씬 쉽게 관리되고 중압감도 덜어 주는 방법으로 대처하는 것이다.

에밀리는 연약한 노모가 매일 자신에게 요구하는 일 때문에 중압감을 느낀다. 자기 가족을 돌봐야 하고 해야 할 일도 있지만, 어머니는 이해하지 못하고 딸을 자기 마음대로 할 수 있다고 생각한다. 에밀리는 어머니를 매우 사랑하고 거절은 생각도 못 했다. 엄청난 죄책감에 시달릴 것 같았다.

에밀리가 이용할 수 있는 5분 탈출 방법은 어떤 딸이 되고 싶은지, 그리고 자기 인생에서 어떤 사람이 되고 싶은지 생각하는 것이다. 만약 에밀리가 자식들의 어머니, 팀의 리더, 누군가의 친구 등 다양한 역할을 하지 않아도 된다면, 어머니의 요구를 다 받아 줄 수 있을지도 모른다. 하지만 현실적으로 딸 노릇 외에도 많은 역할을 해야 했고, 너무 많은 일을 소화하려고 애쓰다 보니 결국 모든 역할에 악영향을 미쳤다.

에밀리는 자기 삶의 다양한 영역들을 지탱하는 가치관을 떠올리면서, 어머니를 위해 힘이 닿는 선에서 할 수 있는 일을 현실적으로 이해해야 한다. 그리고 가치관을 기준 삼아 우선순위 목록을 만들 수 있다.

에밀리는 실용적인 관점에 따라 우선순위를 정한 다음, 그 순간에는 다른 어떤 데도 신경 쓰지 않고 그 일에만 전념했다. 그렇게 하자 어머니가 매일 영양가 있는 음식을 먹을 수 있도록 조치하고, 매주 쇼핑을 하고, 이틀에 한 번꼴로 찾아가서 같이 외출하는 게 어머니를 보살피는 데 가장 필수적인 요소라는 걸 정확히 파악할 수 있었다.

어머니가 다른 요구를 하면 에밀리는 30초 탈출 방법을 이용해 그 요구사항이 어머니를 돌보는 데 필요한 우선순위에 포함되는지 확인하고, 만약 해당되지 않는다면 오늘은 그 일을 해드릴 수 없다고 말할 것이다. 에밀리가 어머니의 요구를 거절하면서 여전히 죄책감을 느낄 수도 있다는 사실에 주목해야 한다. 어머니의 요구를 들어 주는 건 에밀리의 학습 과정과 인생의 한 부분으로 자리 잡은 일이기 때문이다. 하지만 에밀리가 탈출 기법을 이용해 본인에게 중요한 일을 생각하고 자신의 행동을 의식적으로 선택한다면, 비록 거절하는 순간에는 마음이 좀 불편하더라도 자기 가치관을 바탕으로 가장 실질적인 선택을 했다는 사실을 알고 마음을 놓을 수 있다.

알렉스는 직장에서 프레젠테이션을 해야 한다는 생각만 하면 마음이 몹시 무겁다. 프레젠테이션 날짜가 다가올수록 불안감이 더 심해지지만 준비를 계속 미루기만 한다. 이제 차분히 앉아서 준비를 시작해야지 하고 생각할 때마다 심장이 거세게 뛰고 속이 메스

껍다. 그렇다고 아무것도 하지 않으면 공황상태가 된다는 걸 알고 있기 때문에 중압감은 두 배가 된다.

알렉스에게 가능한 5분 탈출 방법은 프레젠테이션을 하게 된 이유부터 생각하는 것이다. 맡은 업무에 포함되어서가 아니라, 자기가 열심히 추진한 프로젝트의 가치를 확신하고 그것이 회사와 직원들에게 어떤 도움이 되는지 팀원들에게 알리고 싶었기 때문이다. 알렉스가 좀 더 여유로운 기분으로 생각해 본다면, 이런 공개 연설을 통해 자신의 생각을 다른 이들에게 보다 자유롭게 전달할 수 있음을 깨달을 것이다. 알렉스는 근본적인 의미를 생각하고 용기를 얻었지만, 그래도 불안감을 완전히 없애지는 못했다. 또 자기는 부정적인 피드백을 몹시 두려워하고, 이 때문에 시야가 좁아져서 두려움에 정면으로 맞서야 하는 프레젠테이션 준비를 피했다는 사실을 깨달았다.

이런 깨우침을 얻은 알렉스는, 내일은 5분 동안 핵심 포인트를 정리하고 모레는 관련 사례를 몇 가지 조사하겠다는 간단한 계획을 세울 수 있었다. 그녀는 여전히 프레젠테이션이 두렵고 사람들이 자기를 어떻게 생각할지 걱정되지만, 그래도 좀 더 감당이 가능하고 의미 있는 일처럼 느껴진다. 5분간 이런 작은 실행 단계를 거친 알렉스는 중압감의 늪에서 벗어나 자기가 해야 할 일을 시작할 수 있을 것이다.

이 책 곳곳에서 다양한 사람들이 일상생활에서 사용한 5분 탈출 사례를 만나 볼 수 있다. 그들은 이 방법을 통해 힘겨운 상황에 대처할 수 있는 근본적인 도움을 받았다. 다른 사람들이 이런 작은 실행 방안을 이용해서 어떻게 중요한 변화를 일으켰는지 제대로 알면, 여러분도 자기만의 5분 탈출 방법을 손쉽게 찾을 수 있다. 그러면 아무리 힘겨운 상황에서도 의지할 수 있는 간단하면서도 강력한 도구를 손에 넣게 된다.

현대인이 겪는 부담스러운 상황을 해결하려면 자기 앞에 놓인 일들을 잘 관리해야 한다는 게 우리 생각이지만, 그러려면 먼저 일들을 단순화시켜야 한다. 여러분이 기다리던 대답이 하늘에서 번갯불처럼 내리꽂혀서 갑자기 모든 게 단번에 이해되지 않는 것처럼, 건설적인 인생의 변화도 한순간에 찾아오지 않는다.

'작은 것의 힘'은 심한 중압감을 안겨 주는 문제를 해결하기 위해 우리가 당장 시도할 수 있는 유일한 변화는, 밖에 나가 5분 동안 산책하거나 한창 바쁜 시간에 2분간 가만히 앉아서 호흡을 의식하는 것 등이다. 시도해 볼 가치가 있는 효과적이고 역동적인 행동이다. 작은 도토리 한 알에서 아주 커다란 나무가 자라날 수 있다.

오늘의 스몰 스텝

자기 관리 행동 파악

'스몰 스텝 다이어리'를 꺼내 자신의 안전지대 옆에 동그라미를 그리고, 여기에 자기 관리 영역이라고 적는다. 이 자기 관리 영역에 여러분을 안전지대 밖으로 끌어 낼 수 있는 행동들을 적는데, 전부 자기 관리 영역 안에서 할 수 있을 만큼 규모가 작고 관리가 가능한 행동이어야 한다. 여러분의 5분 탈출 행동이다. 이제 5분 동안 이 행동들 중 하나에 전념해 보자. 이 장에서 소개한 다른 이들의 상황처럼, 먼저 5분 탈출 방법의 바탕이 되는 가치관을 떠올려 보면 좋다. 그러면 행동을 취하고자 하는 동기를 얻는 데 도움이 된다.

3장

싸워서 쟁취할 가치가 있는 인생 영역

내적 평화를 얻는 비결은 자기 내면의 핵심적인 가치관,
즉 무엇이 자신에게 가장 중요한지 이해하고 그 가치관을 우리 삶의
일상적인 일들에 반영하는 것이다.

— 하이럼 W. 스미스(Hyrum W. Smith)

가치관은 우리를 인생의 중요한 것들과 연결시켜 주므로, 이 책을 통해 변화의 여정을 밟는 동안 그 가치관을 자주 되새기는 것이 중요하다. 가치관이 항상 우리의 인도자가 되어야 한다. 본인의 가치관에 부합하지 않는 변화는 단명하거나 성취감을 안겨 주지 못하거나 둘 다일 것이다.

이 책은 자기 내면세계의 다양한 부분을 생각, 감정, 신체적 감각, 기억 등의 형태로 살펴보라고 요구할 것이다. 또 행동이나 타인과의 관계 같은 측면을 통해 외부 세계도 살펴봐야 한다. 인생의 이런 부분을 살피다 보면 낯설고 고통스러울 수도 있다. 그렇지 않다면 이미 그런 부분을 살펴보고 문제를 해결했다는 뜻이므로 이 책이 필요하지 않을 것이다. 우리 삶의 이런 부분을 체계적이고 점진적으로 살펴본다면, 대부분의 인생을 '싸워서 쟁취할 가치가 있는 인생 영역' 안에서 살아가는 삶에 더 가까워진 것이다.

가치관이란 무엇인가?

가치관이라고 할 때 우리는 무엇을 의미할까? 가치관은 우리 뇌의 논리적이고 이성적인 정보처리 영역을 초월한다. 숨 쉬는 공기와 마찬가지로 가치관도 평소에는 그걸 의식하건 안 하건 상관없이 항상 우리 주위에 존재한다.

우리는 가치관 얘기를 하면서 자기 삶에 의미와 목적을 안겨 주는 게 무엇인지 확인한다. 내게 진정으로 중요한 게 뭔지 마음 속 깊이 자문해 보면 도움이 된다.

가치관이란 기본적으로 작은 블록이라고 할 수 있다. 가치관에 부합하는 생활을 하면 시간이 흐르면서 이 블록이 계속 쌓여 결국 자기가 정말 원하고 바라는 인생이 만들어진다. 하지만 자신의 가치관과 단절되거나 그에 부응하여 살지 않으면 작은 블록들이 엉뚱한 모양으로 쌓여서 목적의식과 방향성이 결여되고 성취감을 느낄 수 없는 인생이 된다.

가치관은 자기에게 가장 중요한 것을 알아내기 위해 마음 깊숙한 곳을 들여다보는 것도 포함한다. '나의 가치관은 무엇인가?'라고 자문해 보면 친절이나 충성, 배려, 성공처럼 가치관으로 삼고 싶은 것들을 차례차례 나열하기만 하는 경우가 많다. 이런 특성들은 그 자체로는 물론 아무 문제도 없지만, 본인의 가치관을 식별하는 진짜 표지는 진위성이며 본인이 '뼛속 깊이' 새기고 있어야만 진정한 가치관이 될 수 있다.

혹은 자신의 핵심적인 가치관을 파악하기 어려울 수 있는데, 두려움을 극복하기 위해 많은 시간을 보내는 사람의 경우에 이런 일이 많다. 이와 관련된 자세한 내용은 잠시 뒤에 다루겠다.

어떤 가치관이 진짜가 되려면 다른 사람이 부과한 의무나 기대에 따르는 게 아니라 본인이 자유롭게 선택해야 하고, 내면의 어떤 지표와 일치해야 한다. 때로는 자신의 가치관이 가족이나 친구의 가치관과 비슷할 수 있고 근본적으로 다를 수도 있다. 그러나 가치관은 다른 사람에게 무의식적으로 물려받기보다는 자유롭게 선택했을 때 더 마음이 가볍고 많은 힘을 발휘한다.

인간관계, 건강, 개인적 성장, 목적과 기여, 오락 등 인생에서 중요한 부분과 관련한 현실적인 질문을 몇 가지 스스로에게 던져 보면 도움이 될 수 있다.

가치관을 명확하게 밝히자

'작은 것의 힘'을 이용해 먼저 자신의 가치관을 폭넓은 관점에서 파악하기 시작하면, 살면서 정해 놓은 하나하나의 작은 목표가 자기가 원하는 모습과 장소를 향해 한 걸음 더 다가갈 수 있게 해 준다. 그러면 어떤 행동을 할 때 인생의 목적과 가치관에 따라 움직이게 된다. 여러분이 내면의 핵심 가치관을 확립하도록 돕는 다섯 가지 질문이 있다.

1. 남들에게 어떤 사람으로 기억되고 싶은가?

2. 사랑하는 이들이 여러분을 묘사할 때 어떤 단어를 사용하길 바라는가?

3. 어린 시절의 꿈은 무엇이었는가?

4. 당신에게 가장 중요한 세 가지 속성은 무엇인가? 예: 친절함, 편견 없는 생각, 동정심 등.

5. 세상에서 여러분을 가장 기쁘게 하는 것은?

가치관은 이런 게 아니다

때로는 어떤 것의 실체를 제대로 파악하기 위해, 거기에 해당되지 않는 속성을 살펴보는 게 도움이 될 수 있다. 지속적이고 만족스러운 변화를 가로막는 장해물이 될 수 있는 잘못된 생각을 몇 가지 살펴보자.

가치관은 우리가 해야 하는 일과 하지 말아야 하는 일의 전후사정까지 무시하는 엄격한 규칙이 아니다. 가치관이 그렇게 엄격한 규칙이라고 여긴다면 많은 사람이 고통을 겪게 된다. 가치관은 '해야 하는 일'이나 '의무'가 아니다.

때로는 자신과 타인에 대해 지나치게 높고 융통성 없는 기대를 품기도 하는데, 그런 기대는 실망, 불안, 우울, 전반적인 불만족의 온상이 되어 삶을 침체시킬 수 있다. 선량한 쪽으로 예를 하나 들자면, 친절을 중요시한 나머지 남들이 자기를 어떻게 대하든 상관없이 어떤 상황에서나 친절해야 한다고 굳게 믿는 것이다.

또 가치관은 결과나 성과에 좌우되지 않는데, 갈수록 성취 지향적으로 바뀌어 가는 세상에 사는 우리로선 이해하기 어려울 수 있다.

인생을 순종적으로 살아 갈 경우, 보통 타인의 기대와 판단에 따라서 미리 정해진 목표나 이정표를 향해 인생 항로를 조종할 위험이 있다. 우리는 여러분이 자신에게 가장 중요한 것, 즉 본인의 가치관에 따라서 다가오는 인생을 있는 그대로 받아들이라고 권하고 싶다.

이것은 기대와 규칙에 짓눌려 하루를 무의미하게 사는 것과 의식적으로 자유롭게 선택한 행동을 통해 하루하루를 사는 것의 중요한 차이점이다.

가치관은 다른 사람에게서 얻거나 구해야 할 일이 아니다. 사람들이 주는 건 여러분의 통제권에서 벗어나 있기 때문이다. 가치관은 내면에서 우러나온다.

일상생활에 반영된 가치관

단순히 자신의 가치관이 뭔지 아는 것만으로는 충분하지 않다. 자기 내면의 핵심적인 가치관이 뭔지 알더라도 일상적으로 하는 작은 행동들이 그 가치관과 일치하지 않는다면 엄청난 고통과 괴로움을 겪을 수 있다. 자신의 가치관을 아는 건 첫 번째로 중요한 단계다. 그렇다면 두 번째 단계는 그 가치관에 따라서 행동하는 법을 배우는 것이다.

가치관은 하나의 시간이나 장소에 존재하는 게 아니며, 일단 달성하고 나면 목록에서 영원히 지워 버리는 미래를 위한 목표와도 다르다. 가치관은 약이나 치료 방법이라기보다 규칙적인 식단에 가깝다. 저녁을 먹었다고 해서 다시 배고픔을 느끼는 걸 막을 수는 없듯이, 어떤 상황에서 한 번 가치관에 부합하는 행동을 했다고 해서 영구적인 변화가 이루어지거나 문제가 전부 해결되지는 않는다. 그러므로 자신의 가치관이 인생에서 어떤 식으로 발휘되기를 원하는지 매일매일 의식적으로 생각해 볼 필요가 있다.

'작은 것의 힘'이 제시하는 생활방식은 당연하게 여기는 가정을 반복적으로 확인하고 자기가 원하는 존재와 위치가 될 수 있도록 지속적으로 노력하고 있는지 좀 더 깊이 들여다보라는 것이다. 그리고 이건 언제나 변할 수 있다. 따라서 일회적인 상황에 많은 시간을 할애하거나 자신의 삶과 처한 상황이 바뀌어도 이런 가치관을 맹목적으로 따르기보다, 자신의 가치를 확립하거나 재확립하기 위한 작은 순간들이 여러 차례 필요하다. 시간이 지나면, 이를 통해 싸워서 쟁취할 가치가 있는 인생이 창조될 것이다.

오늘의 스몰 스텝

핵심 가치관 확립

이 장에 나온 가치관을 명확하게 밝히는 질문 5가지 가운데 하나에 대한 답을 '스몰 스텝 다이어리'에 쓴다. 질문 내용은 다음과 같았다.

자신의 가치관을 명확하게 밝히기 위한 질문:

1. 남들에게 어떤 사람으로 기억되고 싶은가?
2. 사랑하는 이들이 여러분을 묘사할 때 어떤 단어를 사용하길 바라는가?
3. 어린 시절의 꿈은 무엇이었는가?
4. 당신에게 가장 중요한 세 가지 속성은 무엇인가? 예: 친절함, 편견 없는 생각, 동정심 등.
5. 세상에서 여러분을 가장 기쁘게 하는 것은?

본인의 안전지대에서 약간 벗어난 느낌이 드는 대답을 고르되, 최대한 솔직하고 부드럽게 대답하여 자기 관리 영역에서 벗어나지 말아야 한다. 이 작업을 잘 마쳤으면 다른 질문에도 답해 보자. 그런 다음, 본인이 쓴 단어를 보라. 그중 핵심적인 형용사는 무엇인가? 형용사만 골라서 따로 적어 둔다. 그게 여러분의 핵심적인 가치관이다.

자신의 가치관 파악이 무엇보다 중요한 단계라는 걸 기억하자. 준비가 되면 페이지를 넘겨서 이런 가치관이 일상적인 사건 속에서 어떻게 드러나는지 살펴보자.

4장
작은 행동, 큰 영향

많은 사람들이 너무 뒤늦게야 깨닫는 진실이 하나 있는데, 그건 바로
고통은 피하려고 할수록 더 심해진다는 것이다. 다칠까 봐 두려워하는
마음이 클수록 작고 하찮은 것까지 괴롭히기 시작할 것이다.

— 토머스 머턴(Thomas Merton)

우리가 날마다 접하는 작은 행동이나 비행동 모두가 우리가 살아
가는 방식에 영향을 미친다. 대개는 어떤 상황에서든 우리가 인생
에서 특별히 중요시하는 영역에서 바라는 이상적인 모습에 가까이
다가가 조치를 취할 기회가 있게 마련이다. 또 우리가 원하는 모습
이나 장소에서 멀어지게 할 수 있는 행동도 최소 한 가지 이상 존재
한다.

작은 스트레스 요인, 큰 충격

현대를 살아가는 우리들은 출생이나 사망, 결혼, 이혼, 새로운 직
장, 이직, 이사 같은 큰 변화만 중요한 일인 것처럼 행동한다. 그러
나 연구 결과에 따르면, 일상적으로 발생하는 작은 스트레스 요인

도 그 자체로는 사소하거나 처리하기 쉬워 보이지만 계속 쌓이게 내 버려 둘 경우 삶에 심각한 영향을 미칠 수 있다고 한다. 확인하지 않은 메일이 넘쳐나는 편지함, 상점에서 내게 무례하게 구는 사람, 매일 아침잠을 깨우는 시끄러운 차량 소리, 몇 달째 계속되는 건설 공사, 빈집에서 말도 안 되는 시간에 울려 대는 고장 난 경보기 같은 것이 모두 스트레스 유발 요인이다.

이런 일들이 모두 우리의 심리적 건강에 영향을 미친다. 이렇게 사소해 보이는 스트레스 요인에 대응하는 방식이 삶에 대한 우리의 만족도나 불만족도에 큰 영향을 미친다.

여러분이 매일 자기 자신이나 타인과의 작은 상호작용에 대응하는 방식이 다음에 나아 갈 방향을 결정한다. 여러분은 '어리석은' 일 때문에 슬퍼하거나 불안해하는 자신을 꾸짖는 편인가, 아니면 그런 감정에 친절하고 연민 가득한 태도로 대응하는 편인가? 다른 사람이 원하는 모습을 보이기 위해 자신의 욕구를 억제하는가, 아니면 그런 욕구를 솔직하게 털어놓고 호감을 잃을지도 모르는 위험을 무릅쓰는가? 상황이 힘들어지면 초콜릿이나 술, 인터넷 같은 다른 자극제로 눈을 돌리는가, 아니면 힘든 상황을 해결하기 전에 잠시 시간을 두고 그 상황에 대한 자신의 반응을 심사숙고하는가? 이런 사건에 반응하는 방식이 삶의 질에 지대한 영향을 미친다.

이런 사소한 행동이 별로 중요하지 않은 척하면서 살기는 쉽다. 하지만 실제로는 아주 중요하다. 그리고 일상적인 스트레스 요인들을 꾹 눌러 참거나, 아주 중요한 부분에서 발목을 잡히기 전에 밀어내거나 도망가야 살 수 있다.

그래서 대부분의 사람은 자신을 돌볼 짬을 전혀 내지 않고 녹초가 되도록 일만 하는 끊임없는 악순환 속에서 산다. 우리는 자기 몸과 마음이 최적의 상태로 기능하기를 기대한다. 한편 대다수의 사람은 여러 가지 사소하지만 집요한 습관을 갖고 있는데 이 때문에 큰 문제가 발생하기도 한다.

어떤 사람의 경우에는 자기 몸을 돌보는 방식과 관련이 있다. 잠을 너무 많이 자거나 적게 자고, 가공식품을 너무 많이 먹고, 운동을 별로 하지 않는다. 아니면 과음을 하거나 '열심히 일하고 열심히 놀자'는 모토에 따라 항상 숨 좀 돌려야겠다는 생각만 하면서 산다.

또 어떤 이들은 심리적인 건강과 행복을 돌보지 않는 탓에 이런 상황에 처하게 된다. 이들은 자신의 높은 기준에 맞지 않는 작고 사소한 일을 할 때마다 믿을 수 없을 만큼 힘든 시간을 보낸다. 종종 본인이 느낀 감정이나 행동 때문에 자신을 악마로 묘사하기도 하고, 인간으로서의 가치를 평가 절하하는 수치스러운 기분도 느낀다. 중압감이나 불안감을 덜기 위해 어떤 기술을 배워야 하는지 알면서도, 자신의 심리적 행복을 우선순위 목록의 맨 아래로 옮기는 경우가 많다. 그리고 자기가 진짜 되고 싶은 인물로부터 멀어지는 방식을 통해, 외적으로 해야 하는 일과 하지 말아야 하는 일을 자기 내면세계가 지시하도록 허락한다.

이런 작은 행동 하나하나가 다 영향을 미친다는 사실을 깨닫는 것이 중요하다. 하지만 한편으로는 자신을 부드럽게 대하는 것도 중요하다. 《지금 있는 곳에서 시작하라(Start Where You Are)》를 비롯해 많은 책을 쓴 미국 출신의 불교 승려 페마 초드론(Pema Chödrön)은 '우리는 정직하고 온화한 태도로 자신을 대해야 한다'고 말한다.

지향 행위와 회피 행위

'작은 것의 힘'에서는 우리의 행동을 굳이 좋은 행동과 나쁜 행동, 옳은 행동과 그른 행동으로 구분하지 않는다. 그런 가치 판단이 개입된 꼬리표 때문에 수치심의 악순환에 빠지는 일이 많고, 결국 처음에 우리를 압박해서 계속 이 자리에 머물게 만든 낡고 비효율적인 패턴을 반복하게 된다. 그보다는 우리가 '지향 행위와 회피 행위'라고 부르는 걸 이용하면 사소하지만 자기에게 훨씬 도움이 되는 효과적인 방법으로 행동을 변화시킬 수 있다.

한 번도 가 본 적 없는 곳에 가려다가 길을 잃었다고 상상해 보자. 자신이 목적지에서 멀어지고 있다는 걸 깨달은 순간, 최대한 빨리 방향을 돌려 원하는 목적지 쪽으로 움직이기 시작할 것이다. 그러나 심리적인 면에서는 이와 정반대되는 행동을 하는 일이 많다.

일례로 몸에 좋은 음식을 먹으려고 애쓴다고 가정해 보자. 이 경우 몸에 좋은 음식을 먹으면 '잘했다'고 할 테고, 좋지 못한 음식을 먹으면 '잘못했다'고 여기게 될 것이다. 하지만 자기를 나쁜 사람으로 분류하는 이런 악순환에 빠지면, 건강에 좋지 않은 음식 한 가지를 먹은 초기의 작은 행동이 곧 연속해서 몸에 나쁜 음식을 먹는 부끄러운 악순환으로 발전할 수 있다.

지향 행위와 회피 행위를 이용하면, 자신의 가치관과 목표에서 멀어지다가도 다시 돌아오기 위해 취해야 하는 조치를 빠르고 정확히 알아낼 수 있다.

지향 행위에는 자신의 가치관에 가까이 다가가는 데 도움이 되는 행동이 모두 포함된다. 지향 행위는 단기적으로는 불편함을 수반할 수 있지만, 항상 장기적인 성취에 다가갈 수 있게 해 준다. 회피 행위에는 불편한 경험을 피하기 위해 어떤 가치관에서 멀어지게 하는 행동이 모두 포함된다. 예를 들어, 너무 큰 감자칩 한 봉지를 다 먹는 건 자기 관리 행위가 아니다. 이는 불안감 같은 원치 않는 감정에서 단기적으로 벗어나려는 의도 때문이다. 또 잠재적인 거부나 실패를 피하기 위해 특정 행동을 하거나 하지 않는 것도 회피 행위에 포함된다.

미셸: 어떤 행동을 지향하는 행위와 회피하는 행위

미셸이 도움을 청하러 왔을 때 그녀는 과체중이어서 음식을 회피하기 위한 조치를 여러 가지 취하고 있었다. 몸에 좋고 영양가 있는 음식을 많이 먹고 가공음식 섭취는 줄여서 신체적 건강과 심리적 행복을 높이고 싶어 했다. 미셸은 체중이 너무 많이 나가는 탓에 가족과 친구까지 멀리했고 음식과의 관계가 그녀의 심리적 행복에도 부정적인 영향을 미쳤다.

(너무 자주 하는 바람에 결국 대규모 회피 행위로 끝난) 그녀의 회피 행위에는 매주 젤리를 몇 봉지씩 먹어 치우고, 자동차에 달콤한 과자, 초콜릿, 감자칩을 항상 쟁여두고, 일주일에 세 번 이상 배달 음식을 먹는 것 등이 포함되어 있다.

미셸은 수많은 다이어트를 시도했다. 항상 결의를 불태우면서 시작했고 첫 2주 동안은 상당히 많은 체중을 감량했다. 하지만 그런 제한된 식생활을 오래 유지하지 못했고, 다이어트를 하거나 체중 관리 클럽에 가입할 때마다 결국 시작할 때 뺐던 것보다 더 체중이 불곤 했다.

미셸은 그런 반복에 진저리가 났고, 앞으로 감량할 수 있으리라는 믿음이 점점 사라졌다. 우리는 미셸이 과거에 했던 것과는 완전히 다르게 하도록 해 보았다. 한꺼번에 많은 변화를 시도하기보다는 그녀의 회피 행위를 목록으로 작성하게 하고 한 번에 한 가지씩 바꾸게 했다. 예를 들어, 맨 처음 바꾼 행동은 멀티팩 제품을 사지 않는 것이었다. 우리는 미셸이 원하는 만큼 초콜릿을 먹을 수 있지만, 쇼핑 갈 때마다 초콜릿이나 단 음식을 딱 하나씩만 사야 한다는 규칙을 세웠다. 이런 작은 변화 덕분에 그녀는 첫 3주에 4.5킬로그램을 감량했다. 그리고 매주 배달 음식을 먹는 횟수도 서서히 줄이면서 건강해지는 대안을 찾았다.

미셸은 자기가 음식과 관련된 회피 행위를 한다는 걸 깨달을 때마다 심호흡을 하면서, 평소 아끼는 이들에게 친절한 것처럼 스스로에게도 친절하게 행동하면서 적극적으로 작은 지향 행위들을 선택했다.

지향 행위는 미셸이 신체 건강과 웰빙이라는 목표를 향해 나아가도록 돕는 모든 행동을 가리킨다. 예전 같으면 '이왕 망한 거 철저히 망해야지'라든가 '다이어트는 월요일부터 다시 시작하면 돼'라고 생각했을 순간에 정신을 차리고 몸에 좋지 않은 음식을 중단하는 것도 지향 행위에 포함된다.

'작은 것의 힘'은 실현하기 어려운 미래의 큰 변화를 약속하기보다 지금 당장 작은 변화를 이루어 내게 한다.

미셸의 5분 탈출

미셸에게 도움이 된 중요한 5분 탈출 방법은 그녀가 '선택의 시간'이라고 부른 것이었다. 배달 음식을 시키고 싶거나 슈퍼마켓에서 과자가 6봉지씩 들어 있는 멀티팩을 사고 싶을 때마다, 선택권이 자기에게 있다고 생각했다. 그리고 두 가지 선택으로 인해 각각 발생할 결과를 예측하기 위해 정신적인 탈출을 시도했다. 눈을 감고 배달 음식을 시키거나 멀티팩을 살 경우 어떤 일이 일어날지 생각해 봤다. 그런 행동이 단기적으로는 스트레스를 해소시켜도 결국 살이 찌고 자신감을 감소시킨다는 걸 고려하면 장기적으로는 고통과 불편을 야기할 가능성이 높다고 판단했다. 또 자기가 멀티팩 제품이나 배달 음식을 선택하지 않을 경우에는 어떤 일이 일어날지도 생각했다. 그녀는 단기적으로는 불안, 슬픔, 권태 같은 고통스러운 감정을 느낄 수 있지만, 그래도 장기적으로는 보다 건강한 생활방식이 정착되고 자기 수용감이 높아진다는 사실을 알고 인정했다.

처음에는 간절히 원하는 배달 음식을 선택하는 일이 많았지만, 5분 탈출을 반복적으로 시행하면서 '선택의 시간'을 통해 견디기 힘든 악순환을 깨뜨렸다. 결국 장기적인 신체 건강과 행복을 위한 지향 행위를 더 많이 하게 되었다.

오늘의 스몰 스텝

여러분의 삶에 가장 큰 영향을 미치는 작은 행동은 무엇인가?

'스몰 스텝 다이어리'에 자기 인생에서 바꾸고 싶은 부분을 하나 적는다. 그리고 이 부분과 관련해 여러분이 원하는 자신의 모습이나 위치에서 더 멀어지게 만드는 3가지 작은 회피 행위를 찾아서 기록한다.

그런 다음, 자기가 원하는 모습이나 위치에서 더 가까이 다가갈 수 있게 도와주는 3가지 작은 지향 행위를 파악한다.

지향 행위를 고를 때는 중압감을 느낄 만큼 크고 힘든 행동을 고르지 않도록 주의한다. 예를 들어, 초콜릿과 단 음식을 다량으로 먹던 미셸의 경우 그런 음식을 전혀 먹지 않도록 금지한다면 너무 과한 시도가 될 것이다. 여러분의 삶에 영향을 미칠 만큼 의미가 있으면서도 지속적인 관리와 유지가 가능한 행동을 골라야 한다.

자기가 고른 3가지 지향 행위를 살펴보자. 회피 행위 대신 그런 지향 행위를 끝까지 고수할 수 있는 자신감이 얼마나 있는지, 스스로에게 정직하고 부드럽게 물어보자. 80퍼센트 이상 지킬 자신이 있다면 올바른 궤도에 오를 수 있지만, 그 이하라면 지금으로서는 그 지향 행위가 여러분에게 너무 부담스럽다는 얘기다. 그보다 작고 다루기 쉬운 것을 알아보자. 여러분은 항상 자기가 처음에 선택한 지향 행위를 차근차근 밟아 올라갈 수 있다.

우리는 매우 정당한 이유 때문에 지향 행위나 회피 행위에 관여하게 되는데, 다음 장에서는 이 문제를 다룰 것이다. 여기에서는 정직성과 상냥한 태도가 중요하다. 이것은 일상에서 가장 의미 있는 작은 변화들을 이루어 삶의 전반적인 질에 엄청난 변화를 가져오는 방법이기도 하다.

5장
'더 크고 좋고 빠른' 것을 추구하면서 생기는 갈등

*우리가 불안감에 몸부림치는 이유는 자신의 이면을 다른 사람들의
가장 멋진 모습과 비교하기 때문이다.*

— 스티븐 퍼틱(Steven Furtick)

인간은 복잡한 존재다. 우리는 변화를 추구하는 동시에 변화를
극도로 두려워한다. 자발적으로 살아가고 싶어 하면서도 한편으로
는 일상적인 루틴과 구조, 예측 가능성을 갈망한다. 우리의 시원으
로 거슬러 올라가는 또 하나의 훨씬 깊은 내면의 투쟁이 이런 갈등
의 근간이 된다.

인류가 이렇게 진화했는데도 우리는 여전히 수렵-채집으로 시
작한 과거의 기억에 묶여 있다. 천지개벽 이래 대대로 우리는 주로
생존 욕구를 통해 동기를 부여받는다.

고립돼 있거나 안전이 거의 고려되지 않은 채로 예측할 수 없는
상황에 처한 우리의 선사시대 조상들은 대부분 아주 오래는 살지
못했다. 다른 동물의 점심으로 생이 끝나지 않을 만큼 영리하면서
도 먹고살 만큼 강인하고 용감했던, 가장 큰 사회의 구성원들이 살

아남았다.

근본적인 수준에서 보면 우리는 여전히 그때와 같은 생존자다. 하지만 시간이 지남에 따라 또 다른 존재 방식이 진화했다. 단순히 살아남는 걸 뛰어넘어 이 세계에서 번창하기를 바라게 된 것이다. 그리고 이를 위해 지금보다 더 크고 뛰어나고 빨라지는 것을 목표로 하는 행동들을 통해 이상적인 성공을 이루고자 노력한다.

이런 노력은 일상생활에 대처하는 두 가지 방식으로 우리를 이끈다. 하나는 앞뒤 가리지 않고 무조건 전진하는 것이고, 다른 하나는 신중히 때를 기다리는 것이다. 결국 같은 동전의 관리하기 힘든 양면인 셈인데, 둘 다 안락함을 누릴 가능성은 높이고 불편함을 느낄 가능성은 줄이는 걸 목표로 한다. 우리는 인생의 한 부분에서 지나치게 무리를 할 때마다, 불가피하게 다른 영역에서는 날개를 제대로 펴지 못한다. 따라서 사람들은 대개 인생의 어떤 부분에서는 무조건적인 전진 모드를 취하고 다른 부분에서는 신중한 대기 모드를 취하게 된다.

무조건적인 전진

> 자기가 쓸 수 있는 시간보다 더 많은 시간을 투자하면,
> 시간의 채권 추심원들에게 계속 쫓겨 다니는 신세가 된다.
>
> ─ 엘리자베스 그레이스 손더스(Elizabeth Grace Saunders)

무조건적인 전진 모드에 있을 때는 계속 늘어나는 비현실적인 이

상을 이루기 위해 종종 탈진할 정도로 가차 없이 일을 추진하곤 한다. 스케줄이 너무 꽉 차 있는 상태에서 끊임없이 이동한다. 어쩔 수 없이 멈춰야 할 때까지 계속 자신의 신체적, 정신적 한계를 뛰어넘는다. 그러다가 필연적으로 비현실적이었던 자신의 기대를 충족시키지 못하게 되면 스스로를 가혹하게 심판한다.

오늘은 안 되니까 물러나자

오늘 시작하지 않은 일을 내일 끝낼 수는 없다.

– 요한 볼프강 폰 괴테(Johann Wolfgang von Goethe)

일을 미루면서 때를 기다릴 때는, 자신의 지나치게 높은 기대를 실현하려는 압박감을 피할 수 있다. '해야 할 일' 목록이 계속 늘기만 하면 어느새 완전한 마비 상태에 빠진다. 끝없는 절망감이 밀려오고 사람들을 피하고 힘든 일은 계속 미룬다.

중요한 참고 사항

이 두 가지 존재 방식은 상호 배타적인 게 아니다. 직장에서는 무조건적인 전진 모드로 살아가는 사람들과 일하는 경우가 많은데, 그들은 항상 자신감에 차 있고 때로는 심하게 무리하다가 탈진하는 일도 종종 있다. 그리고 타인과의 관계에서는 늘 미루는 태도를 보인다. 가족이나 파트너와 갈등을 빚는 게 두려워서 자기감정을 드러내기를 피한다. 우리 대부분은 인생의 어떤 부분에서는 무조건 전진하려고만 하고, 또 어떤 부분에서는 미루는 태도를 보인다.

알렉스와 제이미라는 두 친구의 사례를 살펴보자. 알렉스는 회사에서는 무조건 밀고 나가는 모습만 보인다. 일주일에 60시간 이상 일하는 때도 많고, 그사이에 수많은 추가 회의에 참석한다. 하지만 사적인 부분에서는 2년 전에 애인과 헤어진 뒤로 인간관계에서 뭐든 미루는 태도를 보이고 계속 뒷걸음질만 치고 있다. 알렉스는 애인과 이별한 뒤에 전보다 더 일에 몰두하면서 실연의 상처를 달래는 한편, 새로운 파트너를 만날 가능성은 전부 단호하게 차단해 버렸다.

그에 비해 제이미는 직장에서 일을 미루는 태도를 보인다. 그녀는 최소한의 책임만 지면 되는 일을 하면서 최소한의 만족을 얻고 있다. 제이미는 종종 알렉스나 다른 친구들에게 자기가 직장 때문에 얼마나 좌절감을 느끼는지 불평하곤 한다. 하지만 그렇다고 새로운 일자리에 지원하지도 않고 커리어를 개선하기 위한 강좌를 듣지도 않는다. 대신 사교생활에 전심전력을 다한다. 일주일에 5, 6일은 저녁 약속이 있고 사람들과 만나 술도 자주 마신다. 제이미는 애인과 헤어질 때마다 '바다에 물고기는 많다'는 모토를 되새기며 곧바로 온라인 데이트 사이트에 접속한다.

자기가 피하려는 게 무엇이냐에 따라, 인생의 한 부분에서는 전력을 다하고 다른 부분에서는 장기전을 펼치는 건 매우 흔한 일이다.

클수록 좋은가?

모든 사람이 공통적으로 가지고 있는 진화론상의 고정관념 외에도, 더 크고 좋고 빠른 것을 추구하는 우리의 태도를 부채질하는 문화적 메시지가 많다. 라디오나 텔레비전을 켜거나 소셜미디어 계정을 열어 보면 왜 더 많은 걸 얻기 위해 노력해야 하는지 알려주는 메시지가 쏟아진다. 이와 관련해 강력한 문화적 내러티브가 형성되고 있는데, 이 메시지는 자기가 특별하지 않으면(여기서 특별하다는 건 다른 사람보다 낫다는 뜻이다) 어딘가에 결점이 있거나 열등하다는 느낌을 준다. 특별해야 하고, 최고가 되어야 하고, 더 좋은 걸 소유해야 한다는 이런 교훈이 어디에나 만연해 있고 대부분 어릴 때부터 이걸 배우면서 자란다. 하지만 이 교훈을 자세히 들여다보면, 우리는 절대 괜찮은 사람이 될 수 없다는 자멸적인 믿음의 씨앗일 뿐이다.

이런 생각에 이의를 제기하지 않으면, 다른 사람에게 거부당할까 봐 두려운 나머지 자신의 일면을 숨기려고 애쓰거나 더 훌륭한 사람이 되려고 필사적으로 노력하면서 남은 인생을 살게 된다. 그리고 이 두 가지 상태 모두 우리를 압박할 것이다.

데이비드의 '현실 회피' 사례

데이비드는 타인과 애정 어린 관계를 맺기를 간절히 바랐고 '작은 것의 힘'에 대해 배우기 시작했다. 하지만 극심한 사회적 불안으로 인해 이성과 지속적인 애착 관계를 형성하지 못했다. 그는 최근에 데이트 앱을 통해 만난 사람들과 데이트를 몇 번 했는데, 자기가 문자메시지로는 대화를 나눌 수 있지만 눈앞의 여자에게는 제대로 대화를 이어가지 못한다는 걸 깨달았다. 말을 나누지도 못하고 눈을 마주치기도 매우 힘들었기 때문에 데이트는 어색하게 중단되곤 했다. 데이비드는 자기가 만난 여자들이 다시는 자기를 보고 싶어 하지 않는다는 걸 서서히 깨달았다.

데이비드는 매우 곤란한 상황에 처한 이들처럼 행동했다. 상황을 회피해버린 것이다. 원치 않는 경험을 하고 나면 그 후 두어 달 동안은 데이트 앱에서 손을 떼곤 했다. 또 사교적인 행사, 특히 자기가 모르는 사람들이 참석하는 행사를 피하면서 상당히 은둔적인 생활을 했다

좀 더 편해지려고 시도했던 불안 회피 방법이 실제로는 갈수록 더 피곤하게 만들었다. 데이비드의 안전지대는 점점 좁아졌고 결국 그는 마비된 듯한 기분을 느꼈다.

데이비드의 5분 탈출

데이비드는 다양한 5분 탈출 방법을 이용해서 데이트할 때 느끼는 사회적 불안감을 해결했다. 우선 자기가 다른 사람과 어울리는 모습을 상상해서 시각화하는 작업부터 시작했다. 또 '새로운' 사람과 대화를 나누는 역할극도 했다. 우리의 우선된 목표는 데이비드가 갇혀서 밀실 공포증을 느끼던 안전지대의 경계를 부드럽게 넓히는 것이었다. 동시에 그가 안전지대에서 벗어나도록 유도할 수 있

는 중요한 동기, 즉 애정 어린 관계를 맺고 싶다는 그의 욕구에 확실하게 집중했다.

그런 다음, 데이비드가 데이트를 할 때 어떤 회피 행위와 지향 행위를 하는지 철저하게 조사했다.

데이비드의 회피 행위는 실제로 데이트를 할 때 머릿속에 파고들어 대화를 차단하고 불안감을 키워 힘들게 했다.

그의 지향 행위는 앱을 통해 데이트 상대에게 연락해서 문자메시지로 대화를 나누고, 상대에 관한 질문을 하고, 진짜 관심을 가지고 대화에 임하면서 자기 얘기도 하는 것이다.

우리는 데이비드가 데이트할 때 활용할 수 있는 세 가지 지향 행위를 알아냈다. 그는 데이트 앱에서 문자로 대화를 나눌 때는 능숙한 대화 기술을 구사했고 '예의 바르고 유머러스하다'는 평을 받았다. 상대방에게 질문을 하거나 흥미를 보일 때도 그 기술을 사용할 수 있다. 또 자신에 대한 정보를 알려 줄 때도 마찬가지다.

그의 회피 행위가 명확히 드러나자, 데이비드는 인터넷에 다시 접속해서 그가 만나 보고 싶을 만한 사람들의 프로필을 살펴봤다. 곧 그는 한 여성과 연락이 닿았다. 하지만 그녀를 곧바로 저녁 식사에 초대해서 안전지대에서 너무 멀리 벗어나기보다는 오후에 만나 커피를 마시자고 청했다. 이건 데이비드의 자기 관리 영역 안에 포함된 지향 행위다.

우리는 데이비드의 커피 데이트를 준비하면서, 자기가 회피 행위를 하고 있다는 걸 깨달으면 곧바로 지향 행위로 방향을 바꾸라고 조언했다. 예를 들어, 머릿속에 복잡한 생각이 자꾸 떠오르면 상대방에게 질문을 던지거나 자기에 관한 얘기를 하면서 그 악순환을 깨는 것이다. 또 자기는 데이트할 때 자주 긴장한다는 말을 미리 해서 사회적 불안감을 누그러뜨릴 수도 있다.

데이비드는 그냥 숨만 쉬고 사는 게 아니라 정말 행복하게 살고 싶었다. 그래서 좋은 파트너를 찾으려고 애썼는데, 물론 이건 지극히 정상적인 일이다. 하지만 그는 잠재적인 파트너에게 바람직하다고 생각되는 어떤 특징에 집착하게 되었고, 자신의 사회적 불안감은 그런 바람직한 특징이 아니라고 생각했다. 스스로 불쾌하다고 여긴 이런 부분을 감추려고 하다 보니 괜찮은 파트너를 찾거나 관계를 맺을 기회가 줄어들었다.

하지만 원치 않는 감정과 불편함이 친밀한 관계를 맺기 위한 과정의 일부라는 걸 알고, 불편한 관계를 바꿀 수 있는 작은 기술을 배우게 되자 데이비드의 인생도 다시 열렸다. 이 부분에 대해서는 나중에 더 자세히 얘기하겠다.

오늘의 스몰 스텝

여러분의 무조건 전진 모드와 현실 회피 모드는 어떤 모습인가?

'스몰 스텝 다이어리'의 새 페이지를 펼친다. 양쪽 페이지에 상자를 두 개씩 그린다. 왼쪽 페이지 상단에는 '무조건 전진'이라고 쓰고 오른쪽 페이지 상단에는 '회피'라고 쓴다. 왼쪽 페이지의 왼쪽 상자에는 자기가 무조건 전진 모드일 때 하는 행동 3가지를 적고, 오른쪽 페이지의 왼쪽 상자에는 일상생활 중에 자주 하는 '회피' 행위를 3가지 적는다. 아래 표를 보면 여러분의 '스몰 스텝 다이어리'가 어떤 식으로 구성되어야 하는지 명확하게 알 수 있다.

각 페이지의 오른쪽 상자에는 그것이 여러분에게 미칠 수 있는 원치 않는 결과 3가지를 적는다.

예:

무조건 전진		회피	
행동	원치 않는 결과	행동	원치 않는 결과
매주 일정표에 너무 많은 일을 채워 넣는다.	거의 항상 일정에 늦는다.	사람들의 부탁을 거절하지 않는다.	결국 분개하게 된다.
한 가지 활동에서 다음 활동으로 넘어갈 때 충분한 시간을 허용하지 않는다.	항상 기진맥진하고 절대 내 자신을 따라잡을 수 없는 것 같다.	미리 식단을 짜서 몸에 좋은 음식을 만들지 않는다.	지난 1년 동안 체중이 7킬로그램이나 늘었다.
너무 많은 일을 받아들인다.	나 자신의 건강과 행복을 무시한다.	헬스클럽에 계속 등록하지만 실제로 가는 경우가 거의 없다.	계단을 오를 때 숨이 매우 가쁘다.

작은 변화: 나는 내일 아침에 그날 해야 할 일의 목록을 만들고 '중요한 일'과 '별로 중요하지 않은 일'이라는 제목으로 구분해서 일의 우선순위를 정할 것이다. 그리고 중요한 일부터 처리하기 위해 집중할 것이다.

6장
단기적인 고통, 장기적인 이득

결국 인생 전체가 줄타기인 셈이다. 이쪽으로 떨어지거나
저쪽으로 떨어지거나 둘 중 하나인데, 둘 다 나쁜 건 똑같다.

— 올더스 헉슬리(Aldous Huxley)

　날마다 우리는 가장 중요한 것을 향해 나아가거나 아니면 그 반
대 방향으로 나아갈 기회를 주는 수많은 경험을 한다. 보통은 원치
않는 것을 피하려다가 목적지에서 더 멀어지게 되는 결정을 내리곤
한다. 예를 들어, 이웃이 공항까지 데려다 달라고 부탁할 경우 마감
일이 코앞인 상황만 아니라면 들어줄 수 있다. 여러분 입장에서는
코앞에 닥친 마감일이 가장 중요하지만 이웃을 화나게 하고 싶지
않기 때문에 부탁을 받아들인다. 게다가 그를 도와주지 않는다면
다음번에 그에게 부탁할 때 거절당할까 봐 걱정스럽다.

　비록 그 순간에는 깨닫지 못하더라도, 우리가 하는 이런 작고 보
잘것없는 선택이 풍요롭고 의미 있는 삶의 구성 요소가 되거나 아
니면 그런 삶을 이루지 못하게 가로막는 장해물이 되는 일이 많다.
하루 종일 눈앞에 놓인 딜레마를 헤쳐 나가면서 실행하는 작은 조

치 하나하나가 나름의 힘을 발휘한다. 우리의 회피 행위 중 상당수는 중요한 것에서 멀어지고 싶은 욕구 때문에 명시적으로 이루어지는 게 아니라, 원치 않는 불편함을 최소화하거나 피하려는 욕구에서 비롯되는 일이 많다. 하지만 그로 인해 자기가 목표로 하는 모습과 위치에서 더 멀어지는 의도치 않은 부작용이 따를 수 있다.

이 책은 이런 작은 딜레마가 발생했을 때 자신에게 중요한 것과 연결될 수 있는 기술을 연마하고, 회피 행위 대신 지향 행위를 할수 있게 도와준다. 여러분은 이런 작은 단계를 통해 점점 더 많은 사람들과, 더 많은 상황에서, 더 많은 지향 행위를 하게 될 것이다. 하지만 먼저 사람들이 어려움을 겪는 지향 행위와 회피 행위의 유형부터 알아보자.

지향 행위와 회피 행위 파악

지향 행위와 회피 행위는 사람마다 다르다. 본인의 가치관과 관련해 그 행동이 어떤 식으로 기능하기를 바라는지에 달려 있다.

예를 들어, 질과 레이철은 둘 다 이번 주 팀 회의에서 진행 중인 논의를 중단시키는 행동을 했다. 질이 한 행동은 중요한 지향 행위였다. 그녀는 대화에 집중했고 자기가 그 논의에 중요한 기여를 할수 있다는 걸 깨달았다. 사람들 앞에서 발언하는 게 정말 불안했지만 장기적으로 프로젝트에 도움이 될 거라고 여겼기 때문에 자기 아이디어를 제시했다.

그에 반해 레이철은 이와 똑같은 행동을 하긴 했지만 그건 상황을 회피하기 위한 행동이었다. 그녀는 최근의 인사 고과에서 상사가 자기를 어떻게 평가했는지 걱정이 돼 회의에 집중하지 못하고 계속 멍하게 있었다. 그러다가 일에 열의를 보이지 않으면 승진하지 못할 거라는 불안감이 점점 커져서 결국 다른 사람이 발언하는 중에 말을 가로막았다. 하지만 그녀의 지적은 타이밍이 좋지 못했던 데다가 남을 비판하는 것처럼 들렸다. 이럴 때 자신의 지향 행위와 회피 행위를 제대로 파악하고 있으면 큰 도움이 된다.

어떤 상황에서는 회피 행위였던 것이 다른 상황에서는 지향 행위가 될 수도 있기 때문에 일이 더 복잡해진다. 어느 날 저녁식사를 하면서 와인을 두어 잔 마셨는데, 그 음주 행위가 본인에게 중요한 일(즐거운 시간을 보내거나, 사교성을 발휘하거나, 긴장을 풀거나, 수고한 자신에게 한 턱 내는 등)에 가까이 다가가게 해 준다면 그건 지향 행위가 될 수 있다. 하지만 다른 날 저녁에 같은 양의 술을 마셨는데, 그게 불안이나 슬픔 등 느끼고 싶지 않은 감정을 피하려는 충동 때문이었다면 그건 회피 행위가 될 수 있다. 모든 상황에 효과적으로 대처하는 비결은 날마다 명확한 태도로 자신의 가치관이나 목적을 되새기는 것이다.

린과 배리의 회피 행위

린과 배리는 사귀는 사이지만 그들의 지향 행위와 회피 행위는 완전히 상반되는 경우가 많다.

린은 무조건적인 전진 모드를 신봉한다. 항상 열 보 앞서서 계획을 세우고 무수히 많은 일을 동시에 해내려고 애쓴다. 너무 많은 책임을 받아들이는 것도 그녀의 회피 행위 중 하나인데, 특히 생산성이 저하될 정도로 장시간 일하고 여러 가지 일을 관리하는 직장에서 그런 모습이 두드러진다. 린은 도가 지나칠 정도로 열심히 일하지만 자기 동료들과 비슷한 수준의 성공을 거두지 못하는 것 때문에 환멸을 느끼고 있다. 그녀가 생각하기에 그 동료들은 열심히 일하지 않고도 더 많은 보상을 받는 듯했다.

린은 회사 밖에서도 다양한 위원회 활동에 참여하고 있고 자선단체에서 봉사 활동도 한다. 어떤 사람에게는 자원봉사가 지향 행위일 수 있지만, 린의 경우에는 회피 행위에 속한다. 이런 일들에 시간을 빼앗기는 바람에 친구나 가족과 어울릴 시간이 갈수록 줄어들기 때문이다.

린은 남들이 자기의 선행을 알아주고 또 이런 자원봉사가 커리어에 도움이 되기를 은근히 바라고 있다. 또 부탁을 받아들이는 데서 기쁨을 느끼고, 자기가 행동의 중심에 있다는 사실에 자부심도 느낀다.

하지만 머잖아 린은 자기가 감당할 수 있는 이상의 일들을 끌어안고 있다는 사실을 깨닫게 된다. 자기가 승낙하거나 자원한 여러 가지 작은 일들이 쌓이고 쌓여 엄청난 압박감을 안겨 준다. 그녀는 계획적인 사람이지만 해야 하는 일들에 대한 걱정 때문에 아침 일찍 잠에서 깨곤 했다. 엄청나게 빡빡한 일정을 다 소화하지 못할까 봐, 모든 사람을 실망시키게 될까 봐 끊임없이 걱정했다. 그러다가 그 걱정이 그녀에게 시간을 요구한 사람들, 자기가 자발적으로 내준 시간에 대한 분노로 변했다. 린은 덫에 걸린 듯한 기분과 심한 스트레스 때문에 가슴이 다 욱신거릴 지경이었다.

그에 비해 배리는 일을 미루는 경우가 많다. 다른 사람 일에 관여하거나 위원회에 참가하거나 수많은 회의에 참석하는 건 배리로서는 지옥 같은 일이다. 일반적으로 배리의 회피 행위에는 자신의 안전지대에서 벗어난 활동이나 행동을 받아들이지 않고 거부하는 것도 포함된다. 그가 자주 하는 회피 행위는 집에 틀어박혀서 넷플릭스를 연달아 시청하거나 다양한 뉴스 피드를 읽거나 자기가 읽은 기사의 주장을 확인하기 위해 새로운 사이트를 계속 체크하는 것 등이다.

배리는 자영업자이므로 이런 회피 행위는 그의 사업에 영향을 미친다. 그는 전화와 이메일 확인을 피하고, 종종 새벽 3시까지 잠을 자지 않는 바람에 늦잠을 자곤 한다. 자기 사업을 홍보하는 데 필요한 인맥 모임에는 불참하기 일쑤고, 웹사이트와 소셜미디어의 비즈니스 프로필을 새로 갱신하지도 않는다.

배리는 매우 조직화된 업무 환경에서는 그럭저럭 잘 해냈지만, 독립해서 자기 사업을 시작한 뒤로는 계속 어려움을 겪고 있다. 그는 성공하기 위해 알아야 하는 것들은 전부 알고 있지만 직접 홍보를 한다는 게 극히 어렵다는 사실을 깨달았다. 그의 분석적인 두뇌는 회사 업무를 처리하는 데는 도움이 되지만, 다양한 옵션을 비교하면서 '적절'하거나 '가장 좋은' 걸 찾으려고 할 때는 오히려 불리하게 작용한다. 이것저것 비교해 봐도 그중에서 하나를 정하는 게 어렵다는 걸 알게 되었다. 잘못된 결정을 내릴까 봐 극도로 두렵기 때문이다. 이런 분석과 두려움 때문에 배리는 해야 할 일을 미루면서 새벽 3시까지 넷플릭스를 시청하고, 결국 악순환은 계속 이어진다.

대부분의 회피 행위에는 단기적인 이득이 따른다

린과 배리의 회피 행위는 상당히 달라 보이지만, 둘 다 단기적인 이익을 안겨 준다는 사실을 알아야 한다. 남들의 부탁을 다 들어주고 일정을 과도하게 많이 잡는 게 기본인 린이 얻는 단기적 이득은 자기가 중요한 존재라는 기분과 흥분감, 그리고 초반의 열정이다. 배리가 불편한 기분을 안겨 주거나 의사결정이 필요한 일을 전부 거절하면서 얻는 단기적 이익은 결정을 피할 때 느끼는 안도감이다.

대부분의 회피 행위는 장기적인 고통을 수반한다

회피 행위는 모두 단기적으로는 안도감이나 성취감을 안겨 주지만, 결국 큰 대가를 치러야 한다.

린이 겪게 될 장기적인 고통은 남들의 인정과 성공에 대한 열망을 충족시키기 위해 더 깊은 욕구를 억누른 탓에 결국 신체적 정신적 건강을 해치게 된 것이다. 그녀는 계속 단조로운 일에 몰두하면서 자신을 돌볼 시간을 내지 않는다. 이걸 바로잡으려면 몇몇 기회를 거절하거나 누군가를 실망시키거나 경력 목표를 달성하지 못하는 불편함을 감수해야 한다.

배리가 겪을 장기적인 고통은 점점 자신을 압박하는 절망감의 악순환에 빠져드는 것이다. 그가 뭔가를 거절할 때마다 자기는 애초에 그런 일을 못한다는 생각이 강화되므로, 다음에 또 비슷한 상황이 생겨도 거절하고 싶은 생각이 들 것이다. 안전지대를 넓히려면 그로서는 매우 두려워하는 결정을 내릴 필요가 있다. 또 일이 원하는 대로 풀리지 않을 가능성이 높더라도 일을 받아들이는 빈도를 늘리겠다고 결심해야 한다.

지향 행위 = 중간 경로

'작은 것의 힘'을 간단히 표현하면, 행복한 중간 방향으로 나아가기 위해 일관성 있는 지향 행위를 하는 것이다. 어떤 사람은 이를 위해 승낙하는 횟수를 늘려야 하는 반면, 어떤 사람은 지금보다 거절을 많이 해야 한다.

뭔가를 받아들일 때마다 다른 걸 거부해야 하고, 그 반대의 경우도 마찬가지다. 예를 들어, 린이 회사와 위원회에서 맡기는 일을 추가적으로 받아들일수록 본인의 건강과 행복, 인간관계를 위한 일은 거절하는 경우가 늘어난다. 거절 횟수를 늘리는 지향 행위를 연습하면, 가족과 친구, 그리고 자신의 건강과 행복을 위한 일을 더 많이 받아들일 기회가 생긴다.

마찬가지로 배리가 새롭고 도전적인 상황을 많이 받아들일수록 의사결정을 회피하는 일이 줄어들 것이다.

자기 관리 영역을 기억하자

배리의 회피 행위는 그를 계속 안전지대 안에 머물 수 있게 해 준다. 그가 지향 행위를 하기 시작하면 안전지대 밖에서 모험을 하게 되지만, 그가 일을 진행하는 동안에는 자기 관리 영역 안에 머무는 것이 중요하다.

배리는 뭔가를 거부하지 않고 받아들이는 게 지향 행위라고 배웠는데, 그것의 긍정적인 영향을 경험하면 그 효과를 강화하려는 유혹에 빠져 모든 걸 다 받아들이려고 할지도 모른다.

하지만 그럴 경우 배리는 금세 기진맥진해져서 결국 처음 있던 자리로 돌아갈 것이다. 지향 행동은 자기가 항상 하는 일과 정반대되는 일을 하는 게 아니다. 자신의 안전지대에서는 벗어났지만 자기 관리 영역 내에는 확실히 포함되어 있는 작고 일관성 있는 행동을 의식적으로 선택해서 하는 것이다.

따라서 배리가 자기 안전지대 바깥의 일을 처음 받아들이기 시작할 때는 일주일에 한 가지 정도만 받아들인 다음 거기서부터 천천히 진행하는 게 좋다. 린도 마찬가지로, 사소한 일까지 다 거부하기보다는 직장에서 맡긴 작은 일 하나를 거절하는 것부터 시작하는 게 성공할 수 있는 지름길이다. 작은 일을 하나 거절하면 본인과 동료 모두에게 나도 싫다고 말할 수 있는 사람이라는 메시지를 전하게 된다. 린은 다음 지향 행위를 하기 전에 한동안 이 사실을 음미하면서, 긍정적인 관점에서 그걸 충분히 느껴봐야 한다.

오늘의 스몰 스텝

이게 무슨 소리야?

어떤 행동이 지향 행위인지 아니면 회피 행위인지 파악하는 데 어려움을 겪는 사람에게 우리가 가장 먼저 권하는 방법 중 하나는, 그 행동이 '대체 뭔가?' 혹은 그것의 '기능이 무엇인가?'라는 질문을 자신에게 던지는 것이다.

지금 취하려는 행동이 중요한 일에 가까이 다가가는 데 효과적일 것 같은가, 아니면 자기가 원치 않는 일에서 벗어나기 위해서 하는 일인가?

다음번에 어떤 결정을 내릴 때 불확실하거나 의심스러운 부분이 있다면(퇴근 후에 헬스클럽에 갈지, 브런치로 팬케이크를 한 장 더 먹을지, 주말에 계속 TV만 볼지 등), 결정을 잠시 미루고 자신의 기본적인 의도나 가치관이 뭔지 되새겨 보자. 자신에게 내적으로 중요한 게 뭔지 알고 있다면, 지금 고려하는 행동이 그 중요한 일에 더 가까워지게 해 줄지 아니면 멀어지게 할지 자문해 보자. 이런 간단한 방법을 활용하면 자신에게 중요한 방향으로 좀 더 의식적인 선택을 할 수 있는 힘이 생긴다.

7장
우리의 행동 뒤에 숨은 '이유'

살아야 할 '이유'가 있는 사람은 어떤 '방식'도 참고 견딜 수 있다.

— 프리드리히 니체(Friedrich Nietzsche)

사람은 누구나 목표를 세운다. 자기 직업에서 정상에 오르는 것 같은 큰 목표든 아니면 주말 나들이 계획처럼 작은 목표든, 우리가 세우는 목표 대부분은 행복을 얻고 불안이나 슬픔 같은 원치 않는 감정을 피하기 위한 것이다.

우리는 또 자기도 모르는 목표를 종종 세우기도 한다. 텔레비전에서 제품 광고를 보고는 자기도 모르는 새에 그 제품을 사는 걸 목표로 삼는다. 그 제품을 손에 넣으면 행복해질 거라고 무의식적으로 믿는다.

우리가 설정한 목표는 다른 것들의 영향을 받는다. 자기가 참여하거나 엿들은 모든 대화, 소비하는 모든 미디어가 영향을 끼친다. 자기보다 많은 걸 갖고 있거나 이런저런 면에서 더 나은 사람을 보면 거기서도 영향을 받는다. 페이스북에서 멋진 휴가를 즐기고 있는 친구의 사진을 봤다면 그것도 영향을 미친다. 우린 어쩔 수 없이 자기 삶을 다른 이들과 비교하고, 그 과정에서 남보다 부족하다는 생각이 들면 심적으로 힘들어진다.

목표에 따르는 문제

작은 목표보다는 큰 목표를 달성할 가능성이 훨씬 낮다. 목표와 관련해 자기가 얼마나 부족한 사람인지 계속 되새기다 보면, 꿈꾸던 삶을 살기는커녕 마치 악몽 속에 사는 것 같은 기분이 들지도 모른다.

하지만 큰 목표를 세우는 것만이 문제가 아니라는 걸 깨달아야 한다. 작은 목표를 세웠더라도 그걸 끝까지 완수하지 않는다면 계속해서 자신감이 깎인다. 그건 아침에 5분 일찍 일어나거나 하루에 한 번 초콜릿 대신 과일을 먹는 것처럼 작은 목표일 수도 있다. 하지만 이런 목표 달성에 계속 실패하면 시간이 지날수록 부정적 영향이 누적된다.

건강이나 행복 같은 정말 중요한 일이든, 외적인 비교를 통해 다른 사람보다 잘되기를 바라든, 그 작은 목표를 추진하는 동기가 목표를 성공적으로 완수할 가능성에 큰 영향을 미친다.

지향 동기와 회피 동기

잠자리에 들 때 다음 날 아침 일정한 시간에 일어나도록 알람시계를 맞춰 두는 사람이 많다. 일이든 공부든 아니면 다른 것이든, 매일 정해진 일을 하려고 일어나는 게 우리가 정한 목표다.

이런 목표는 주로 회피 동기에 자극받을 수 있다. 이때의 회피 동기는 제 시간에 출근함으로써 문제를 일으키거나 봉급이 깎이거나 해고되는 등의 불리한 결과를 피하는 것이다. 만약 여러분의 주된 욕구가 다른 사람들과 잘 지내거나 자기가 옳다고 믿는 일을 하거나 자신의 건강과 행복, 그리고 가족 부양을 위해 중요한 봉급을 받는 것이라면, 출근하기 위해 일어난다는 똑같은 목표가 지향 동기의 산물이 될 수도 있다.

하지만 이 시나리오에서 지향 동기를 갖고 있더라도, 아침 7시에 알람이 울리면 남들처럼 '아, 벌써 일어나야 하다니'라고 생각할 수도 있다. 결국 우리는 한낱 인간일 뿐이니까. 하지만 출근이라는 목표가 지향 동기에 의해 자극받으면, 그 목표를 이룰 가능성이 크게 높아진다. 반면 회피 동기는 목표 달성 가능성을 감소시키는 경우가 많다.

크고 작은 목표를 달성하는 데 어려움을 겪는다면 자신의 지향 동기, 즉 하고 싶은 행동의 배후에 존재하는 '이유'를 다시금 생각해 볼 필요가 있다.

앨리스의 〈사랑의 블랙홀〉

우리를 처음 만나러 온 앨리스는 매우 우울한 상태였다. 자녀들은 모두 장성해서 집을 떠났고, 그중 두 명은 현재 결혼해서 가족을 꾸린 상태다. 아내이자 어머니, 할머니인 앨리스는 다른 사람들이 생각하는 삶의 방식에 따라 사는 듯한 기분이 들었다. 그녀는 자기 건강과 행복을 희생해서라도 항상 친절하고 관대한 모습을 보여야 한다고 믿었다. 그래서 손주들을 봐 달라는 부탁을 받으면 반드시 승낙해야 한다고 생각했다. 앨리스는 마치 영화〈사랑의 블랙홀〉처럼 매일매일 똑같은 날이 반복되는 느낌이라고 말했다. 다른 사람들이 그녀가 해야 하는 일과 하면 안 되는 일을 지시하는, 무한히 반복되는 고리 속에 갇힌 기분이었다.

앨리스는 자멸적인 행동을 반복하는 악순환에 빠져 있었다. 다른 이들이 자기에게 원한다고 생각하는 걸 내주느라 진이 다 빠졌고, 결국 우울한 기분에 젖어 가족과 친구를 멀리했다. 그녀는 전화와 문자메시지에 응답하기를 그만뒀다. 초대를 거절하고, 계획을 세웠다가도 마지막 순간에 취소했다. 다른 사람들과 관계를 유지하면서 다시는 우울증에 빠지지 않겠다는 목표를 자주 세웠지만, 달성이 믿을 수 없을 정도로 힘들다는 걸 알았다.

처음에 상담을 시작하면서 지향 동기에 대한 개념이 어떤지 살펴봤더니, 앨리스는 항상 다른 사람들의 요구에 맞춰 살아 왔기 때문에 자기 가치관이 뭔지 전혀 모른다고 말했다. 그래서 앨리스가 어떤 식으로 자신을 보고 싶고 다른 사람들에게 어떻게 기억되고 싶은지 확인해 보았다. 그녀는 사실 자기가 자녀나 손주들과 시간을 보내는 걸 좋아한다는 사실을 깨달았다. 자기 내면 깊숙한 곳에 타인과의 관계를 통해 사랑하고 사랑받는 것, 친밀감을 키우는 걸 중요시하는 가치관이 있음을 확인한 앨리스는 그 가치관이 지향 행위의 길잡이가 되도록 노력했다.

앨리스의 5분 탈출

앨리스의 5분 탈출 방법은 아침 식사 직후에 자기가 매일 하는 일들의 바탕이 되는 지향 동기를 의식적으로 되새기는 것이었다. 그녀는 자신의 하루 활동을 시각화하고, 그것이 핵심적인 가치관과 어떻게 연결되며, 어떤 목표에 가까이 다가가게 해 주는지에 주목했다. 5분간의 의식적인 탈출 과정이 끝나면, 하루 일과를 진행하는 동안 이 지향 동기를 되새기고 다음 날 아침에 다시 결과를 평가하겠다고 다짐했다.

이 방법을 사용하자 앨리스가 관여하는 활동들이 다르게 느껴지기 시작했다. 그녀는 또 자기가 회피 동기에서 일을 시작하는 때가 언제인지 알아내는 방법도 배웠다. 평소 분노 때문에 행동에 나서는 경우가 많았는데, 본인이나 가족에게 좋지 않다는 것을 이해했다.

이제 앨리스는 지향 동기를 바탕으로 가족들과 시간을 보내겠다고 결심했고, 그런 시간이 가끔 혼자 있는 시간이나 휴식 시간과 균형을 이루도록 했다. 또 지향 동기를 통해 자신을 돌보고 싶다는 욕구도 충족시켰다. 이건 그녀의 우울증 주기에도 많은 영향을 미쳤다. 지금도 여전히 우울해질 때가 있지만, 전에는 그런 기분이 몇 주씩 지속되었던 반면 이제는 대개 몇 분 안에 사라진다.

오늘의 스몰 스텝

지향 동기

다이어리에서 다음 질문에 답한다.

1. 나를 증명해야 할 대상이 될 사람이 아무도 없다면, 어떤 목표를 세울 것인가?
2. 내 불안감과 두려움, 고난 등이 문제가 되지 않는다면, 어떤 목표를 달성하는 데 시간을 투자할까?
3. 원치 않는 감정이나 불편한 경험을 기꺼이 받아들이면서까지 추구해야 하는 중요한 목표는 무엇인가?

이것이 바로 여러분의 지향 동기다.

자신의 지향 동기를 확인했으면, 다음 주에 전념할 목표를 하나 정하자. 다이어리의 이 페이지를 매일 읽으면서 지향 동기를 되새기자. 그리고 지향 동기 유지가 목표 달성에 어떤 영향을 미치는지 살펴보자.

8장
권력 투쟁

남을 아는 것은 지성이고, 자신을 아는 것이 참된 지혜다.
남을 지배하는 건 힘이고, 자신을 지배하는 것이 진정한 권력이다.

— 노자

이전 장에서는 원치 않는 경험을 피해 봤자 아무 소용없고, 그런 노력이 우리를 방해하는 경우도 많다는 사실을 살펴봤다. 하지만 삶의 모든 측면을 통제할 수는 없더라도 불필요하게 힘이 낭비되는 부분을 바꿀 능력은 누구나 가지고 있다. 또 자신을 삶의 어느 부분에 어떻게 전략적으로 배치해야 하는지 배워서, 상황이 본인에게 유리하도록 할 수도 있다.

힘을 발휘할 수 있는 부분 vs. 힘을 발휘할 수 없는 부분

우리의 삶은 본질적으로 두 개의 진영, 즉 자기 마음대로 바꿀 수 있는 부분과 바꿀 수 없는 부분으로 나뉘어 있다.

이걸 구분하는 건 정말 중요한 일이다. 인생에서 자기 마음대로 할 수 없는 부분을 통제하려고 헛되이 시간과 에너지를 쏟는 것은 수많은 정신병을 일으키는 근본 원인이다.

자기를 가장 불편하게 하는 부분에 힘을 행사하려는 건 인간 본성의 일부인데, 주로 회피 행위를 통해서 이런 일을 시도하곤 한다.

우리가 힘을 발휘할 수 없는 부분(선택권 없음)	우리가 힘을 발휘할 수 있는 부분(선택권 있음)
과거, 현재, 미래의 다른 사람들의 생각, 감정, 태도, 행동 과거, 현재, 미래의 자신의 생각과 감정 과거와 미래의 자신의 가치관과 태도, 행동.	지금 이 순간 자신의 가치관과 태도, 행동

이 표를 클라이언트나 그룹 상담 및 워크숍 참석자들에게 보여주면, 과거를 바꾸려고 시간과 에너지를 쏟는 건 헛수고라는 사실을 금세 깨닫는다. 하지만 미래와 관련해서 자기가 얼마나 무력한 존재인지 깨닫기는 그보다 더 어려운 일이다. 여기서 중요한 건 여러분이 지금 이런저런 사소한 행동을 할 경우 그게 여러분에게 가장 유익한 방식으로 미래에 많은 영향을 미친다는 것이다. 하지만 미래에는 여러분 본인이나 사랑하는 이들의 건강, 출생, 사망, 결혼, 이별, 경제 상황처럼 전혀 통제가 불가능한 측면들도 있다.

사람들은 또 자기가 다른 사람에 대한 통제권이나 힘을 실제 이상으로 많이 가지고 있다고 믿는다. 물론 누구나 타인에게 도움이 되는 방식으로 반응을 보일 수 있고 그게 의미 있는 관계로 이어질 수도 있다. 하지만 여러분 나이쯤 됐으면 여러분이 무슨 일을 하건 안 하건 상관없이 혹은 무슨 말을 하건 안 하건 상관없이, 계속 여러분이 원치 않는 방식대로 반응하는 사람을 최소 한 명 이상 만나봤을 것이다.

현재 자기가 품은 생각이나 감정에 힘을 발휘할 수 없다는 사실을 이해하기는 어려울 수도 있다. 애초에 불안하고 우울하고 괴로운 생각을 하거나 원치 않는 감정을 느끼고 싶어 하는 사람은 없다. 그러나 달갑지 않거나 고통스러운 생각과 감정을 품고 있다는 걸 알게 되면, 그에 대응하는 방식과 관련해서는 선택권과 힘을 발휘할 수 있다. 원치 않는 내적 경험을 통제하거나 최소화하려고 할 경우, 장기적으로 더 심각하고 고통스러워지는 경우가 많다. 반면 그런 달갑지 않은 내적 경험이 현재의 순간이나 가치관과 연결되어 있다는 걸 깨닫고 자신에게 중요한 행동으로 주의를 돌린다면, 이런 생각이 우리 자신과 삶에 미치는 원치 않는 영향을 대폭 줄이거나 최소화할 수 있다.

이런 경험에 대해서는 힘을 발휘할 수 없다는 걸 깨닫고 인정하면, 그다음부터는 본인의 힘을 되찾는 방식으로 대응할 수 있다니 참으로 흥미로운 역설이다. 집중하는 대상을 바꿔 여러분이 힘을 발휘할 수 있는 부분에서 한 번에 하나씩 다양한 지향 행위를 실천하면 '작은 것의 힘'을 실행에 옮길 수 있다.

잭의 파워게임

잭은 인생에 완전한 무력감을 느끼는 상태로 우리를 만나러 왔다. 그의 전 여자친구이자 두 살배기 딸의 엄마가 자기 아파트에서 나가 달라고 하는 바람에, 잭은 부모님 집으로 돌아와 어릴 때 쓰던 낡은 침실에서 지내고 있다.

잭은 아주 어린 나이에 아빠가 되었다. 그래서 그는 가정생활과 자기 친구들이 누리는 자유와 재미 사이에서 고민에 빠졌다. 그리고 대개는 자유와 재미가 승리를 거뒀다. 그는 자주 친구들과 파티를 즐기러 나갔고, 신체적으로나 경제적으로나 한 여자의 파트너이자 부모로서 져야 하는 책임을 회피하면서 아직 미혼인 것처럼 행동하는 일이 갈수록 늘어났다.

잭은 이미 돌이킬 수 없는 상황에 처해 있었다. 그는 준비가 되지 않은 상태로 부모가 되었다. 마치 그런 일이 일어나지 않은 척, 딸이 태어나기 전과 같은 생활방식을 유지할 수 있는 척하면서 상황을 통제하려고 했다. 그의 파워게임은 자식을 책임져야 하는 불편함과 관련되었다. 그는 거기에서 벗어나기 위한 회피 행위를 하면서 자신의 불편한 기분을 억제하려고 했다.

파트너가 그를 쫓아내자 잭은 더 큰 무력감에 빠졌다. 부모님과 함께 살게 된 그는 낮에는 컴퓨터 게임을 하고 밤에는 친구들과 어울리면서 이 괴로운 상황을 통제하려고 했다. 옛 애인이나 딸을 만나는 건 너무 고통스러워서 피했는데, 이것도 자신의 불편함을 억제하기 위한 또 하나의 회피 행위다. 주변 사람들의 눈에는 잭이 그 문제를 전혀 신경 쓰지 않는 것처럼 보였지만, 실은 전혀 그렇지 않다는 걸 잭 본인은 알고 있었다. 자신의 회피 행위가 어떤 역할을 하는지 살펴본 잭은, 그게 전부 좋은 아빠가 되지 못할 거라는 두려움에서 벗어나기 위한 몸부림이라는 걸 깨달았다. 그는 자기가 딸의 인생을 망치고 아이를 실망시킬 거라는 생각에서 벗어나려고 필사적으로 애쓰면서 시간을 보냈다. 그가 달아나려고 애썼던 두려움을 직시해서 고통스럽기는 했지만, 그래도 잭은 좋은 아빠가 되는 게 자신에게 얼마나 중요한 일인지 알고 있었다.

잭은 곧 예전 파트너나 딸과 좋은 관계를 쌓기 위해 의식적으로 노력하고 싶다는 결론에 도달했다. 우리는 잭이 책임감 때문에 느끼는 불편한 기분에서 벗어나려고 이용한 회피 행위와 그런 회피 행위가 축적되면서 결국 더 큰 무력감을 느끼게 되었다는 사실을 깨닫도록 도왔다.

잭의 5분 탈출

우리는 그에게 매일 5분씩 시간을 내 현시점에서 힘을 발휘할 수 있는 대상이 뭔지 파악하고, 당장 적극적으로 실행할 경우 옛 파트너나 딸과 좋은 관계를 맺는 데 도움이 되는 지향 행위를 고민해 보라고 했다.

그런 지향 행위 중 하나는 너무 사소해서 실행할 가치도 없는 것처럼 보였지만, 결국은 잭의 삶을 완전히 변화시키는 촉매제 역할을 했다. 우리는 잭에게 이틀에 한 번씩 전 파트너에게 문자를 보내 딸이 어떻게 지내는지 물어보라고 했다. 이런 간단한 행동을 통해 잭은 조심스럽게 자신의 책임과 관계를 맺기 시작했고, 그의 전 파트너에게는 잭이 믿을 만한 아빠가 될 준비를 하고 있다는 메시지를 전했다.

잭과 우리는 다른 지향 행위도 발전시키려고 노력했지만, 결국 딸의 안부를 묻는 꾸준한 문자메시지가 그가 힘을 되찾는 발판이 되었다. 잭과 그의 전 파트너는 재결합을 하지는 않았지만 이제 딸이 2주에 한 번씩 주말에 잭의 새 아파트에 가서 아빠와 함께 지내고 그사이에도 주기적으로 딸을 만나며 전 애인과 우호적인 관계를 유지하면서 원만하게 공동 육아를 하고 있다는 사실을 여러분에게 알릴 수 있어 기쁘다.

또 하나의 파워 게임

누구나 살면서 무력감을 느끼는 부분이 있는데, 대부분은 거기서 달아나는 회피 행위를 통해 상황을 통제하려고 한다. 예를 들어, 메리는 사치품을 살 수 있을 만큼 돈을 많이 벌지 못하기 때문에 신용카드로 사치품을 구입한다. 부족한 돈에 대한 불편한 기분을 억제하는 것이다. 메리는 물건을 살 때는 잠깐이나마 자기에게 힘이 생긴 듯한 기분을 느끼지만, 장기적으로는 결국 그 힘을 빼앗기게 된다.

존은 천식을 앓고 있다. 무력감이 느껴지는 이런 상황에서 자신을 위로하기 위해 그는 하루에 담배를 20개비씩 피운다. 그가 피우는 담배가 전부 몸에 누적되면서 건강한 상태에서 점점 더 멀어지게 된다.

메리의 지향 행위는 일주일에 한 번씩 20유로 이하의 사치품을 살 권리를 스스로 허락하는 것이다. 존의 지향 행위는 담배를 피우기 전에 3분간 마음챙김 명상 수련을 해서 오감을 깨우는 것이다. 존은 주로 밖에서 담배를 피우기 때문에 3분 동안 자기가 보고 듣고 냄새 맡고 맛보고 느낄 수 있는 모든 것을 신중하게 의식한다. 존의 목표는 호기심으로 가득 찬 어린아이처럼 자기 감각에 주의를 기울이는 것이다. 이건 그가 흡연을 통해 피하려고 했던 원치 않는 생각과 감정을 인정하도록 도와주고, 건강의 소중함에 가까이 다가갈 기회도 준다.

오늘의 스몰 스텝

권한 부여의 3단계

자기 삶의 불편한 부분에 권한을 부여하기 위한 세 가지 단계는 다음과 같다.

1. 인생에서 무력감을 느끼는 부분을 찾는다. 그중 한 부분에서 느끼는 중압감이 너무 커서 당장 고려하기가 힘들다면, 특히 많은 어려움을 겪고 있는 특정한 작업이나 목표, 상호작용을 선택한다.

2. 무력감으로 인한 불편함을 피하기 위해서 하는 단기적인 행동들을 파악하고, 그것이 안겨 주는 장기적인 고통을 평가한다. '불편함을 통제하기 위한 회피 행위 중에서 결국 장기적으로 나를 더 무력하게 만드는 건 무엇인지?' 자문해보자. 예를 들어, 미셸의 경우 자기는 절대 체

중 감량에 성공하지 못할 거고 건강해질 수도 없을 거라는 생각이 들 때마다 그런 무력감과 절망감을 일시적으로나마 마비시키기 위해 곧바로 정크푸드에 손을 뻗었다. 또 린은 본인의 능력이 부족하다거나 제안을 거절하면 경력을 발전시킬 수 없을 거라는 생각을 피하려고, 주어진 기회를 기진맥진해질 때까지 다 받아들였다. 두 경우 모두 이런 단기 전략은 똑같은 고통만 반복적으로 초래했다. 미셸과 린이 권력 투쟁의 대가를 깨닫고 느끼고 싶지 않았던 불편함을 직시하자, 지금까지와는 다른 방식으로 일을 처리할 수 있는 자유가 생겼다.

3. 자신의 회피 행위를 반전시켜서 올바른 가치관을 향해 한 걸음씩 나아갈 수 있는 작은 행동을 찾아 거기에 전념한다. 무력함을 느끼는 부분을 되돌아볼 때는 자기에게 가장 중요한 것을 최대한 명확하게 인식해야 한다. 본인의 행동을 통해 도달하고자 하는 목표 지점은 어디인가? 린의 경우에는 균형 잡히고 안정적인 태도를 갖추는 것이고, 미셸은 건강과 행복, 그리고 타인과의 관계다. 본인에게 중요한 걸 찾았으면, 당장 실행할 수 있는 지향 행위를 하나 정해서 그걸로 회피 행위를 대체할 수 있도록 노력한다.

오늘부터 당장 행동을 시작하면 어떨까?

9장
D.O.T.S.

> 두려움을 피해 달아나기를 그만두라고 말해 주는 사람은 아무도 없다. (……)
> 주위 사람들은 대부분 두려움을 회유하거나 수습하거나 약을 먹거나 딴 데로
> 주의를 돌리라고 충고해 주지, 두려움을 없애라고 충고하지는 않는다.
>
> — 페마 초드론

우리는 인생의 고통을 피하기 위해 주의 전환(Distraction), 손 떼기 (Opting Out), 생각(Thinking), 자멸적 행동(Self-defeating Actions)이라는 4가지 전략을 이용한다. 간단히 줄이면 D.O.T.S.가 된다.

이 전략에는 우리가 다른 이들에게 숨기거나 스스로 받아들이기 어려운 행동이 수반되기 때문에 솔직하고 열린 태도로 바라보기 힘든 경우가 많다. 이 전략을 이용하면 단기적으로는 기분이 나아지거나 최소한 전보다 괜찮다고 느끼기도 하지만, 장기적으로는 어쩔 수 없이 기분이 나빠진다.

'작은 것의 힘' 철학을 뒷받침하는 핵심 전제는 자기 삶을 조종하는 사람은 본인이므로 어떤 일을 실행할 수 있는지 없는지 판단하는 가장 중요한 척도는 본인의 경험이라는 것이다.

그렇다면 여러분의 인생에 D.O.T.S.를 포함시켜서 자기에게 효

과적인 작은 행동은 무엇이고 부작용을 일으키는 것은 무엇인지 알아보자. 자기 행동이 단기, 중기, 장기간에 걸쳐 어떤 영향을 미치는지 알아야 진정한 힘을 발휘할 수 있고, 언제든 많은 정보를 바탕으로 가장 올바른 결정을 내릴 수 있다.

D(주의 전환)

관심을 다른 데로 돌리는 건 스트레스에 대처해야 하거나 심한 중압감을 느낄 때 가장 일반적으로 사용하는 전략 중 하나다. 어떤 일을 생각하지 말라거나 힘든 일을 잊어버리라는 말을 자주 듣지만, 그런 충고는 도움이 되지 않는다.

주의 전환은 원치 않는 정신적 경험에서 벗어나기 위해서 하는 활동이다. 인터넷을 검색하거나 강박적으로 스마트폰을 확인하거나 계속 바쁘게 움직이거나 청소를 하거나 와인 혹은 다른 알코올 음료를 마시거나 설탕이 많이 들어 있고 소화가 잘 안 되는 '불량' 식품을 먹는 것 등이 전형적인 예다.

단기적으로는 이런 주의 전환 전략이 매우 큰 효과를 발휘하기도 하므로 많은 사람들이 이 전략에 매력을 느낀다. 하지만 장기적으로 보면, 주의 전환은 핵심적인 문제를 해결하는 데 아무 도움도 되지 않는다. 또 의식적인 노력이 많이 필요하기 때문에 장기간 유지할 경우 상당히 비참한 결과가 발생한다.

가장 일반적인 유형의 주의 전환 행동을 표로 정리해 봤다.

흔히 사용하는 주의 전환 전략		
단 음식이나 초콜릿 먹기	청소와 집 정리	이웃집 아이 돌보기
소셜미디어: 페이스북, 트위터(Twitter), 링크드인(LinkedIn), 레딧(Reddit), 인스타그램(Instagram), 프라이즈(Prize), 스냅챗(Snapchat), 유튜브(YouTube) 등	이메일 확인	자원봉사
음악 감상	TV 시청	넷플릭스 몰아 보기
인터넷 서핑	컴퓨터 게임	온라인 쇼핑
몽상	담배	술
마약	다량의 커피 섭취	섹스
장시간 근무	집에 일거리 가져오기	독서
온라인 메시징	원나잇 스탠드	포르노그래피
온라인 데이트 앱	뉴스	연속극
헬스클럽	달리기	외출
전자담배	문자메시지	목록 작성
온라인 뉴스 기사	파티	친구와 전화 통화

◯(손 떼기)

주의 전환과 손 떼기는 동전의 양면인 경우가 많다. 인터넷에서 바쁘게 돌아다니거나 초콜릿을 먹거나 술을 마시거나 할 때는 자기 관리나 자신의 요구 주장, 건강한 식사와 운동 같은 기본적인 일 해결을 필연적으로 외면하게 된다. '기분 좋아지는 일을 하라'는 격려를 자주 받는 건 도움이 되지 않는다.

안타깝게도 자신의 요구를 주장하거나 몸에 좋은 음식을 먹거나 규칙적인 운동을 하는 등 장기적으로 우리 건강과 행복에 도움이 되는 많은 일들이, 적어도 단기적으로는 어느 정도 불편함을 준다는 게 가혹한 현실이다.

일반적인 손 떼기 전략		
운동 기피	몸에 좋은 음식을 먹지 않는 것	청구서를 제때 지불하지 않는 것
다른 사람을 위해 일을 해 달라는 부탁을 받으면 자신의 행복과 관련된 약속을 취소	중압감을 느낄 때는 문자에 답장하거나 전화하는 걸 미룸	의사들이 권하는 운동을 하지 않음
데이트 기피	파티 기피	외출 회피
친구들에게 먼저 연락하지 않음	휴가를 가지도 않고 휴식을 취하지도 않음	직장을 구해야 하는데도 지원서 작성을 피함
구직 기피	친구들이 먼저 연락해도 만나기를 미룸	친밀한 관계 기피
힘들 때 도움을 요청하지 않음	감정을 표현하지 않음	격한 감정(특히 분노나 슬픔)이 수반되는 사람이나 관계 기피
가족과 시간을 보내지 않고 가족 행사에 참석하는 것도 피함	우울증이나 불안감에 대해 다른 사람에게 말하지 않음	건강검진 기피
타인과의 대립 기피	다른 사람에게 수고를 끼칠 수 있는 일을 요구하지 않음	도전적인 사람 기피
불안감이 유발될 이벤트 기피	창의적인 프로젝트 참여 기피	승진 기피
사람들에게 자기감정을 말하려고 하지 않음	더 이상 아무 의미 없는 관계를 끝내기를 기피	혼자 집에 있기를 기피
대중교통 기피	항공기 기피	혼자 다니는 여행 기피
항상 바쁘게 지냄	몽상	과도한 걱정

손 떼기란 이런 불편한 감정을 최소화하거나 부정하기 위해 특정한 사람이나 활동, 상황을 피하는 것을 말한다. 여기에는 전화, 문자, 이벤트, 이메일, 자기주장을 피하는 것을 비롯해 온갖 종류의 행동이 포함될 수 있다. 손 떼기는 거의 늘 일시적인 안도감을 안겨 주기 때문에 매우 유혹적이다. 손을 떼는 순간부터 심한 중압감이 가라앉으면서 자기 인생이 아주 약간은 감당 가능한 것처럼 느껴진다.

누구나 손 떼기 전략을 사용한다는 걸 알고 있어야 한다. 이건 우리 삶의 평범하고 자연스러운 일부분이다. 자기가 날마다 어떤 사소한 행동을 하고 또 하지 않는지 알아야 힘을 되찾을 수 있고, 대응 방식을 선택할 힘도 생긴다.

우리가 다른 사람이나 우리 자신에게서 발견한 가장 일반적인 손 떼기 전략을 표로 정리해 두었다.

T(생각)

생각은 우리 머릿속에 연달아 떠오르는 일련의 낱말이라서 통제는 거의 혹은 완전히 불가능하지만('난 정말 부족한 사람이야' 같은 생각처럼) 사고 함정은 우리가 이런 생각에 대응하는 방식을 가리킨다. 예를 들어, 생각이 계속 같은 궤도를 맴도는 세탁기의 함정에 빠졌다면 처음에는 큰 곤란을 겪겠지만 이내 그 생각에 이의를 제기하고 억누르면서 긍정적인 생각을 떠올린다.

미디어는(전통적 미디어와 소셜미디어 모두) 날마다 우리에게 어떤 식으로 생각해야 하는지에 대한 메시지를 전한다. '긍정적인 생각만 해야 하고' 그래서 올바르게 생각할 수 있게 되면 지금보다 더 행복하고 건강하고 생산적인 사람이 될 거라는 얘기다. 우리는 이런 생각의 함정에 자주 빠지는데, 장기적으로 보면 이익보다는 해를 더 많이 끼친다.

다음 표에 우리가 자주 빠지는 사고 함정을 정리했다.

일반적인 사고 함정		
세탁기 사고 — 계속 같은 생각을 반복	편협한 사고 — 자신의 생각에만 사로잡혀서 다른 건 전혀 보지 못함	분홍 코끼리 사고 — 어떻게든 생각을 하지 않으려고 애씀
대재앙 — 발생할 수 있는 최악의 결과에 대한 생각에 사로잡힘	긍정적인 사고 — 대신 긍정적인 생각을 하려고 노력	도전적인 사고 — 자기 생각에 이의를 제기

S(자멸적 행동)

단기간 동안 어떤 감정을 피하기 위해 무의식적으로 행동에 의존하는 경우가 아주 많다. 음식이나 카페인, 처방약에 대한 지나친 의존은 우리가 목격한 자멸적 행동의 일부에 불과하다. 장기적으로 더 큰 고통을 안겨 주는 행동은 전부 자멸적인 행동에 포함된다.

어떤 자멸적인 행동은 특정 감정을 피하려는 욕구 때문에 생긴다. 예를 들어, 갈등을 좋아하지 않는 사람은 폭발할 때까지 그 감정을 억누르다가 결과적으로 더 큰 갈등을 야기할 수도 있다. 또 특정 행동을 피하려는 욕구 때문에 촉발된 자멸적 행동도 있다. 일례로 어떤 사람은 심장병을 앓으면서도 몸에 좋은 음식이나 운동을 거부할 수 있다. 자기 삶에 좋지 않은 영향을 미치는 일에 각별히 주의를 기울여야 한다.

다음 표에 일반적인 자멸적 전략을 정리해 놓았다.

일반적인 자멸적 전략		
당분이 많고 소화가 어려운 음식에 탐닉하는 것	과민증이나 알레르기가 있는 음식과 음료를 먹는 것	너무 늦게까지 자지 않고 깨어 있는 것
너무 오래 침대에 누워 있는 것	기한을 놓치는 것	일을 질질 끄는 것
친구나 사랑하는 사람과의 약속을 마지막 순간에 취소하는 것	사랑하는 이들을 비난하는 것	자신의 요구를 지속적으로 주장하지 않는 것
자신을 너무 심하게 채찍질하는 것	부상이 다 낫기도 전에 훈련에 돌입하는 것	수면 부족(예: 수면 6시간 미만)
과로	탈진할 정도로 일을 많이 받아들이는 것	과음
상처받지 않으려고 관계를 끝내는 것	사랑하는 사람에게 지속적으로 거짓말하는 것	스스로를 고립시키는 것
자해	머리카락 뽑기	건강에 좋지 않은 배달음식을 너무 많이 먹는 것
의료적 및 심리적 도움 기피	마약 투여	모든 기력을 앗아가는 직장에 계속 다니는 것
안전하지 않은 섹스	애인을 계속 바꾸는 것	도움을 요청하지 않는 것

D.O.T.S. 적용

자신을 괴롭히는 대상과 정면으로 맞부딪치면 적어도 단기적으로는 매우 고통스러울 수 있다. 하지만 위에서 얘기한 전략들 가운데 익숙한 게 있고 또 본인이 그런 전략을 사용하고 있음을 인정한다면 자기가 인생을 대하는 방식을 보다 명확하게 이해할 수 있다. 이 과정을 통해 진정한 힘이 생긴다.

그런 권한을 염두에 두고 지금까지 의도적으로 혹은 무의식적으로 자신의 내적 경험을 통제하거나 최소화하거나 조작하려고 했던 모든 방법들과 전략이 자신에게 이롭게 작용하는지 아니면 오히려 해가 되는지 살펴봐야 한다.

우선 본인에게 다음과 같은 세 가지 질문을 던져야 한다.

1. D.O.T.S. 전략을 통해 원치 않는 내적 경험(생각, 감정, 기억, 신체 감각)을 완전히 제거한 적이 있는가?

2. 이런 D.O.T.S. 전략을 엄격하게 혹은 과도하게 사용할 경우, 원치 않는 내적 경험이 전체적으로 완화되는가 아니면 더 악화되는가?

3. 이런 작은 D.O.T.S 전략을 엄격하게 혹은 과도하게 사용했을 때 자기가 되고 싶은 모습이나 장소에 더 가까워졌는가, 아니면 오히려 멀어졌는가?

우리는 사례연구 대상 중 한 명인 미셸에게 이 세 가지 질문을 했고, 그녀는 다음과 같이 답했다.

1. 자신의 작은 D.O.T.S. 전략을 통해 원치 않는 내적 경험(생각, 감정, 기억, 신체 감각)을 완전히 제거한 적이 있는가?

미셸의 대답은 당연히 '아니요'였다. 만약 이런 전략을 통해 원치 않는 내적 경험을 완전히 없앨 수 있었다면, 그녀는 우리에게 도움을 구하지 않았을 것이다. 여러분도 마찬가지라고 생각한다. 원치 않는 내적 경험을 영원히 없애는 동시에 본인의 가치관에 가까이 다가갈 수 있게 해 주는 전략이 있다면, 여러분은 지금 이 책을 읽고 있지 않을 것이다.

원하지 않는 내적 경험을 영원히 없앨 수 있는 전략을 발견한 사람은 아직 아무도 없다. 우리의 힘을 되찾는 길은 그런 경험과 공존할 수 있는 작은 조치를 취하는 것인데, 그렇게 하면 그들과의 관계가 필연적으로 변화되므로 우리가 용인할 수 있는 장소에서 더 나은 선택을 할 수 있다.

이런 깨달음은 미셸에게 큰 도움이 되었다. 그녀는 예전부터 원치 않는 내적 경험을 영원히 없앨 수 있는 마법 같은 기술이나 전략을 발견하지 못하는 건 자기 내부에 근원적인 결함이 있거나 뭔가가 망가졌기 때문이라고 생각했다. 남들도 자기와 같은 고민을 안고 있고 이건 불가피한 괴로움이라는 걸 깨닫자, 스스로를 동정하는 마음이 생겼다. 여러분에게도 이런 일이 일어나길 바란다.

2. 일반적으로 이런 작은 D.O.T.S. 전략을 엄격하게 혹은 과도하게 사용할 경우, 원치 않는 내적 경험이 완화되는가 아니면 악화되는가?

미셸은 어떤 전략을 활용하든 단기적으로는 기분이 나아져도 장기적으로는 훨씬 악화된다는 사실을 인정했다. 예를 들어, 직장에서 힘든 하루를 보내고 난 뒤 설탕이 잔뜩 든 소화가 안 되는 음식을 먹으면 그날 하루 있었던 일들을 계속 떠올리는 데서 일시적으로 탈피할 수 있다. 하지만 먹는 걸 중단하면 곧바로 훨씬 심한 자괴감이 들었다. 그리고 이런 전략을 활용하면 할수록 문제는 더 커져만 갔다.

D.O.T.S. 전략을 이용하는 것이 얼마나 정상적이고 자연스러운 일인지 검증하는 게 중요하다. 그건 우리 인간성의 일부분이다. 사람이라면 누구나 기분이 나쁜 것보다는 좋은 쪽을 바라지만, 연구 결과는 우리가 어떤 기분을 느끼지 않으려고 할수록 실제로는 그 기분을 더 많이 느끼게 된다는 걸 보여 준다. 즉 슬픔을 느끼지 않으려고 할수록 우울증을 겪을 가능성이 더 높아진다는 얘기다. 이건 우울한 사실이지만 반드시 알고 있어야 한다. 감정을 통제하려고 노력할 때 실제로는 그 감정에 힘을 부여하고 있는 것이다. 우리가 뜻하지 않게 감정에 힘을 실어 주지만 않는다면, 감정은 결코 우리를 지배할 수 없다.

여러분이 스스로에게 이런 질문을 던질 때는, 우리가 미셸과 여러분을 포함해 수천 명의 사람들에게 똑같은 질문을 했었다는 사실을 기억하는 게 좋다. 그리고 우리는 융통성 없이 과도하게 D.O.T.S. 전략에 의지하는 사람치고, 장기적으로 자신들의 바람직하지 않은 내적 경험에 악영향을 미치지 않은 사람을 한 번도 본 적이 없다. 따라서 여러분도 이런 경우에 해당된다면, 매우 많은 사람들이 똑같은 일을 겪고 있다는 걸 알아 두자.

  3. 이런 D.O.T.S 전략을 엄격하게 혹은 과도하게 사용했을 때 자기가 되고 싶은 모습이나 장소에 더 가까워졌는가, 아니면 오히려 멀어졌는가?

미셸의 대답은 '더 멀어졌다'였다. 원치 않는 정신적 경험에서 멀어질 목적으로 작은 행동들을 할 경우, 원치 않는 정신적 경험이 악화되었을 뿐만 아니라 그녀에게 중요한 삶에서도 더 멀어졌다. 따라서 단 음식을 지나치게 많이 먹거나, 새로운 헬스클럽에 등록하려고 아주 많은 돈을 내고도 다니지 않거나, 슬픔과 불안을 느끼지 않으려고 융통성 없고 지나친 방법으로 친구들과 만나는 걸 피하는 경우, 그녀는 불가피하게 자기가 되고 싶은 모습이나 있고 싶은 장소에서 훨씬 더 멀어졌다.

다시 한 번 말하지만, 미셸의 경험은 우리가 이 질문을 던질 때마다 목격한 꽤 전형적인 모습이다. 단기적으로 이득을 얻고 장기적으로 고통을 겪는 함정에 빠지는 이들이 무수히 많다. 이 책의 다음 부분에서는 원치 않는 내부 경험과의 관계를 바꿀 수 있는 수많은 동정적인 방법들을 알려 줄 것이다. 여러분은 자기가 감당할 수 있는 방법을 한 번에 하나씩 활용해서 원하는 모습과 장소에 가까이 다가갈 수 있다.

오늘의 스몰 스텝

자신의 D.O.T.S.와 그로 인해 발생한 대가 확인

일반적인 주의 전환, 손 떼기, 생각, 자멸적 행동의 목록을 쭉 훑어보자. 각 제목에 해당하는 전략 가운데 자기가 평소 이용하는 전략을 최대한 많이 찾아낸다. 그리고 위의 3가지 질문을 본인에게 던져서, 그런 작은 D.O.T.S. 행동이 여러분에게 얼마나 많은 힘을 줬는지 아니면 오히려 앗아갔는지 확인한다. 이 단계를 건너뛰고 곧바로 지향 행위에 집중하는 단계로 넘어가고 싶다는 유혹을 느낄수도 있다. 사실 우리는 자기 발로 이 덫에 걸려든 셈이다. 하지만 우리의 경험과 연구에 따르면, 동정적인 방법을 통해 자신의 회피행위의 대가를 온전히 깨닫고 인정할수록 지향 행위에 참여하려는의욕이 더 커진다는 사실이 밝혀졌다. 2부에는 여러분이 활용할 수있는 다양한 지향 행위를 소개할 것이다.

본인에게 이런 질문을 던질 경우 원치 않는 생각과 감정, 육체적감각을 겪게 될 가능성이 있음을 알아야 한다. 이건 이 과정의 자연스러운 일부분이다. 자기 내면에서 이런 생각과 감정, 육체적 감각이 발생하면 그걸 어떤 식으로든 바꾸려고 하지 말고 최대한 인정해야 한다. '스몰 스텝 다이어리'에 이 사실을 기록하거나, 원치 않는 내적 경험에 맞서 싸우지 말고 그냥 거기에 이름을 붙인 다음 순순히 받아들이는 게 도움이 될 수 있다. 이 책 뒷부분에 가면 더 자세히 알게 되겠지만, 여러분의 진짜 적은 이런 원치 않는 내적 경험이 아니라 그것을 통제하거나 최소화하거나 피하려는 시도다.

2부
안에서 밖으로

10장
참여 규칙

모든 사람이 우리를 다른 사람으로 만들려고 하는 이 세상에서
자기 자신으로 살아가는 것이야말로 가장 힘든 도전이다.

— E. E. 커밍스(E. E. Cummings)

자기가 알건 모르건 간에, 우리는 마치 연못 속 물고기처럼 자기가 살고 있는 문화에 젖어 들어 있고 그 문화 밖에서는 존재할 수가 없다. 이런 피할 수 없는 환경은 우리가 세상에 적응하고 제대로 기능하기 위해 필요한 규칙들을 제공한다. 이 규칙을 통해 우리는 이 사회에서 인정받는 역할에 적응하려면 뭘 표현하고 뭘 억제해야 하는지 배운다. 그리고 이런 역할의 규칙과 요구를 따르는 방법도 배우는데 그건 곧 좋은 친구나 가족, 혹은 좋은 사람으로 간주될 수 있게 행동하는 방법을 뜻한다.

이건 우리가 상담 과정에서 종종 만나는, 어딘가에 갇힌 듯한 기분을 느끼거나 심한 중압감에 짓눌려 살아가는 고객들에게 되풀이해서 등장하는 주제다. 그들은 종종 무한한 루프 안에 갇혀서, 좋은 삶이란 어때야 하는지에 대한 내재화된 규칙에 따라 결정을 내리곤 한다.

행복의 법칙

우리는 특정한 규칙을 내재화하는데, 그 대부분은 성장 과정에서 들은 세상과 우리 자신에 관한 메시지에서 비롯된다. 이 규칙 가운데 하나는 행복은 사람의 정상적인 존재 상태이므로, 행복하지 않다는 건 곧 어딘가에 결함이 있거나 고장이 났거나 실패자라는 뜻이다.

사실 특정 시기에 자기 삶에서 벌어지는 일들 때문에 다양한 감정을 느끼는 건 건전하고 자연스러운 일이다. 때로는 행복을 보증할 수 없는 시기도 있기 때문에 모든 상황에서 행복을 느끼면 비현실적인 일이고 도움도 되지 않는다. 예를 들어, 원치 않는 사건이 일어났을 때는 그에 대한 반응으로 분노나 혐오, 두려움, 슬픔을 느끼는 게 행복이나 차분함, 기쁨을 느끼는 것보다 자연스럽다. 실직 같은 중대한 사건이 벌어졌건 아니면 그냥 운이 나쁜 하루를 보냈건, 이런 원치 않는 감정을 복합적으로 느끼는 건 인간에게 자연스러운 상태다. 우리는 보통 참을 수 없는 수준의 분노와 혐오, 두려움, 슬픔을 복합적으로 느낄 때 압도되는 기분을 경험한다.

하지만 슬픔이나 불안에 압도당하면 안 되고 지금보다 나은 삶을 살려면 이런 감정을 없애야 한다는 규칙을 지키면서 사는 사람들이 많다. 아이러니하게도 이런 믿음이 결국 원치 않는 생각과 감정을 악마로 만드는 결과를 초래하며, 결과적으로 그런 생각과 감정을 더 악화시킨다.

단체 상담이나 워크숍을 진행할 때 보면, 참가자 대부분이 어느 수준까지는 이 행복의 법칙을 받아들이고 있다. 이건 그들이 원하는 감정은 자주 느끼고 원하지 않는 감정은 덜 느끼게 도와주는 규칙이 결코 아니므로, 그들은 정반대의 경험을 한다. 슬픔이나 불안감 같은 원치 않는 감정을 느낄 때면 자기 머리 속으로 들어가 그 감정을 없애려고 애쓰면서, 그런 기분을 느끼는 스스로를 질책한다. 하지만 이런 행동은 원치 않는 감정을 더 부채질할 뿐이며, 지금 그들에게 기쁨이나 평온을 안겨 줄 수 있는 일들을 깨닫지 못하게 된다.

한편 행복이나 평온처럼 자기가 원하는 감정을 느낄 때는 그 기분을 지속시킬 방법을 알아내려고 애쓴다. 물론 이건 얼마든지 이해 가능한 행동이며, 특히 그 사람이 우울증이나 불안에 시달려 왔다면 더욱 그렇다. 그런 우울과 불안에서 해방되고 싶은 게 당연하다. 하지만 원하는 감정을 붙잡으려는 이런 시도는 대개 그들을 불안에 빠뜨리며, 긍정적인 감정을 담담하게 깨닫고 받아들일 때보다 훨씬 빨리 사라진다.

행복의 법칙에 얽매일 때의 해결책은 자기 수용을 실천하는 것이다. 자기 수용이라고 해서 본인이 바라지 않는 감정까지 좋아하거나 사랑하거나 원해야 한다는 뜻은 아니다. 하지만 어떤 감정이 들든, 자신의 독특한 인생사를 고려할 때 이해 가능한 감정이라고 인정해야 한다. 비슷한 상황에 처한 다른 이들에게 친절을 베푸는 것처럼, 자신에게도 그런 친절한 태도를 보이도록 서서히 연습할 수 있다. 그룹 상담이나 워크숍에 참석하는 이들은 이런 작은 변화가 자기 삶에 얼마나 큰 영향을 미치는지 보고 놀라곤 한다. 자기가 느끼는 감정을 끊임없이 제어하려고 하지 않아야 사랑하는 이들과 보다 완벽하게 연결될 수 있고 인생을 훨씬 더 즐길 수 있다.

필수 사항과 의무

매일 사소한 결정을 내릴 때마다 자기가 하는 선택을 제대로 고려하지 않는다면, 몇 가지 필수 사항과 의무가 등장하게 된다.

이런 규칙에는 '항상 예의 바르게 행동해야 한다'나 '늘 진실만 말해야 한다', '어른/상사/부모를 공경해야 한다' 같은 것들이 포함된다. 규칙 자체에는 아무런 문제도 없지만, 이것이 여러분이 하거나 하지 않는 일에 지대한 영향을 미쳐서 결국 자신의 본모습을 잃을 지경까지 이른다면 문제가 발생한다.

예를 들어, 예의에 대한 규칙을 신봉하는 사람은 다른 사람을 화나게 하거나 불쾌하게 할까 봐 두려워서 계속 남들이 원하는 대로 따라갈 수 있다. 그러다가 그 상황에 점점 환멸을 느끼면 수동적으로 변하고, 내면의 분노와 원한이 곪아 터진다.

또 항상 자기 생각을 말해야 한다고 믿는 사람은, 그러지 말아야 하는 상황에서도 굳이 피드백을 하는 바람에 일이나 사회생활에 문제가 발생한다. 특정 범주에 속하는 사람들을 공경해야 한다고 생각하는 경우에는 그들이 본인에게 해로운 방식으로 행동해도 효과적으로 대응하지 못하는 위험에 처한다.

우리의 필수 사항과 의무는 매우 유용한 경우가 많다. 익숙하지 않은 상황에서도 스스로 생각할 필요 없이 기존에 저장해 둔 비슷한 시나리오 견본을 참조하면서 곤경을 헤쳐 나갈 수 있다. 이런 규칙을 이용해 자기가 처한 상황에 맞춰서 행동을 조정하는 것이다.

그러나 아무 의문도 품지 않은 채 필수 사항과 의무에 따라서만 살아간다면, 자신의 필요와 욕구, 본능을 신뢰하는 방법을 잊어버리게 된다. 그리고 규칙을 어기지 않는 데만 주력하면서 살려면 자신의 진정한 욕망을 계속 침묵시키고 억압해야 한다.

집요하게 이런 규칙을 지키면서 살면 곧 스스로를 통제하게 된다. 우리는 자기 행동의 결과를 제어하고 싶어 한다. 위안이 되는 결과만 바라고 불편한 결과는 피하려고 한다. 하지만 이렇게 살다 보면 자기 정체성을 잃고 본인에게 소중한 것과도 단절될 것이다.

보통 이런 규칙은 다양하고 복잡한 상황과 관계에서 유용한 길잡이 역할을 한다. 하지만 규칙에 따라 행동하는 게 본인에게 해가 되거나 그 상황에서 원하는 걸 얻지 못하게 방해해도, 그 규칙은 '어디에나 두루 적용된다'고 여기면서 끈질기게 집착하면 문제가 발생한다.

유연한 지침

원하는 변화를 시작하기 전에, 자기가 어떻게 규칙에 얽매이고 있는지 살펴보고 그게 본인에게 유리하게 작용해서 인생에서 원하는 걸 얻도록 도와주는지 의문을 제기할 필요가 있다.

우리가 내리는 결정이 그 규칙에 어떤 식으로 영향을 받고 있는지 알면, 하나씩 도전을 시작할 수 있다.

예를 들어, 다른 사람을 행복하게 해 줘야 한다는 규칙에 집착하고 있다는 걸 깨달으면, 이 규칙이 여러분의 행동과 비행동에 미치는 영향을 알 수 있다. 어쩌면 기분이 상해도 다른 사람들에게 알리지 않고 감정이 계속 곪아 터지게 놔두다가 결국 엉뚱한 사람에게 화를 터뜨릴지도 모른다. 또 항상 자기가 원하는 것보다 훨씬 못한 것에 안주할 수도 있다. 평지풍파를 일으키거나 다른 사람들이 여러분의 선택을 못마땅하게 여기는 게 두렵기 때문이다.

규칙에서 탈피하는 좋은 방법은, 그 규칙 대신 여러분과 다른 사람을 모두 고려한 새롭고 유연한 지침을 찾는 것이다. 다른 사람을 행복하게 해 줘야 한다는 규칙이 지향 동기에 의해 정해졌는지 아니면 회피 동기에 의해 정해졌는지 파악해야 하는데, 우리가 어떤 규칙을 엄격하게 지키는 경우는 회피 동기로 결정된 경우가 대부분이다. 그런 다음에는 자신의 지향 동기(다른 사람에게 어떻게 대응하고 싶은지)를 찾아서 규칙 대신 새롭고 유연한 지침을 만들어 보자.

예를 들어, '반드시 사람들을 행복하게 해 줘야 한다' 같은 엄격한 규칙 뒤에는 다른 사람들이 자신에게 실망하지 않길 바란다거나 슬픔 같은 원치 않는 감정을 느끼고 싶지 않다는 동기가 숨어 있는 경우가 많다. 다른 사람을 행복하게 해 주고 싶다는 생각의 기저에 깔린 지향 동기를 알면, 자기가 연민이나 존중의 마음으로 사람들을 대하고 싶어 한다는 걸 깨달을 수 있다.

이런 지향 동기는 훨씬 큰 융통성을 허락한다. 이 동기를 발판 삼아, 타인의 생각에 동의하지 않더라도 그들을 존중하는 태도로 대하는 동시에 자신을 존중하고 자비롭게 대하겠다는 지침을 만들 수 있다.

파트너가 기념일을 잊어버려서 속이 상했을 때, 예전 같으면 '반드시 남들을 행복하게 해 줘야 한다'는 낡은 규칙 때문에 실망감을 드러내지 않고 억눌렀을 것이다. 하지만 새롭고 유연한 지침이 생긴 지금은 속상하다는 사실을 상대방을 존중하는 태도로, 또 직장 일이 바쁘다거나 고민거리가 너무 많다거나 하는 그들의 특수한 상황을 이해하는 태도로 전달할 수 있다. 이렇게 다정한 태도로 실망감을 전하면 본인의 감정도 존중할 수 있다.

오늘의 스몰 스텝

규칙에 따라 살 경우, 자기의 이상적인 인물상에
가까워지는가 아니면 오히려 멀어지는가?

'스몰 스텝 다이어리'의 새 페이지 상단에 '내가 지키는 규칙'이란 제목을 적는다. 페이지를 왼쪽과 오른쪽으로 반을 나눈다. 왼쪽에는 여러분이 지키는 문화적 규칙을 3가지 적는다. 우리는 자기도 모르는 새에 이런 규칙에 따라 살아가는 경우가 많기 때문에, 3가지 규칙을 떠올리는 데 시간이 좀 걸릴 수 있다. 계속 곰곰이 생각해 보면, 여러분이 실제로 수많은 문화적 규칙에 따라 살고 있음을 깨달을 것이다. 이 장에서 간략하게 소개한 사례들을 힌트로 활용할 수도 있다.

자기가 따르는 규칙을 인정하고 적는 것은, 정말 살고 싶은 삶을 살지 못하도록 방해하는 것들에서 벗어나는 데 중요한 첫 번째 단계다.

페이지 오른쪽에는 각 규칙을 좀 더 유연하게 변형시킨 지침을 적고, 이걸 앞으로의 행동 방침으로 삼는다. '반드시 남들을 행복하게 해 줘야 한다'는 규칙을 '남들을 다정하고 존중하는 태도로 대하겠다'로 바꾼 이 장의 사례를 힌트로 삼자.

11장
관계의 위험성

진정한 소속감은 자신의 진실하고 불완전한 자아를 세상에 드러낼 때만 생기고,
소속감은 결코 자기의 수용 수준보다 높을 수 없다.

— 브렌 브라운(Brené Brown)

우리는 태어나는 순간부터 좋든 싫든 홀로 존재할 수 없다. 우리는 다른 사람들과 연결된 상태로 세상에 태어나고, 본능적으로 자신의 주 양육자(대개는 어머니)에게 관심을 집중한다. 주 양육자는 우리가 목숨을 유지할 수 있도록 먹을 것을 줄 뿐만 아니라, 우리와 유대감을 형성해서 감정적 자아가 자라게 해 준다. 이런 관계는 생존을 위해 필수적이다.

어른이 되어도 사회적, 감정적 관계의 필요성은 사라지지 않는다. 최근에 수많은 연구 결과를 모아서 메타 분석을 실시한 결과, 고립은 하루에 담배를 15개비씩 피우거나 비만이 되는 것만큼이나 우리의 건강과 행복에 해롭다는 사실이 밝혀졌다.

그러나 세계는 갈수록 개인화되고 사람들은 점점 더 고립되어 가고 있다. 문자메시지, 이메일, 스마트폰, 컴퓨터 애플리케이션 등

다른 사람들과 연락을 취할 수 있는 수단이 이렇게나 많았던 적이 없지만, 인터넷과 소셜미디어 사용 습관에 대한 연구는 그 어느 때보다 외로운 사람들이 많다는 걸 보여준다.

아마 우리의 행동 대부분이 사회적 배제를 피하려는 욕구에서 비롯된다는 건 그리 놀라운 일이 아닐 것이다. 우리는 크고 작은 방법으로 사회적 승인을 얻으려고 노력한다. 아일랜드에서 진행된 최근의 연구는, 아일랜드 근로자의 절반 이상이 주말을 어떻게 보냈는지에 대해 거짓말을 한다는 사실을 보여 준다. 동료들이 주말에 뭘 했느냐고 물어 보면, 지루한 사람처럼 보이기 싫어서 주말 동안 한 일을 과장하거나 날조하는 이들이 많았다.

두려움을 느끼는 요인

우리는 상담 과정에서, 남들에게 거부당하거나 분노를 유발하는 게 두려워서 어떤 주제에 대한 본인의 실제 경험이나 생각, 감정을 공유하기를 두려워하는 사람들을 많이 만나 봤다. 우리 대다수도 이런 성향을 어느 정도는 가지고 있다. 사실은 다른 영화를 보고 싶으면서도 친구가 제안하는 영화를 보러 가는 것처럼 사소한 일일 수도 있다. 자신의 기호를 말하지 않고 진짜 원하는 것에서 멀어지는 것이다. 혹은 파트너나 친구 또는 직장 동료의 감정을 달래 주기 위해 본인의 감정은 계속 억누르기만 하는 악순환에 처해 있다면, 위험도가 상당히 높아질 수 있다.

이런 한두 가지 작은 사건이 여러분의 전반적인 행복이나 삶의 질에 큰 영향을 미칠 것 같지는 않다. 하지만 이런 사소한 회피 행위가 하나하나 합쳐지면 여러분의 삶이 나아가는 방향에 지대한 영향을 미친다는 것을 기억해야 한다. 말할 필요도 없는 일이지만, 계속 스스로에게 진실하지 않으면 마치 사기꾼이 된 듯한 기분이 들고 사람들과도 점점 더 단절된다.

진정한 관계를 맺기 위한 4가지 작은 조치

- ★ 여러분이 좋아하는 특정한 카페에 가는 등 선호하는 활동을 공유한다.
- ★ 불안감을 느끼거나 기분이 우울한 경우에는 무조건 괜찮은 척하지 말고 자신의 진짜 기분이 어떤지 말한다.
- ★ 상대방과 의견이 다를 수 있다고 생각하더라도 자기 의견을 솔직하게 말한다.
- ★ 누가 당신을 화나게 하거나 불쾌하게 하는 말을 하면, 부드러운 태도로 그 사실을 알린다.

통제 관련 문제

우리가 곧잘 빠지는 함정이 있으니, 바로 다른 사람을 통제하려는 욕구다. 특히 파트너나 가족, 친구와의 관계에서 이런 함정에 빠지기 쉽다. 물론 직장 동료 사이에서도 발생할 수 있는데, 특히 리더 역할을 맡는 경우에 더 그렇다.

'X가 다르게 행동한다면 다 괜찮아질 거야'라는 생각을 해 본 적이 있는가? 다음과 같은 예를 들 수 있다.

★ 메리는 아들이 컴퓨터 게임을 많이 하지 않고 학교 일에 관심을 쏟는 다면, 걱정은 그만두고 인생을 즐길 수 있다고 생각한다.

★ 앤은 같이 사는 남자친구가 아파트를 잘 정리해 주기만 한다면, 훨씬 괜찮게 생활할 수 있다고 생각한다.

★ 존은 조수가 일을 더 빠르고 정확하게 해낸다면 자기가 제 시간에 퇴근할 수 있고 아내와 아이들과 함께 더 행복한 시간을 보낼 수 있다고 여긴다.

★ 데클란은 아내가 분노를 조절하는 방법을 배우면 둘의 관계가 완벽해 질 것이라고 생각한다.

우리 대부분이 이런 덫에 걸릴 수 있다. 다른 사람이 어떤 행동을 하거나 하지 않는 것에 우리의 행복과 안녕이 걸려 있다고 여긴다. 다른 이들의 행동을 통제하는 방법은 몇 가지가 있다. 그들이 우리를 괴롭히는 행동을 하면 퉁명스럽게 반응하거나 수동적인 공격 성향을 드러낼 수 있다. 또 그들이 마침내 우리가 부탁한 일을 할 경우, 감사하거나 수고를 인정하기보다는 일을 끝내는 데 시간이 얼마나 오래 걸렸는지 지적하기만 한다. 타인의 행동을 바꾸고자 할 때 반응을 보이는 방법은 여러 가지가 있다.

다른 사람을 통제하려는 이런 시도는 대부분 단기적인 이득을 안겨 줄 수 있다. 상대방이 여러분이 원하는 일을 하면 여러분은 일시적인 안도감을 느낄 것이다. 하지만 이런 단기적인 이익에는 대개 장기적인 고통이라는 대가가 따른다. 그 사람은 점점 멀어지게 되고, 심지어 여러분이 원하는 것과 정반대되는 행동을 일부러 할 수도 있다. 자기가 조종당하거나 통제되고 있다고 느끼면 좋아할 사람이 없다.

타인을 제어하려는 시도를 포기하기 위한 4가지 작은 조치

★ 상대방의 입장이 되어 본다. 논쟁이 벌어졌다면 잠시 뒤로 물러서서 혹시 자기가 틀렸을 가능성은 없는지, 또 상대방의 말이 일리가 있는지 부드럽게 자문해 보자. 상대방의 관점에서 바라보자.

★ 일을 위임한다. 별로 중요하지 않은 일이라면 다른 사람도 여러분만큼 잘 해낼 수 있다고 믿고, 그들이 간섭받지 않고 일하도록 해 주자. 그리고 일이 완료되면 비록 자신의 기준에 만족스럽지 못하더라도 칭찬해 주자.

★ 자기 인생에서 중요한 사람에게는 충고하지 말자. 문제를 해결해 주려는 충동을 누르고, 그냥 문제에 귀 기울이고 이해한다고 말하자.

★ 다른 사람이 선택할 수 있게 해 준다. 친구에게 전화해 같이 저녁을 먹으러 가자고 제안하면서, 친구가 식당을 선택하게 하는 것이다.

다른 사람들을 통제하려고 하면 결국 관계에 부정적인 영향을 미칠 수밖에 없다. 또 타인을 완전히 차단하지 않는 한 자신을 완전히 보호할 수도 없다. 원하는 관계를 만들려면 실망, 상실, 거부, 부끄러움, 관계에 따르는 모든 지저분한 것들을 겪을 위험에도 대비해야 한다. 겪어야 한다.

오늘의 스몰 스텝

인간관계를 위한 지향 행위

'스몰 스텝 다이어리'의 페이지 상단에 '인간관계를 위한 지향 행위'라고 적는다. 그리고 타인과의 관계를 위해 좀 더 진정성 있게 노력하는 것과 관계를 통제하려는 노력을 중단하는 것 중에 지금 당장 더 중요한 것을 가려낸다.

앞으로 며칠 동안 전념할 작은 지향 행위를 하나 정한다. 이 책에 제시된 예시 가운데 지금 당장 실행할 수 있는 가장 의미 있는 지향 행위를 하나 골라도 괜찮다.

이제 자기가 정한 지향 행위와 관련된 지향 동기를 하나 적는다. 이런 동기가 있으면 끝까지 포기하지 않고 노력할 가능성이 커진다. 예시는 이렇다.

지향 행위: 논쟁을 벌일 때마다 내가 틀렸는지 자문할 것이다.

지향 동기: 한쪽이 억울한 관계가 아니라 서로 동등한 관계를 맺고 싶다.

12장
심리 작전

예전에는 뇌가 내 몸에서 가장 멋진 기관이라고 생각했다.
그러다가 누가 내게 그렇게 말하는 건지 깨달았다.

— 이모 필립스(Emo Philips)

우리는 종종 자기 머리가 하는 말을 절대적인 진리처럼 받아들인다. 그리고 자기가 원하는 모습이나 장소에 다가가는 행동을 포기한 것을 정당화하려고 '난 그런 일은 못해', '그건 내가 할 일이 아니야' 같은 말을 하곤 한다. 또 실제 살아 온 경험이나 본인에게 중요한 일을 근거로 삼는 게 아니라, 그 순간 머릿속에 맴도는 생각에 근거해서 어떤 일을 할지 말지를 결정한다.

이건 우리의 생존 본능 때문이다. 우리의 마음은 문자 그대로 자신을 안전하게 지키려고 애쓴다. 하지만 이런 안전 지향적인 정신을 따르다 보면, 스펙트럼의 한쪽 끝에서 지나치게 성취감이 부족하고 특별한 일이라곤 없는 삶을 살거나 다른 쪽 끝에서 지나치게 바쁘고 감당하기 힘든 삶을 살 수 있다.

어려운 시기를 겪을 때는 그 문제는 생각하지 마, 걱정 마, 긍정적으로 생각해 같은 충고를 듣는 경우가 많다. 하지만 그건 그렇게 쉬운 일이 아니며 실제로 늘 가능하지도 않다. 원치 않는 몇몇 생각이 머릿속에 달라붙어 계속 떠오르기 때문이다.

이런 정신 상태를 해결하지 않고 그냥 놔두면 풍요롭고 충만하고 의미 있는 삶을 영위할 수 없다. 계속 안전지대에 묶어 두고 애초에 중압감을 느끼게 된 그 악순환을 되풀이하게 만드는 수많은 회피 행위를 하려는 유혹에 빠질 가능성이 훨씬 높다.

4가지 생각의 덫

많은 사람들이 걸려드는 중요한 생각의 덫이 몇 가지 있다.

1. 분홍 코끼리의 함정

잠깐 짬을 내 머릿속에 분홍색 코끼리의 모습을 떠올려 보자. 그리고 이번에는 분홍색 코끼리를 생각하지 않으려고 애써 보자. 성공했는가? 아마 머릿속에 여전히 분홍색 코끼리가 남아 있을 것이다.

연구에 따르면, 사소한 생각을 억누르거나 밀어 내려고 할수록 그 생각이 점점 더 커진다고 한다. 그렇다면 '너무 부담스럽다'는 생각을 떠올리지 않으려고 애쓰면 어떻게 될까? 아마 결과가 짐작이 갈 것이다. 부담감이 다른 생각을 다 압도해 버린다. 그 생각을 하지 않으려고 애쓸수록 점점 더 커진다.

2. 눈가리개의 함정

말에게 눈가리개를 씌우면 세상을 보는 시야가 대폭 좁아진다. 우리가 본인의 생각에만 사로잡힐 때도 같은 현상이 생긴다. 자신과 다른 사람, 그리고 주변 세계에 대한 시각이 자신을 사로잡고 있는 생각을 거쳐서 들어오게 된다.

따라서 '너무 부담스럽다'는 생각에 사로잡혀 있다면, 모든 결정과 행동이 그 생각에 의해 좌우될 가능성이 높다. 그리고 능히 짐작이 가겠지만, 이런 상황일 때는 지향 행위보다 회피 행위를 많이 하게 된다.

3. 세탁기의 함정

이 덫은 흔히 반추라고도 부른다. 원치 않는 모든 생각이 세탁기 안에서 끝도 없이 빙글빙글 돌아가는 것 같은 기분이다. 이 덫에 걸린 사람은 자기 생각에 집중하면 '만약의 사태'에 대비하는 데 도움이 된다는 믿음을 품게 된다. 하지만 사실 이 덫은 지금 누리고 있는 기쁨을 앗아가고 대인관계를 망친다.

4. 깊은 수심의 함정

가장 부담스러운 생각과 정면으로 맞서려고 할 경우, 처리해야 할 문제가 너무 많은 나머지 모든 생각이 뒤엉켜서 감당할 수 없을 만큼 엉망진창이 되는 깊은 수심의 덫에 빠질 수도 있다. 이런 함정에 빠지지 않으려면 작고 일관성 있는 조치를 통해 큰 영향력을 발휘하는 동시에 자신의 정신 건강을 돌봐야 한다. 너무 많은 일을 너무 단시간 내에 처리하려다 보면 결국 실패한다.

오늘의 스몰 스텝

생각의 덫에서 벗어날 수 있는 작은 방법

생각을 하기 전에 '나는 이런 생각을 하려고 해……'라는 말을 앞에 덧붙이는 것은 생각의 덫에서 벗어나기 위한 작지만 효과적인 방법이다. 예컨대 '너무 부담스럽다'는 생각에 사로잡혀 있다면 '나는 너무 부담스럽다는 생각을 가지고 있다'라고 말하거나, 생각하거나, 글로 쓰는 것이다. 그러면 부담스럽다는 생각에 따라오는 감정에서 약간 벗어날 수 있고, 그 결과 부담과 관련된 역학 관계에 변화가 생긴다. 자신을 사고 과정과 분리시키면 주체가 아닌 관찰자(이 장 첫머리에 소개한 인용문에 나오는 '누구')의 자리를 차지하므로, 우리는 우리의 생각과 동일하지 않다는 사실이 어느 정도 강화된다. 자신의 가장 내밀한 존재(의식적인 자아)와 마음 주변을 맴도는 생각 사이에 간격이 존재한다는 걸 깨달으면 안심하게 된다.

13장
원하는 감정과 원치 않는 감정

*슬픔과 기쁨은 불가분의 관계에 있다. 상실의 슬픔에서 눈을 돌리면,
끊임없이 변화하는 이 세상의 아름다움과 독창성,
신비에서도 눈을 돌리게 된다.*

— 타라 브랙(Tara Brach)

쾌락을 추구하고 고통을 피하려고 하는 인간의 성향을 고려하면, 어떤 감정을 추구하면서 다른 감정은 피하려는 건 타당한 행동이다. 우리는 행복, 평온, 즐거움, 호기심 등의 감정은 '긍정적'이라고 여기는 반면 슬픔, 분노, 좌절, 죄책감, 수치, 실망, 불안, 동요 등은 '부정적'이라고 생각하면서 회피하는 경향을 보인다.

사람들이 부정적으로 여기는 감정이 훨씬 많다는 걸 아는 데 수학까지는 필요 없다. 러스 해리스(Russ Harris) 박사는 《행복의 함정(The Happiness Trap)》이라는 베스트셀러에서 우리에게는 원치 않는 감정이 원하는 감정보다 두 배나 많다고 말한다.

원치 않는 감정은 좋은 것도 나쁜 것도 아니다

여러분 삶에 큰 변화를 가져올 수 있는 작은 변화가 하나 있다. 그건 바로 자신의 감정을 긍정적 혹은 부정적으로 구분하는 게 아니라 원하는 감정 혹은 원치 않는 감정으로 구분하는 것이다. 어떤 감정은 긍정적으로 여기면서 다른 감정은 부정적이라고 낙인찍는다면, 그 감정과 평생 싸우게 될 것이다. 그리고 자기감정을 압박하거나 꾸미거나 억지로 바꾸면 본질적으로 자기 자신과 맞서 싸우는 데 시간과 에너지를 쏟게 된다.

그리고 이런 패턴에 사로잡히면 자멸적인 일에 시간과 에너지, 자원이 소모되므로 당연히 지친다.

사실 원치 않는 감정을 기꺼이 겪지 않는다면 온전하고 활기찬 삶이 불가능하다. 실직이나 이별 등 원치 않는 일이 일어날 경우, 행복하거나 즐겁거나 평온하기보다 슬프거나 화나거나 실망감을 느끼는 게 더 자연스럽다.

'작은 것의 힘'에서는 감정 자체는 문제가 아니라고 말한다. 그보다는 우리가 감정에 대응하는 여러 가지 작은 방법을 통해, 우리 스스로를 다스리는 힘이 생기기도 하고 반대로 감정이 우리를 지배하기도 한다.

원치 않는 감정이 우리에게 영향을 미치는지 아닌지는 원치 않는 감정이 타오르는 상황에서 우리가 하는 회피 행위와 지향 행위에 의해 결정된다. 다음은 우리가 S.E.A.T. 그리드라고 부르는 것 안에서 여러분이 할 수 있는 회피 행위와 지향 행위의 예들이다.

상황 (Situation)	감정 (Emotion)	회피 행위 (Away Move)	지향 행위 (Toward Move)
직장에서 괴롭힘을 당한다.	슬픔, 분노	감정을 억누르고 자기 내면으로 물러난다.	직장에서 자신의 요구를 내세우고, 직장 밖에서 사랑하는 이들의 지지를 구한다.
관계 파탄	슬픔, 후회	예전 파트너에게 지나치게 많이 연락하거나 예전 파트너가 떠오르는 상황을 모두 피한다.	슬픔을 인정하고 친구들과의 관계를 유지하는 균형 잡힌 태도
파트너가 자기 몫의 일을 하지 않는다.	분노, 수동적인 공격 발언을 하거나 지나치게 화를 낸다.	비난	다정하면서도 단호한 태도로 자신의 요구를 주장한다.
마감일을 지키지 못했다.	후회, 죄책감	소셜미디어 같은 데에 정신이 팔리거나 건강을 잃으면서까지 마감일을 지킨다.	최적의 상황에서 일할 수 있도록 계획을 세우고 조직적으로 임한다. 휴식 시간에 대한 계획도 미리 세워 둔다.
가족 내 불화	슬픔, 좌절감	가족의 문제를 혼자서 책임지거나 가족을 완전히 피한다.	자기가 통제할 수 있는 일과 아닌 일을 확실히 구분한다. 자기가 할 수 있는 일을 하고 자신의 한계를 인정한다.

결국 우리 삶을 더 좋게 혹은 나쁘게 만드는 것은 원치 않는 감정이 아니라, 원치 않는 상황이나 감정이 발생한 후에 취하는 일련의 작은 행동이다. '작은 것의 힘'은 장기적으로 더 큰 이득을 누릴 수 있도록 단기적으로 작은 고통을 겪는 길을 선택하는 것이다.

이걸 삶에 적용하려면, 원치 않는 상황에서는 원치 않는 감정이 생긴다는 사실을 스스로에게 상기시켜야 한다. 하지만 회피 행위와 그에 상응하는 감정을 품고 이 상황에 반응한다면 SEA^(망망대해)에 떠 있는 것이나 마찬가지다. 알맞은 지도도 없고 방향도 모르는 채로 먼바다에 떠 있다면, 방향을 잃고 꼼짝 못 하는 기분을 느낄 것이다.

하지만 지향 행위를 통해 반응한다면 이는 방향이 정해진 SET 상태라고 할 수 있다. 물론 방향을 다 정하고 준비가 된 상태에서도 여전히 원치 않는 감정을 느낄 가능성이 매우 높다. 하지만 이제 여러분에게는 지도가 있고 또 올바른 방향도 안다. 힘겨운 상황과 감정 속에서 약간의 위안과 목적의식을 안겨 줄 것이다.

오늘의 스몰 스텝

S.E.A.T. 그리드

'스몰 스텝 다이어리'에 8개의 사각형으로 이루어진 그리드를 그린다. 자신의 생활 속에서 원치 않는 감정을 불러일으키는 상황을 파악한다. 이런 상황에서 자기가 기본적으로 활용하는 회피 행위가 무엇인지 최대한 솔직하게 인정한다. 그런 다음 단기적으로는 고통을 안겨 줄 수 있지만 장기적으로는 이득이 될 지향 행위를 생각해 본다. 다음 주 내내, 하루에 한 번씩 몇 분 동안 이 페이지를 펼쳐

놓고 자기가 SET 상태인지, 아니면 SEA 상태인지 자문해 보자. 자기가 아무런 목적 없이 SEA를 배회하고 있다는 사실을 깨달으면, 자신의 지향 행위를 다시 떠올리면서 노력하도록 하자. 그럼 완벽한 SET 상태가 될 수 있다.

상황	감정	회피 행위	지향 행위
직장에서 괴롭힘을 당한다.	슬픔, 분노	감정을 억누르고 사랑하는 이들을 피한다.	직장에서 자신의 요구를 내세우고, 직장 밖에서 사랑하는 이들의 지지를 구한다.

14장
감정 조절

보고 싶지 않은 것에 눈을 감을 수는 있지만,
느끼고 싶지 않은 것에 마음을 닫을 수는 없다.

— 무명

우리 사회 전체는 항상 좋은 기분을 느끼고 싶다는 생각에 집착하고 있다. 그래서 행복을 약속하는 동시에 슬픔과 불안 같은 감정을 제거하는 상품과 서비스에 대한 광고가 사방에 범람한다. 갈수록 많은 사람이 페이스북 댓글, 트위터 팔로워, 인스타그램의 '좋아요' 같은 작은 엔도르핀 공급에 중독되고 있다. 소셜미디어에 자기 이미지를 편집해 올려서 항상 행복한 것처럼 보이게 하고, 그와 같은 행동을 하는 사람들을 팔로우한다.

자기가 괜찮은 사람이라고 여기기 위해 더 행복해지려고 노력하는 끝없는 고리에 갇힌 사람들이 그렇게 많은 것도 놀랄 일은 아니다. 우리가 원치 않는 감정을 느끼면 그 순간 '뭔가 잘못된 게 틀림없다!'고 알려 주는 적색경보가 뇌 안에서 활성화된다. 이걸 알아차리면 뭔가가 잘못된 게 틀림없다는 생각을 인정하는 작은 변화가 생기고, 그런 다음 상황을 개선하기 위해 뭘 할 수 있는지를 스스로에게 물어 보게 된다.

불안이나 슬픔 같은 원치 않는 감정을 느끼려는 의지와 우울증이나 불안장애 같은 임상적으로 진단 가능한 증상을 앓게 될 가능성을 연구한 결과는 매우 명확하다. 원치 않는 감정을 피할수록 불안감이나 우울증을 경험하기 쉽다는 것이다.

결국 슬픔이나 불안감 자체가 문제가 아니라 그런 감정을 피하기 위해 우리가 동원하는 여러 가지 작은 방법들이 문제라는 게 분명하다.

안나의 적색경보

안나는 불안감에 시달렸고 괴로움이 모든 시간을 차지하자 우리에게 상담을 받으러 왔다. 그녀는 불안감이 몸과 심리적 행복에 미치는 부정적 영향에 관한 글을 계속 찾아 읽으면서 거기에 완전히 사로잡혀 있었다. 그녀는 이런 감정을 없애고 싶어 했다.

안나는 불안감을 느낄 때마다 전면적인 적색경보 모드에 돌입했다. 그녀의 정신은 불안감을 감지하자마자 그런 불안감이 건강에 얼마나 해로운지에 관한 많은 이야기들을 대량 생산하기 시작한다. 그녀는 이것이 자기 인생이 정말 잘못 돌아가고 있다는 징조라고 여기고 두려워했다. 그런 불안감을 없앨 방법을 찾으려고 미친 듯이 애썼다.

안나에게 문제가 된 건 불안 자체가 아니라 뇌에서 활성화돼 지속적인 위협과 생존 모드를 발동시키는 적색경보 시스템이었다는 걸 알아야 한다. 우리에게 위험을 경고해 주는 이 적색경보 시스템은 꼭 필요한 존재지만, 지나치게 활성화되면 문제가 발생한다. 안나의 내면은 마치 육체적인 위험에 빠진 것처럼 반응하고 있었다. 신경 촬영 연구를 통해, 우리는 심리적 위협으로 인식되는 것(이 경우 불안)에 대하여 때리는 물리적 위험에 대응할 때와 같은 방식으로 대응할 수 있다는 사실이 확인됐다.

우리는 안나가 불안감을 느끼는 과정을 작은 단계로 세분했다. 처음에는 안나도 불안을 느낄 때마다 그런 감정을 없애려고 열심히 노력했지만, 불가능하다는 걸 깨닫고 불안에 불안이 더해졌다. 이 단계에서 안나가 느끼는 감정은 슬픔과 분노, 실망과 부담감이 합쳐진 복합적인 것이다.

우리는 안나에게 슬픔, 분노, 실망, 부담이라는 원치 않는 감정과 싸울 때 드는 기분을 물었다. 그녀는 마치 실패자인 것처럼 절망적이고 우울하며 수치심마저 느낀다고 말했다.

안나가 불안과 관련된 감정을 바꾸려고 애쓸수록 불안감은 전반적인 기분과 일상생활에 영향을 미칠 정도로 크고 복잡한 감정으로 발전했다.

안나는 스트레스와 불안감의 '부정적인' 측면과 관련해서 들은 얘기 때문에 몹시 걱정했지만, 그런 감정들의 유용한 측면에 대해서는 모르고 있었다.

연구를 통해 스트레스와 불안에도 꽤 긍정적인 효과가 있다는 사실이 드러났다. 켈리 맥고니걸(Kelly McGonigal) 박사는 《스트레스의 힘

(The Upside of Stress)》이라는 책에서, 스트레스를 긍정적인 것으로 받아들이는 사람일수록 오래도록 건강하게 살 가능성이 크다고 말했다. 실제로 살아남기 위해서는 누구에게나 스트레스가 필요하다는 얘기다. 아침에 침대에서 일어나려면 일정 수준의 스트레스가 필요하다. 뭔가를 변화시켜야 한다는 걸 깨닫고 의욕을 높일 때도 스트레스가 필요하다.

스트레스는 대응 방법만 잘 배운다면 훌륭한 아군이 될 수 있다. 스트레스가 많은 상황에서 촉발되는 원치 않는 감정을 인식하고 거기에 제대로 된 이름을 붙이면 좋은 출발점이 될 것이다.

안나의 5분 탈출

안나는 다음과 같은 5분 탈출 방법을 아침 일과에 포함시켰다. 똑바로 앉아 무릎에 손을 얹고, 눈을 감은 상태에서 네다섯 번 정도 숨을 깊게 들이쉰다.

그런 다음 '원치 않는 감정을 받아들이는' 연습을 하는데, 방법은 본 장 마지막 부분에 나오는 오늘의 스몰 스텝에 요약돼 있다. 안나는 이 연습을 통해 원치 않는 감정과 관련을 맺는 기본적인 방식(그 감정으로 무의식적으로 억누르는 것)에서 벗어날 수 있었다. 연습을 할수록, 저항과 회피라는 방법으로 원치 않는 감정에 반응하면 그 감정이 오히려 더 커질 뿐이라는 걸 깨달았다. 반대로 감정을 있는 그대로 받아들이자, 처음에는 매우 힘들었지만 결국 장기적으로 더 큰 평온을 느끼게 되었다.

상관하지 말자

연구에 따르면, 자신의 감정을 어떤 식으로든 변화시키거나 조작하려고 하지 말고 그냥 있는 그대로 내버려 두면 대략 90초 안에 그 감정이 사라진다고 한다. 아이러니하게도, 어떤 감정을 더 작게 혹은 덜 강렬하게 만들려는 노력이 실제로는 그 감정을 더 크고 대응하기 힘든 것으로 만든다.

원치 않는 감정과의 관계를 바꾸고 싶다면, 그럼 감정 하나하나에도 전부 긍정적인 측면이 있다는 걸 인정해야 한다. 앞서 설명한 생각의 함정과 마찬가지로, 원치 않는 감정을 피하거나 바꾸려고 하다가 악순환에 휘말릴 수 있다. 그보다는 감정을 있는 그대로 받아들이고 그냥 내버려 두는 연습을 하자.

이 책의 나머지 부분에서는 흔히 볼 수 있는 생각과 감정의 함정을 극복하는 데 도움이 되는 다양한 작은 기술과 전략을 소개하는데, 기본적인 접근 방법은 본질적으로 전부 동일하다. 자기가 원치 않는 내적 경험이 무엇인지 과도하게 파악하려고 하거나 지나치게 회피할 때가 언제인지 깨닫고, 스스로를 연민하는 중도(中道)를 향해 작은 한 걸음을 내디딜 필요가 있다.

오늘의 스몰 스텝

원치 않는 감정도 인정하자

지금 여러분을 괴롭히는 상황이나 사람이 있는가? 그 사람이나 상황을 생각해 보고, 그로 인해서 느끼는 감정을 최대한 잘 기억해 두자.

예를 들어, 돈 문제가 걱정일 수도 있다. 돈이 부족하다고 느낄 때 드는 감정은 두려움일 수 있다.

이제 자기가 느끼는 감정을 바꾸려고 하지 말고, 있는 그대로 받아들이자. 원치 않는 감정을 받아들인다는 건 그걸 좋아하거나 사랑하거나 원한다는 얘기가 아니라, 그 감정을 없애려고 애쓰지 않고 기꺼이 인정한다는 뜻이다.

숨을 한 번 깊게 들이쉰 다음 잠시 그 감정을 느껴 보자. 밀어 내거나 바꾸려고 하지 말자. 그냥 인정한 다음, 자신의 감정이 아닌 가치관을 안내자로 삼아 하루하루를 살아가자. 아마 앞으로 며칠 동안 이 간단한 실습을 여러 번 시도해 볼 수 있을 것이다. 사소하고 원치 않는 감정을 인정하면 어떤 기분이 드는지 살펴보자.

15장
자신의 내재적 특성 인식

자기 자신에 대한 가장 근본적인 공격, 우리가 자신에게 가할 수 있는
가장 본질적인 해악은 스스로를 정직하고 부드럽게 볼
용기와 존중하는 마음을 품지 않고 무지함을 유지하는 것이다.

— 페마 초드론

우리는 모두 끊임없이 자신에게 말을 건다. 누구나 뇌는 하나뿐이지만, 내면에는 어떤 일을 해야 하고 어떤 일은 하지 말아야 하는지에 대한 의견을 가진 집요하고 작은 목소리들이 무수히 많이 존재하는 것 같다. 이 작은 목소리들이 우리 삶의 주인공 역할을 하기 시작하면 우리는 곤경에 처하게 된다. 자신의 가치관과 지향 행위를 확인하지 않은 채 작지만 일관된 방식으로 이런 내재된 특성을 액면 그대로 받아들인다면, 우리의 삶은 의미 있는 방향으로 나아가지 못하고 피해 대책에만 중점을 둘 수도 있다.

이런 작은 특성들은 수년간 우리의 역할 모델에게서 받아들여 내면화한 메시지나 우리를 형성한 크고 작은 사건에 바탕을 두고 있다. 그게 꼭 나쁜 것만은 아니다. 각각의 특성은 어떤 식으로든 우리를 보호하기 위한 중요한 진화적 기능을 한다.

이런 다양한 내적 특성들이 사용하는 언어가 매우 중요하다. 그들이 말하는 내용과 말하는 방식이 우리가 타인과 자신을 이해하는 방식을 교묘하게 만들어 나간다. 예를 들어, '나는 우울증 환자다', '도저히 침대에서 일어날 수가 없다', '슬픔에 짓눌려 있다' 등 정신 건강에 대해 스스로에게 말하는 내용을 절대적인 진실로 받아들이면 그게 우리의 행동 방식을 결정한다.

'걱정 때문에 제정신이 아니다', '그렇게 어리석은 말을 한 나 자신이 너무 싫다', '오늘 저녁은 너무 나답지 않았다' 등 자신의 경험을 얘기할 때 사용하는 단어와 구절이 교묘하게 영향력을 행사해서 자신의 실체나 힘에서 멀어지게 만드는 경우도 종종 있다. 우리가 날마다 이런 내재적 특성에 반응하는 방식에 따라 힘을 얻기도 하고 잃기도 한다. 그리고 지금부터 살펴보겠지만 이때도 중요한 건 작은 행동들이다.

성격이 말해 주는 것

우리에게 내재되어 있는 성격은 한정된 수의 유형으로 분류할 수 있고, 그 유형이나 특성은 즉각적인 식별이 가능하다.

내면의 비평가

내면의 비평가는 매우 높은 기준을 가지고 있으며, 어떤 대가를 치르더라도 여러분을 자신에게 붙들어 두고 싶어 한다. 이 비평가는 '너는 자기 일을 별로 잘하지 못한다'라거나 '그렇게 무능하면 절대 좋은 직업을 얻지 못할 것'이라거나 '너무 뒤처져 있으니까 차라리 지금 포기하는 게 낫다'거나 '네가 하는 일이 다 그렇지 뭐, 넌 절대 깨우치지 못할 거야' 같은 극단적인 양단간 화법을 사용하는 경향이 있다. 내면의 비평가는 여러분의 약점을 알고 활용한다.

내면의 비평가에게 너무 많은 영향을 받으면, 여러 가지 회피 행위를 하게 된다. 어떤 사람은 전체적인 상황에 위축된 나머지 모래 속에 머리를 처박기도 한다^(실제로는 이불 속이겠지만). 또 어떤 사람은 자기가 거둔 작은 승리를 절대 인정하지 않고 항상 더 크고 좋은 걸 얻으려고 버티다가 녹초가 된다. 내면의 비평가를 만족시킬 수 있는 건 아무것도 없다는 걸 명심하자. 우리 내면의 이 부분은 어떤 것에서든 흠집을 찾아낼 것이다.

내면의 비평가에 대응하기 위한 작은 변화

여러분이 시도할 수 있는 작지만 효과적인 변화는 내면의 비평가라는 존재를 있는 그대로 인정하는 것이다. 자기 내면에서 비판적인 독백이 시작되는 걸 깨달으면, 멈추자. 생각을 일시 중지한 다음, 세 번 연속해서 깊게 숨을 들이쉬었다가 내쉬자.

예컨대 내면의 비평가가 너는 게으르다고 말한다면, 그 말에 진실이 담겨 있는지 자문해 보자. 이런 지나치게 비판적인 지적에도 최소한은 약간의 진실이 포함되어 있는 경우가 많다. 그러니 필요하다면 미루고 있던 이메일을 한 통 보내는 것처럼 이런 비판을 잠재우기 위해서 할 수 있는 작은 일을 골라 보자.

둘째, 하지만 더 중요한 건 본인에게 친절과 연민을 베푸는 것이다. 자기 내면의 비평가가 하는 말을 들으면 정말 형편없는 평론을 들을 때와 비슷한 기분을 느낄 수 있다. 방금의 것처럼 장황한 비난을 듣는 사람에게 베풀었을 친절을 자신에게도 베풀자.

비교하는 곰

내면의 곰은 끊임없이 다른 사람과 비교한다. 능력, 재능, 매력, 성공 등 광범위한 부분에서 자기가 다른 사람보다 나은지 못한지를 평가하는 일에 집착한다. 그리고 대개의 경우, 우리는 남보다 못한 쪽에 속한다. 비교하는 곰은 계속 중얼거린다. '왜 너는 저런 좋은 직업을 가질 수 없지?' '왜 너와 네 애인은 저 커플처럼 행복할 수 없지?' '저 여자처럼 예쁘지도 않은데 누가 너를 원하겠어?' 가끔 비교하는 곰이 우리를 호의적으로 봐 줄 때도 있지만, 그런 비교에 부응하려고 애쓰다 보면 계속 극도의 긴장 상태를 벗어나기 힘들다.

비교하는 곰에 대응하기 위한 작은 변화

최대한 천천히 숨을 쉬자. 그리고 이런 비교를 저급한 타블로이드 신문이나 여러분이 전혀 신경 쓰지 않는 뉴스 사이트의 기사처럼 대한다고 상상해보자. 사실일 수도 있고 아닐 수도 있는 이런 비교는 있는 그대로 보는 편이 낫다.

내면의 비평가에게 반응할 때처럼, 비교가 여러분이 변화시키고자 하는 삶의 한 부분을 강조하고 있는지 확인하자. 그렇다면 그 현실에 다가가기 위해 취할 수 있는 작은 지향 행위를 하나 찾아 봐야 한다. 하지만 비교가 자신의 가치관과 아무 상관없고 그저 지금과 달라져야 한다는 생각 때문에 나왔다면, 근거도 없고 본질적으로 중요하지도 않은 것으로 여기고 넘어가자.

과잉보호 부모

여러분에게 자녀가 있다면 그들을 보호하는 것이 세상 무엇보다 중요할 것이다. 마찬가지로 여러분이 상당히 안전한 어린 시절을 보냈다면 여러분의 부모님도 똑같은 생각을 품었다는 걸 이해할 것이다. 우리는 발생 가능한 모든 위험을 끊임없이 살피는 이런 부모의 모습을 내면화한다. 과잉보호하는 부모의 심정이 되면 마치 적색경보 상태에 돌입한 것처럼 보일 수도 있다. 끊임없이 위험을 감지하면서 생존 모드로 돌입하기 때문이다. 예를 들어, 내면의 과잉보호 부모는 전체적으로 여러분이 실망할 가능성을 최소화하려고 한다. 그래서 새로운 관계를 시작하거나 새로운 직장에 지원하는 등의 위험을 피하라고 충고할 것이다.

과잉보호 부모에게 대응하기 대한 작은 변화

우리는 과잉보호하는 부모는 항상 비이성적이라고 여기고 싶어 한다. 그렇기도 하지만 때로는 부모의 우려 속에 진실이 담겨 있기도 하다.

과잉보호 부모가 조심하라고 경고한 상황을 여러분이 신뢰하는 사람의 눈으로 본다고 상상해 보라. 그런 다음 그 신뢰하는 사람이 지시하는 사항을 전부 따르자.

과잉보호 부모는 여러분을 위해서 하는 행동이지만, 대개는 두려움이 동기가 된다. 이건 여러분을 번성하게 하는 지향 동기가 아니라 회피 동기다. 그러므로 근본적인 의도는 괜찮아도 판단을 잘못했다는 걸 알 수 있다.

아는 체하는 사람

이 내면의 성격은 여러분이 뭔가를 제대로 해냈을 때는 완전한 만족감이라는 보상을 안겨 주고, 일을 잘못했을 때는 '그럴 줄 알았어'라고 말하기를 좋아한다. 이런 행동에는 중독성이 있을 수도 있는데, 보상으로 도파민이라는 기분 좋은 화학물질이 뇌에 분비되기 때문이다. 여러분 내면의 아는 체하는 존재는 끊임없이 패턴을 찾고 자신의 모든 이론과 가설을 확인하려고 한다. 또 '그 사람과 사귀어 봤자 잘 되지 않을 줄 알았어'라거나 '일 끝나고 술 마시러 가지 말아야 한다고 했지' 같은 말들을 지껄인다.

아는 체하는 사람에게 대응하기 위한 작은 변화

자기 내면의 아는 체하는 사람이 보여 주는 통찰력에 최대한 진심으로 감사를 표하자. 그리고 지금 자신에게 어떤 지침을 내려 주고 싶은지 물어 보자. 내면의 아는 체하는 사람과 친구가 되면, 더 이상 우리를 괴롭히지 않고 협력자가 되어 줄 것이다.

열렬한 지지자

여러분 안의 이 부분은 새로운 일을 할 때의 스릴을 좋아하고 모든 가능성에 지나치게 흥분한다. 내면의 열렬한 지지자가 전면으로 튀어나오면, 자신에게는 한계도 경계도 전혀 없는 기분이 들 것이다. 열렬한 지지자는 실제로 시간이 아주 오래 걸리는 일에 대해 '당연히 내일까지 끝낼 수 있고말고'라고 말한다. 혹은 '생일파티에 쓸 케이크야 당연히 찾아올 수 있지. 시내에 나간 김에 풍선이랑 초, 카드랑 선물도 찾아올까? 아무 문제도 없을 거야. 아주 즐겁기만 할걸'이라고 말하기도 한다. 지나치게 열의가 넘치는 상태일 때는 자기가 실제로 할 수 있는 것보다 훨씬 많은 일을 받아들인다. 이렇게 작은 일들이 계속 쌓이다 보면 순식간에 부담감을 느끼게 된다.

열렬한 지지자에게 대응하기 위한 작은 변화

이 설명 속에 자신의 모습이 보인다면, 자신의 열정을 억제하는 연습을 할 필요가 있다. 뭔가를 해 달라는 요청을 받으면 두어 차례 심호흡을 하자. 내면의 열렬한 지지자가 무의식중에 외부로 드러나게 하지 말고, 잠시 시간을 두고 생각하면서 본인의 가치관에 맞고 자기 삶에서 진정으로 원하는 행동을 택해야 한다. 그리고 그에 따라 자신에게 알맞은 걸 고르자.

여러분이 다른 사람들을 기쁘게 해 주거나 그들의 요구를 충족시키는 걸 본인의 욕구 충족보다 더 중요하게 여기는 환경에서 자랐다면, 이런 열정을 억제하기가 매우 어려울지 모른다. 누군가를 실망시키거나 상대방의 내면에 슬픔, 원망, 실망, 분노 같은 원치 않는 반응을 일으킬 가능성을 알면서도 거절한다는 건 여러분의 안전지대에서 벗어난 일일 수 있다. 의욕을 유지하려면 여러 가지 작은 기술을 연마해야 한다. 제3부 '작은 도구의 힘'에서 그런 기술들을 다룰 예정이다.

우선은 다른 사람을 돕거나 기쁘게 해 주는 게 지금까지 삶에 매우 강한 영향을 미친 요소였다면, 그것 외에는 진정으로 원하는 것을 모르고 살았다는 걸 알아야 한다. 이 책에 소개된 다양한 작은 기술을 실험하는 동안, 내면의 핵심 가치관이 시간이 지나면서 점점 더 명확해질 것이다. 때로는 일을 겪은 후 느끼는 감정이 바탕이 되어야 명백해진다. 예컨대 자기가 자주 분개하거나 탈진한다는 사실을 깨달았다면, 작은 변화를 이끄는 명확한 근본 가치관이 아직 없더라도 자신의 열정을 억제하는 실험을 시작할 필요가 있다.

오늘의 스몰 스텝

내면화된 특성

'스몰 스텝 다이어리'를 쓰면서 자신에게는 어떤 내면화된 특성이 있는지 시간을 들여 파악하고 되돌아보자. 그중 하나를 골라서 좀 더 자세히 살펴보자. 그 특성이 머릿속에서 무슨 말을 하는가? 그리고 여러분의 행동에 어떤 영향을 미치는가? 최대한 자신에게 솔직하고 너그럽게 대해야 한다. 앞으로 이틀 동안, 자신의 내면적 특성 각각에 대해 이 장에서 소개한 작은 변화를 시도해 보자.

16장
여러분은 어떤 이야기를 가지고 있는가?

사람은 대부분 불확실한 고통보다 확실한 불행을 선호한다.

— 버지니아 사티어(Virginia Satir)

우리의 이성적인 정신은 상황이 편리한 패키지로 잘 포장되어 있는 걸 좋아한다. 자신의 경험을 합리적이고 일관성 있는 서술로 분류하거나 예측하거나 꼬리표를 붙일 수 있을 때, 기분이 좋아지는 도파민이 뇌에서 많이 분비된다.

하지만 살다 보면 앞뒤가 안 맞는 일이 늘 발생하고 논리적인 정신은 받아들이기 힘들어 한다. 직장을 잃거나 사랑하는 사람이 죽거나 관계가 파탄 나는 등 원치 않는 일이 생기면 '대체 왜 이런 일이 일어났지?' '내가 이런 꼴을 당할 만큼 나쁜 짓을 했나?' 같은 질문을 스스로에게 한다. '이건 말도 안 되는 일이야' 같은 생각도 한다.

이런 상황에서 자기 내면의 비교하는 곰을 억누르지 않고 방치하면, 과거의 경험과 지금까지 쌓아 온 모든 정보(직접적인 경험과 다른 이들의 경험을 통해 알게 된 것, 미디어를 통해 본 것 등를 되짚어 보면서 완전히 폭주하게 된다. 비교하는 곰의 목표는 모든 상황을 합리적인 서술에 끼워 맞춰서 우리가 겪는 고통을 이해하는 것이다.

가짜 뉴스

생각은 사실과 다르지만, 우리 마음은 두려움을 막기 위해 생각을 사실로 받아들이면서 끊임없이 '가짜 뉴스'를 만들어 낸다. 세상에 실패와 거절보다 무서운 건 별로 없다. 이건 수렵채집 생활을 했던 인류의 뿌리까지 거슬러 올라간다. 당시에도 살아남으려면 어디서든 성공을 거두고 집단의 일원이 되어야 했다. 그래서 우리 뇌는 아주 작고 미묘한 거부의 징후만 나타나도 민감하게 반응한다.

여러분과 친구 사이에 문제가 생겼다고 가정해 보자. 여러분의 마음은 현재 상황과 관련 있는 과거의 사건을 찾기 위해 내부 데이터를 전부 훑어본다. 자기 인생사와 경험을 어떻게 내면화했는가에 따라 지금 벌어지는 일을 자신이나 친구의 탓으로 돌릴 수 있다. 우리 마음은 과거의 경험을 모두 통합해서 '나 때문이야. 내가 문제야'라고 생각하거나 '사람들은 믿을 수 없는 존재야. 그들은 언제나 나를 실망시키기만 해' 같은 생각을 만들어 낸다. 다양한 상황에서 과거의 경험을 바탕으로 자신이나 남을 탓하는 것이다.

암호를 해독해 놓으면 나중에 유사한 사건이 발생했을 때 좀 더 유리한 위치를 차지할 수 있는 것처럼, 미지의 위험에 처하는 것보다는 아는 것들 사이에 있으면 일시적으로나마 안전하다는 기분을 느끼게 된다. 하지만 사실 그다음에는 우리가 앞에서 논의한 세 가지 생각의 덫 가운데 하나에 빠지는 경우가 많다. 분홍색 코끼리의 함정(생각을 억누르려고 할수록 그 생각이 점점 더 커진다), 눈가리개의 함정(자기 생각 때문에 전체 상황에 대한 판단이 흐릿해진다), 세탁기의 함정(모든 생각이 끊임없이 제자리를 맴돈다)이 그것이다. 그리고 네 번째 덫도 있으니, 힘든 일이 생겼을 때 특히 자주 걸리는 덫이다.

일관성의 함정

일관성의 함정 논리와 근거를 활용해서 유혹하므로 유독 위험하다. 일관성은 큰 도움이 되는 동맹처럼 보이고, 실제로 그럴 때도 있다. 하지만 일관성의 함정에 빠지면 결국 부정확하고 도움도 되지 않는 결론에 도달할 수 있다.

샐리의 이야기

샐리는 헌신적이고 애정이 넘치는 친밀한 관계를 간절히 바랐고 우리에게 상담을 받으러 왔다. 40대 초반인 그녀는 수입이 좋은 성공한 변호사다. 사귀던 남자와 잘 안 될 때마다 남자는 다 믿을 수 없는 존재고, 그들은 남성성이 너무 강하고 성공한 여자 앞에서는 위협감을 느낀다고 생각하는 일관성의 함정에 빠졌다.

샐리는 20대 후반에 꽤 오래 사귀던 사람이 있었다. 당시는 그녀의 경력이 막 도약하던 때였다. 샐리가 큰 성공을 거두면서 남자친구와 점점 소원해졌고 그녀는 자신의 성공과 애인에게 차이는 것을 동일시하는 프레임을 만들기 시작했다. 결국 그 사람과의 관계가 끝나자, 그건 남자들에 관한 그녀의 일관된 이야기가 사실이라는 증거가 되었다. 즉 샐리의 성공에 기가 질린 남자들은 모두 그녀를 버린다는 얘기였다. 이후에도 샐리는 자신의 단호한 태도와 높은 수입에 기가 꺾인 듯한 남자들과 사귀었고, 이것이 그녀의 일관된 믿음에 기름을 부었다. 정말 이야기대로라면 샐리는 굳이 남자들과 관련된 자신의 회피 행위에 신경 쓰지 않아도 된다.

남자와 데이트할 때 많이 하는 회피 행위 하나는 본인과 관련된 사소한 약점이나 불완전한 부분을 모두 감추는 것이다. 자기가 거둔 성공에 대한 얘기를 많이 하고, 업적을 반복해 말하고, 알고 지내는 유명 인사들을 거론하는 게 샐리의 주된 전술이었다. 우리는 샐리의 이런 회피 행위의 바탕에 깔린 동기를 살펴봤다. 샐리는 이런 이야기를 하면서도 남들 눈에 괜찮은 사람으로 보이지 않을까 봐 몹시 두려워했다. 남자들의 불안한 태도나 애인을 차는 버릇과 관련된 일관성 있는 이야기 외에도, 그녀는 경력을 쌓는 과정에서 거물처럼 성공하고 싶다면 거물처럼 행동해야 한다고 배웠는데, 그 방법 중 하나가 허세였다.

샐리의 5분 탈출

샐리의 5분 탈출 방법에는 강하고 성공한 여성의 모습을 보이는 동시에 연약한 부분도 드러낼 수 있는 몇 가지 작은 변화가 포함되어 있다. 그녀는 세간의 이목을 끄는 사건이나 자기가 활동하는 영역을 얘기할 때는 안전지대 안에 있지만, 본인과 관련된 다른 중요한 부분은 얘기하기를 피했다. 그런 부분에서는 불안정할 수밖에 없었다.

우리는 상담 과정에서 샐리가 창의적 글쓰기에 대한 야심을 품고 있음을 알았는데, 특히 소설을 쓰고 싶어 했다. 소설을 몇 챕터 쓰기도 했지만, 다른 사람에게 말한 적은 없다. 우리는 글쓰기에 대한 샐리의 의지에 일관성이 없다는 것도 깨달았다. 휴가 때만 썼고, 완벽하게 쓰려고 휴가를 연장했다.

샐리가 처음 시도한 5분 탈출 방법은 매일 저녁 퇴근 후에 최소 5분 이상 소설 쓰는 시간을 내는 것이었다. 샐리에게는 상당히 큰 도전이었다. 그녀는 '하루에 겨우 5분씩 글을 쓰는 게 무슨 의미 있어'라든가 '직장에서 힘든 하루를 보내고 나니까 너무 피곤해서 도저히 괜찮은 글을 쓸 수 없다' 같은 편협한 생각에 자주 사로잡혔다. 어떤 날에는 정말 딱 5분만 썼는데, 특히 몸이 많이 피곤한 날에 그랬다. 하지만 매일 조금씩 시간을 할애하면 소설 집필을 늘 염두에 두는 데 도움이 돼 놀랐다. 어떤 날에는 몹시 피곤했지만 글쓰기가 에너지를 준다는 걸 깨닫고 30분 동안 계속 글을 쓴 적도 있다.

샐리의 두 번째 5분 탈출은 데이트와 관련되었다. 우리는 그녀가 현재 사귀고 있는 남자에게 글쓰기에 대한 애정과 그걸 위해 기울이는 노력(하루 단 5분일지라도)에 대해 솔직하게 얘기해 보라고 권했다. 샐리는 자기 글이 별로 훌륭하지 못하고 소설가로 성공할 수 없을 거라고 걱정했다. 이건 그녀의 강하고 성공적인 안전지대를 벗어난 행동이었다. 그래도 얘기만 하면 되니까 사소한 지향 행위라고 할 수 있다. 그 사람에게 자기가 쓴 작품을 보여 주거나 마감 시한을 지키려고 애쓸 필요가 없다.

샐리는 창작에 대한 열망을 털어 놓자 두 사람 사이의 분위기가 바뀌는 걸 보고 놀랐다. 데이트 상대는 그 이야기를 더 듣고 싶어 하면서 많은 질문을 했고, 샐리는 자기가 그 사람과의 저녁 시간을 완전히 즐기고 있다는 걸 깨달았다.

샐리가 시도한 또 하나의 지향 행위는 볼링이나 스케이트처럼 본인이 능숙하지 못한 일을 함께 하자고 데이트 상대에게 제안한 것이다. 이런 행동을 통해 샐리는 일관성의 함정에서 벗어나기 시작했다. 한 번에 5분씩 작은 방법을 활용했기 때문에 늘 완벽하고 성공적인 사람처럼 보일 필요가 없었고, 상대와 대등한 관계를 맺으려고 애쓰는 과정에서 남자는 모두 믿을 수 없다는 가설을 완화시킬 수 있었다. 샐리는 그 남자와 계속 사귀지는 않았지만 지금은 다른 사람과 행복한 관계를 이어 가고 있다.

오늘의 스몰 스텝

여러분은 어떤 이야기를 가지고 있는가?

오랫동안 자기 내면에 쌓아 온 일관성 있는(없는) 이야기가 있는가? 그걸 알아낼 수 있는 3단계 방법이 있다.

1. 자신에 대한 이야기, 인생의 불만스러운 부분과 본인이 관련된 이야기를 생각해보자. 그렇게 생각하는 이유를 최대한 많이 적어 보자.
2. 이제 자기 인생에 적용되는 다른 이유들, 인생의 그 부분이 지금과 같은 모습인 이유를 최선을 다해 찾아 적어 보자.
3. 그중 논리가 맞지 않는 부분을 찾고, 인생을 보는 다른 방법이 있음을 인정하자.

이제 일관성의 함정에서 벗어나기 위해 할 수 있는 작은 지향 행위를 하나 찾고, 그걸 '스몰 스텝 다이어리'에 기록한다.

3부
작은 도구의 힘

17장
느리지만 꾸준하게 경주에서 이기자

인생의 그림자는 대부분 자기가 햇빛을 가리고 서 있기 때문에 생긴다.

— 랠프 월도 에머슨(Ralph Waldo Emerson)

3부에서는 여러분의 일상에 '작은 것의 힘'을 완전히 반영하기 위한 기술과 연습 도구를 제공할 것이다. 여기서부터 한 번에 한 걸음씩 행동을 변화시켜, 일관성 있고 지속 가능한 방법으로 조금씩 자신의 힘을 되찾을 것이다. 큰 문제들은 관리 가능하고 의미 있는 해결책으로 전환하는 방법을 배우게 된다.

또 사는 둥 마는 둥 하는 삶과 항상 꿈꾸던 삶의 차이를 만드는 작은 변화의 기초를 형성할 간단한 지향 행위들을 많이 가르쳐 줄 것이다.

하지만 먼저 짧은 이야기부터 들어 보자…….

백호의 우리

1960년대에 드와이트 D. 아이젠하워(Dwight D. Eisenhower) 대통령은 미국인들을 대표해 모히니(Mohini)라는 희귀한 백호를 선물받았다. 당당한 자태의 모히니는 워싱턴 DC 동물원에 살게 되었고, 당시 일반적으로 사용되던 가로세로 4미터 우리에 수용되었다. 그 후로 오랫동안 이 아름다운 생명체는 하루에도 수백 번씩 똑같은 8자 모양을 그리면서 우리 안을 서성거렸다.

결국 모히니를 불쌍히 여긴 한 부유한 독지가가 이 호랑이가 마음껏 달리고, 기지개를 켜고, 기어오르고, 탐험할 수 있도록 아주 넓고 수풀이 울창한 새 서식지를 만들어 줬다. 모히니의 새 집에는 몇 에이커의 숲과 풀이 무성한 언덕, 연못 등도 포함되어 있었다. 새로운 집은 모히니가 태어난 고향 인도의 자연 환경과 매우 유사했다.

하지만 초목이 우거진 새 집에 도착한 모히니는 모두가 기대하던 것처럼 반응하지 않았다. 서둘러 달려 나가 자신의 천연 서식지처럼 보이는 그곳을 열심히 탐험하거나 적응하려고 하지 않았다. 대신 곧바로 벽 부근의 한쪽 구석으로 달려가 스스로 4미터×4미터 크기의 정사각형을 그리면서, 주변의 잔디가 다 헐벗을 때까지 계속 한 자리에서 왔다 갔다 했다. 자신을 방해하는 물리적 창살이 제거되었지만, 여전히 4미터×4미터 크기의 정사각형 안쪽만이 자신의 '장소'라고 확신했다. 생리학적인 모든 활동이 스스로 만든 우리 안에 머물러야 한다고 말해 줬고, 결국 모히니는 관절염으로 불구가 되어 걷지 못하게 된 스무 살까지 그 안에 머물러 있었다.

모히니의 이야기는 스스로를 제한하는 이야기에 갇혀 있고 안전지대 밖으로 나가는 걸 가로막는 규칙에 둘러싸여 있는, 우리 대부분이 살고 있는 고전적인 조건을 보여 준다. 모히니는 웅장하고 강력한 생명체였지만 마치 자신의 생존이 거기에 달려 있는 것처럼 보이지 않는 우리에 갇혀 살았다.

여러분도 훌륭하고 강인한 생명체다. 하지만 모히니와 다른 점은, 스스로를 가두고 있는 보이지 않는 우리에서 벗어날 작은 조치들을 행할 수 있다는 것이다. 그 보이지 않는 우리가 여러분의 행동과 비행동을 더 이상 좌우하지 않을 때까지 말이다.

느리지만 꾸준한 자가 이긴다

당신이 살고 싶어 하는 이 삶은 미래를 위한 것이 아니다. 이상적인 내가 가치를 스스로 증명하거나 그럴 자격이 있다고 느낄 때 즐기기 위한 것이다. 큰 업적을 이루거나 고상한 목표에 도달하지 않더라도, 더 큰 만족과 충족감을 느끼는 삶을 살기 위해 필요한 것들은 이미 여러분 안에 다 준비돼 있다. 물론 큰 업적을 쌓거나 높은 목표를 세울 수는 있지만, 싸워서 쟁취할 가치가 있는 삶을 살기 위해 그런 것들이 꼭 필요한 건 아니다.

작은 기술의 힘을 활용하는 이들과 함께 일할 때 우리의 궁극적인 목표는, 날마다 작고 가시적인 단계를 밟으면서 자신의 삶을 싸워서 쟁취할 가치가 있는 삶으로 만드는 것이다. 이건 하루아침에 모든 게 바뀌는 '비포 앤 애프터' 과정이 아니다. 매일의 연습과 인내, 그리고 무엇보다 헌신적인 노력이 필요하다.

머릿속에 있는 이상적인 자신이 되기 위해 계획을 세우고 노력하는 게 아니라, 오늘 당장 여러 가지 사소한 방법으로 최고의 인생을 사는 것이다. 만약 동물원이 모히니의 우리를 조금씩 넓혀 주고^{(사방} ^{4미터에서 5미터로, 다시 사방 6미터로)} 서식하는 환경의 규모를 점진적으로 늘려 나갔다면, 모히니는 느리지만 확실하게 적응했을 것이다. 여러분도 마찬가지다.

우리는 외부의 규칙이나 사회적 기대, 내면화된 필요와 의무에 의해서 형성되는 게 아니라, 자신의 가치관에 기반한 심층적인 동기를 중심으로 만들어진 삶을 원한다.

그러나 안전지대의 한계를 넘어 확장해 나간다는 것은 여러분을 꼼짝 못 하게 하는 규칙들에 도전한다는 의미이기도 하다. 그런 규칙에 도전하기 시작하면 처음에는 내면의 과잉보호 부모가 앞길을 가로막을 것이다.

하지만 결국에는 작게 한 걸음씩 내딛는 느리고 꾸준한 발전이 이길 테고, 과잉보호 부모도 실제로 여러분에게 가장 좋은 것에 동조할 것이다.

오늘의 스몰 스텝

모히니와 닮은 자신의 삶을 인정하자

여러분도 모히니처럼 더 이상 존재하지 않는 제약 때문에 방해받을 수 있다. 스몰 스텝 다이어리의 한 페이지를 반으로 나눈다. 위에는 4×4미터 크기의 보이지 않는 우리에 갇혔을 때 여러분이 하는 행동을 적는다. 이 과정에서 떠오르는 원치 않는 생각과 감정, 신체 감각에 최대한 집중한다.

페이지 하단에는 여러분이 원하는 광활한 서식처는 어떤 모습인지 적는다. 눈에 보이지 않는 우리에서 벗어날 때 떠오를 생각과 감정, 육체적 감각을 온전히 느껴 볼 수 있는 기회를 갖자.

새로운 강좌에 등록하거나 옛 친구에게 연락하는 등, 그 방향으로 한 걸음 전진하기 위해 지금 당장 할 수 있는 작고 감당하기 쉬운 행동을 하나 고른다.

18장
자기 인생에서 공들여 발전시키고 싶은 부분을 하나 고르자

모든 걸 다 하고, 다 되고, 다 가지려고 하면 피곤하다.
그러다가 결국 '그게 다 무슨 소용이었는가?'라며 허탈해하는 사람들이
무척이나 많다. 이들 중 대다수가 자기가 하거나 가지려고 스스로
채찍질했던 일 대부분이 별로 중요하지도 않고 본인이 갈망하는 행복하고
성취감 높은 삶으로 이어지지도 않는 슬픈 결론을 맞는다.

─ 도모니크 베르톨루치(Domonique Bertolucci)

'작은 것의 힘' 도구를 이용할 때는, 실습 과정을 작은 단위로 나눠서 인생의 네 가지 주요 영역 중 하나에 대해서만 해당 도구를 사용하면 도움이 된다. 이 네 가지 영역은 관계, 삶의 목적과 기여, 건강과 웰빙, 재미와 휴식 시간에 초점을 맞춘다.

만약 여러분이 한 가지 이상의 인생 영역에서 부담감을 느낀다면 어디서부터 시작해야 할지 확신이 가지 않을 것이다. 본 장에서는 네 가지 주요 영역 모두에 대해 유사한 과정을 반복할 예정이므로, 어떤 부분부터 손대기 시작하고 또 그 이후에는 어떻게 진행해야 하는지에 대해 좋은 아이디어를 얻을 수 있을 것이다. '작은 것의 힘' 도구를 다른 인생 영역에 적용하고 싶으면 언제든 이 장으로 돌아오면 된다.

'스몰 스텝 다이어리'에 자신의 답을 적어 두는 게 중요하다. 너

무 고민하지 말고 생각나는 대로 적어 두자.

관계

여러분이 맺고 있는 관계의 질은 전체적인 삶의 질과 건강 및 행복에 결정적이고 중대한 영향을 미친다. 관계 내에서 이루어지는 여러분의 작은 행동이 본인의 가장 내밀한 가치관에 따른 것인지, 아니면 원치 않는 감정의 표출인지, 정기적으로 확인하고 알아내는 게 중요하다.

관계와 관련해 자문해 봐야 하는 7가지 질문

이런 질문에서 '핵심 관계'라는 단어가 나온다면, 여러분 인생에서 가장 중요한 한두 개 관계를 떠올려보면 가장 좋다. 언제든 이 부분으로 돌아와서, 자기가 맺고 있는 다른 관계에 대해 다시 답할 수 있다.

1. 이상적인 세계에서 자신의 가치관에 온전히 기반을 두고 있다면, 그 관계에서 자기가 어떻게 대응하는 모습을 보고 싶은가? 그게 외부에서 들여다보면 어떤 모습이고, 내면에서는 어떤 느낌인지 최대한 구체적으로 말해 보자.

2. 여러분의 삶 속에 힘들고 까다로운 관계가 존재하거나, 과거에 존재한 적이 있는가? (대부분의 사람은 어느 정도씩은 이런 관계를 맺고 있다.) 이런 관계 속에서 자신의 대응 방식과 관련해 식별할 수 있는 명확한

패턴이 있는가?

3. 1부터 10까지의 척도로 평가한다면, 자기 인생의 핵심적인 관계에 얼마나 만족하는가? 핵심적인 관계의 예로는 연인-부부, 부모-자녀, 형제, 친구 또는 일과 관련된 관계 등이 있다.

4. 1부터 10까지의 척도로 평가할 때, 핵심 관계 안에서 본인의 가치관에 맞는 방식으로 대응하는 경우가 얼마나 된다고 생각하는가? 1은 본인의 가치관이 전혀 뚜렷하게 드러나지 않는 것이고, 10은 관계가 잘 풀리지 않을 때도 자기는 본인의 가치관과 완전히 일치하는 방식으로 반응한다고 확신할 수 있다는 뜻이다.

5. 앞으로도 계속 핵심 관계에서 해 왔던 대로 대응한다면, 삶의 전반적인 질에 어떤 차이가 생길까? 이 문제의 즉각적인 결과나 단기, 중기, 장기적 결과와 최대한 연결지어서 생각해 보자.

6. 핵심 관계와 관련해 대응하는 방식을 바꾼다면 전반적인 삶의 질에 어떤 차이가 생길까? 이 문제의 즉각적인 결과나 단기, 중기, 장기적 결과를 최대한 곰곰이 생각해 보자.

7. 1부터 10까지의 척도로 따졌을 때, 인생의 다른 세 가지 주요 영역을 살펴보기 전에 이 영역부터 먼저 살펴보는 게 여러분에게 얼마나 중요한가?

목적과 기여

누구나 자기에게는 삶의 목적이 있고, 자신의 행동이 사회에 기여하고 있다고 느끼고 싶어 한다. 근로와 정규 교육도 목적과 기여에 포함될 수 있다. 하지만 자원봉사, 온라인 강좌를 통한 개인 학습, 작문이나 다른 창조적 활동 같은 것도 여기 포함된다.

목적 및 기여와 관련해 스스로에게 해 볼 7가지 질문

1. 여러분에게 목적의식과 뭔가에 기여한다는 느낌을 주는 것은 무엇인가? 최근의 사례가 기억나지 않는다면, 자신이 하는 일에 큰 만족감을 느꼈던 순간으로 돌아가 보자.

2. 목적 및 기여의 측면에서 존경하는 사람은 누구인가? 때로는 이런 부분을 떠올리기는 쉽지 않다. 그러니 여러분에게 중요한 걸 더 명확히 해 주는 잠재적 역할 모델들을 떠올리면 도움이 될 수 있다.

3. 1부터 10까지의 척도로 평가할 때, 현재 자신의 인생 목표와 기여도 수준에 얼마나 만족하고 있는가? 여기서 1은 목적, 의미, 기여 의식이 완전히 결여된 상태를 나타내고, 10은 목적의식이나 공헌에 완전히 일치한 삶을 산다는 것이다.

4. 1부터 10까지의 척도로 평가할 때, 목적과 기여 면에서 본인의 가치관이 행동과 비행동에 어느 정도나 영향을 미친다고 생각하는가? 1은 자신의 가치관이 전혀 명확히 드러나지 않음을 의미하고, 10은 본인의 가치관에 전적으로 부합하는 방식으로 대응하고 있음을 나타낸다. (목적과 기여 영역에서는 10점을 받는 사람이 거의 없다는 사실을 유념하자. 우리 대부분은 살면서 정말 하고 싶은 일은 이루지 못한 채, 끊임없이 피해 대책을 논하는 자기 내면의 과잉보호 부모의 말에 귀를 기울인다.)

5. 목적과 기여 면에서, 앞으로도 계속 지금까지 해 왔던 방식대로 대응한

다면 삶의 전반적인 질에 어떤 차이가 생길까? 이 문제의 즉각적인 결과나 단기, 중기, 장기적 결과를 최대한 곰곰이 생각해 보자.

6. 목적과 기여 면에서 대응하는 방식을 바꾼다면 삶의 전반적인 질에 어떤 차이가 생길까? 이 문제의 즉각적인 결과나 단기, 중기, 장기적 결과를 최대한 곰곰이 생각해 보자.

7. 1부터 10까지의 척도로 평가할 때, 인생의 다른 세 가지 주요 영역을 살펴보기 전에 이 영역부터 먼저 살펴보는 게 여러분에게 얼마나 중요한가?

건강과 웰빙

'건강은 곧 재산이다'라는 말에는 많은 진리가 담겨 있다. 육체적으로나 심리적으로 건강하지 못한 적이 있다면 자신과 다른 사람, 주변 세상에 대한 인식이 건강 혹은 질환에 의해 얼마나 많은 영향을 받는지 느껴 봤을 것이다. 우리의 육체적 건강과 심리적 행복은 삶의 다른 측면을 모두 걸러 낸다.

건강 및 웰빙과 관련해 스스로에게 해 볼 7가지 질문

1. 이상적인 육체적 건강과 심리적 행복은 여러분에게 어떤 의미가 있는가? 이 질문에 대한 대답을 돕기 위해, 자신이나 다른 사람에게서 그런 모습을 본다면 어떻게 받아들일지 생각해 보자.

2. 본인의 신체적, 심리적 건강을 최대한 활용하면서 행동하는 자신의 모

습을 찍은 비디오를 본다면, 그건 어떤 모습일까? (상당수의 사람은 본인의 잘못이 아닌 모종의 이유 때문에 불가능하거나 다가갈 수 없는 이상적인 건강과 웰빙의 그림을 마음에 품고 있기 때문에, 현재 자신의 생활환경을 고려해 어느 정도 현실적이어야 한다.) 최대한 실용적이고 구체적으로 대답하자.

3. 1부터 10까지의 척도로 평가할 때, 지금 본인의 건강과 웰빙에 얼마나 만족하는가? 1은 몸과 마음이 모두 완전히 병들었다고 생각하는 것이고, 10은 더 이상의 조정이나 개선이 필요 없을 정도로 최고의 상태에 있다고 느끼는 것이다.

4. 1부터 10까지의 척도로 평가할 때, 본인의 가치관이 건강 및 웰빙과 관련한 행동과 비행동에 어느 정도나 영향을 미친다고 생각하는가? 1은 자신의 행동에 가치관이 전혀 명확히 드러나지 않는다는 뜻이고, 10은 본인의 가치관에 전적으로 부합하는 방식으로 대응하고 있음을 나타낸다. (건강과 웰빙 영역에서는 10점을 받는 사람이 거의 없다는 사실을 유념하자. 우리 대부분은 이상적인 건강과 웰빙을 해치는 행동을 최소 몇 가지 이상 하면서 살아간다.)

5. 육체적 건강과 심리적 행복의 측면에서, 앞으로도 계속 지금까지 해 왔던 방식대로 대응한다면 삶의 전반적인 질에 어떤 차이가 생길까? 이 문제의 즉각적인 결과나 단기, 중기, 장기적 결과를 최대한 곰곰이 생각해 보자.

6. 육체적 건강과 심리적 행복의 측면에서 대응하는 방식을 바꾼다면 삶의 전반적인 질에 어떤 차이가 생길까? 이 문제의 즉각적인 결과나 단기, 중기, 장기적 결과를 최대한 곰곰이 생각해 보자.

7. 1부터 10까지의 척도로 평가할 때, 인생의 다른 세 가지 주요 영역을 살펴보기 전에 이 영역부터 먼저 살펴보는 게 여러분에게 얼마나 중요한가?

재미와 휴식시간

흥미롭게도 우리가 상담한 대부분의 사람들이 재미와 휴식시간이 그들 삶의 다른 부분에 미치는 영향을 무시하면서 그냥 건너뛰었다. 필수가 아니라 사치라고 여기는 일이 많았고, 최악의 경우에는 완전히 제멋대로였다. 그러나 즐거운 시간을 보내고 휴식시간을 누릴 수 있는 능력은 앞서 살펴본 다른 세 가지 분야에 놀랄 만큼 큰 영향을 미친다.

재미 및 휴식시간과 관련해 스스로에게 해 볼 7가지 질문

1. 애초에 재미와 휴식시간의 영역까지 확인하는 것에 저항을 느끼는가? 이 분야와 관련된 자기 삶의 모든 판단과 평가, 비교를 최대한 인지하자.
2. 재미와 휴식시간은 여러분에게 어떤 모습을 띠는가? 만약 여러분이 일이나 가족, 건강 문제 때문에 꼼짝달싹 못하는 상황이라면 세상에 그런 사람은 여러분뿐만 아니라는 걸 알아야 한다. 몇 달, 몇 년, 혹은 몇 십 년을 거슬러 올라가더라도, 과거에 재미를 느꼈거나 기분전환이 되었

던 활동을 최소 세 가지 이상 떠올려 보자.

3. 1부터 10까지의 척도로 평가할 때, 지금 본인의 재미와 휴식시간 수준에 얼마나 만족하는가? 1은 지금은 즐거운 일도 휴식시간도 전혀 없다고 느낀다는 뜻이고, 10은 삶의 다른 부분이 순조롭게 진행되는 가운데 생기와 활력을 안겨 주는 최적의 재미와 휴식시간을 즐기고 있다는 뜻이다. (주의: 매일 하루 종일 TV를 보거나, 컴퓨터 게임을 하거나, 인터넷 서핑을 하면서 시간을 보낸다면 '재미와 휴식시간'에서 10점을 얻을 수 없다. 이런 활동을 할 때는 그 일에 집중해서 참여하기보다는 아무 생각 없이 건성으로 할 가능성이 높다.)

4. 1부터 10까지의 척도로 평가할 때, 본인의 가치관이 재미나 휴식시간과 관련된 행동과 비행동에 얼마나 영향을 미친다고 생각하는가? 1은 자신의 행동에 가치관이 전혀 명확히 드러나지 않는다는 뜻이고, 10은 본인의 가치관에 전적으로 부합하는 방식으로 대응하고 있음을 나타낸다.

5. 재미와 휴식시간의 측면에서, 앞으로도 계속 지금까지 해 왔던 방식대로 대응한다면 삶의 전반적인 질에 어떤 차이가 생길까? 이 문제의 즉각적인 결과나 단기, 중기, 장기적 결과를 최대한 곰곰이 생각해 보자.

6. 재미와 휴식시간의 측면에서 대응하는 방식을 바꾼다면 삶의 전반적인 질에 어떤 차이가 생길까? 이 문제의 즉각적인 결과나 단기, 중기, 장기적 결과를 최대한 곰곰이 생각해 보자.

7. 1부터 10까지의 척도로 평가할 때, 인생의 다른 세 가지 주요 영역을 살펴보기 전에 이 영역부터 먼저 살펴보는 게 여러분에게 얼마나 중요한가?

오늘의 스몰 스텝

시작할 분야를 하나 고르자

인생의 네 가지 영역 중 하나 이상에서 여러분의 점수가 척도에서 하단에 위치할 가능성이 있고, 지금쯤 자기 삶의 모든 영역을 한꺼번에 바꾸고 싶어졌을 수도 있다.

하지만 그물을 너무 넓게 던져서 여러 부분을 동시에 바꾸려고 하다 보면 부담감이 커져 결국 탈진하거나, 애초에 시작조차 못할 가능성이 높다. 이런 사실을 염두에 두고 인생의 네 가지 주요 영역 전체에 대한 7가지 질문에 답한 후 우선적으로 시작할 영역을 하나 고른다.

이 네 개의 영역을 다듬어지지 않은 다이아몬드의 네 모서리로 생각해 보자. 여러분이 정성스럽게 갈고 다듬은 각 모서리는 적어도 다른 모서리 중 하나에 긍정적인 영향을 주는 경우가 많다. 예를 들어, 자신의 개인적 성장을 위해 노력한다면 그건 여러분의 관계에도 도움이 될 테고, 그 반대의 경우도 마찬가지다.

항상 그렇듯이, 여러분의 안전지대에서는 벗어나 있지만 자기 관리 구역 내에 확고히 뿌리를 내린 영역을 선택해야 한다.

보다 깊이 파고들고 싶다면, 다음 몇 장에 걸쳐 소개할 기술들이 여러분이 선택한 분야에서 더 많은 발전을 이루도록 도울 테니 잘 살펴보기 바란다.

19장
후회할 일이 아주 적은 삶을 살자

우리가 지구상에서 살 수 있는 시간이 한정돼 있고 언제 그 시간이 끝날지
모른다는 걸 진정으로 깨닫고 이해해야만, 매일이 마치 우리에게 남은
유일한 시간인 것처럼 최선을 다해 살게 될 것이다.

– 엘리자베스 퀴블러 로스(Elizabeth Kübler Ross)

적절하지 않은 순간에도 계속 위협 모드에 갇혀 살아간다면, 인
생이 끊임없는 비상 상태이고 문제 해결 상태인 것처럼 느껴질 수
있다. 이런 위험 통제 모드로 살다 보면 눈앞에 놓인 가장 시급한
문제 외에는 아무것도 처리할 시간이 없다. 때로는 이런 회전 주기
를 멈추고 여러분이 할 수 있는 일을 미리 생산적으로 처리할 여지
를 안겨 주는 작은 변화 하나가 필요하다.

매일 의식적인 작은 목적을 정하고, 날마다 자신의 가치관을 행
동의 지침으로 삼는 것이 열쇠다. 이런 행동을 일관되게 반복하면
서 진실과 진정으로 원하는 것과 접촉하면, 삶이 예상치 못한 시련
을 안겨 줄 때도 순간적인 감정에 따라 반응하기보다 단단히 뿌리
내린 상태로 굳건히 대응할 수 있다.

우리의 반응은 뇌에 범람하는 압도적인 감정이나 생각, 이미지로

인해 지나치게 부풀려지는 경우가 종종 있다. 이처럼 순간적인 반응에 따라 취하는 행동은, 우리가 자신의 가치관을 바탕으로 움직일 때 선택하는 행동과는 정반대다.

죽을 때 가장 후회하는 5가지

오랫동안 말기 환자 간병에 종사한 호주 간호사 브로니 웨어(Bronnie Ware)는 죽어 가는 이들에게서 가장 자주 들은 후회하는 5가지를 공유했다. 여러분과도 그 내용을 공유하고 싶다.

1. 남들이 내게 기대하는 삶이 아니라, 나 자신에게 진실한 삶을 살 수 있는 용기를 가졌더라면 좋았을 텐데.
2. 그렇게 열심히 일하지 말았어야 했는데.
3. 내 감정을 표현할 용기가 있었으면 좋았을 텐데.
4. 친구들과 계속 연락하고 지냈으면 좋았을 텐데.
5. 더 행복하게 살았어야 했는데.

흥미로운 사실이 있다. 살아 있는 동안의 후회는 여러분이 날마다 작은 변화를 이루려는 동기를 부여하고 매우 긍정적으로 작용할 수 있다. 심리학자인 닐 로즈(Neal Roese)의 연구에 따르면, 후회는 우리가 다음과 같은 일을 하도록 돕는 '부정적인' 감정들 중 가장 강력한 힘을 발휘한다고 평가되었다.

★ 세상을 이해한다.
★ 미래에 도움이 되지 않는 행동을 피한다.

★ 통찰력을 얻는다.

★ 사회적 화합을 이룬다.

★ 원하는 기회에 접근하는 능력을 향상시킨다.

후회를 방지하는 5가지 방법

많은 사람들이 중요한 일에 대한 실질적인 근거나 연관성을 찾지 못한 채 한 가지 일에서 다음 일로 바쁘게 달음질치며 산다. 우리는 매일 이렇게 여러 가지 사소한 방법으로 우리가 가진 힘을 나눠 주고 기껏해야 반쪽짜리 삶을 살게 된다. '작은 것의 힘'은 작은 방법으로 그 힘을 되찾아 삶을 변화시키는 것이다. 여기 이 과정에서 활용되는 다섯 가지 원칙이 있는데, 이는 임종을 맞은 사람들이 가장 후회하는 다섯 가지다. 나중에 여러분도 같은 후회를 하지 않도록 고안된 것이다.

1. 더 용감한 태도로 더 자신에게 진실한 삶을 살라고 끊임없이 격려하고 싶다. 매일 여러분에게 중요한 것들을 떠올리고, 매일 자신의 안전지대에서 벗어나 가장 중요한 것을 향해 최소 한 걸음 이상씩 다가가야 한다. 예전 같으면 다른 사람들의 비판이 두려워서 하지 않은 일도 포함될 수 있다. 취향에 맞는다면, 춤이나 연기 수업 같은 것이 그런 것들이다.

2. 여러분이 하는 일의 기저에 깔린 목적을 되돌아봐야 한다. 가치 있는 사람이 되려면 이래야 한다는 믿음 때문에 무턱대고 야근을 하지 말자. 우리 대부분은 돈을 벌기 위해 일해야 한다. 하지만 더 크고 좋고 빠르게 성공하는 삶을 살고 싶다는 욕구와 의무감에 휘둘려서 돈을 벌겠다

는 것과는 달리, 정말 중요한 것에 가까이 다가가기 위해 실제로 얼마나 많은 돈이 필요한지를(단순히 원하는 게 아니라 정말 필요한 만큼) 의식적으로 깨달을 수 있다.

3. 감정을 꾹꾹 억누르고 남들 눈에 안 띄게 덮어 둘 때마다, 도리어 이것이 영향을 미친다. 그러니 자신의 감정을 작고 일관된 방법으로 더 많이 표현해야 한다. 모든 감정을 항상 표현하라는 게 아니라, 감정을 표현함으로써 인생에서 원하는 대상과 사람에게 더 가까이 다가갈 수 있다면 제대로 표현하라는 얘기다.

4. 의미 있는 방법으로 사람들과 관계를 맺어야 한다. 고립되거나 친구 및 사랑하는 이들과의 접촉이 부족한 건 하루에 담배를 15개비씩 피우거나 비만이 되는 것만큼이나 우리의 건강과 웰빙에 해롭다.

5. 여러분의 삶에 큰 변화를 안겨 주는 작은 것들을 찾아내야 한다. 어떤 사람에게는 잠깐의 산책이 될 수도 있다. 또 어떤 사람에게는 사랑하는 이와의 짧은 통화나 만남, 10분간 자녀나 가족의 욕구가 아닌 자신의 욕구에만 온전히 집중하는 것일 수도 있다. '작은 것의 힘'은 이런 작은 행동을 찾아내 거기에 관여하는 것이다.

후회를 최소화하면서 삶을 가꾸는 3단계 과정

1. 하루에 한 번 '다른 사람이 나를 어떻게 생각할까 걱정돼서 오늘 하지 못한 일이 있는가?'라고 자문해 본다.

2. 답이 '있다'인 경우, 그게 뭔지 살펴보고 스스로에게 '이 행동을 통해 내 가치관에 가까이 다가갈 수 있을까?' 물어본다.

3. 답이 '있다'인 경우, 그 행동을 하는 방향으로 가까이 다가갈 수 있게 해 주는 작은 조치를 취할 의향이 있는지 살펴본다.

오늘의 스몰 스텝

지금 당장, 자기가 죽을 때 후회할 5가지
일을 생각해 보자.

어떤 사람에게는 이 실습이 조금 무서울 수도 있지만, 우리가 상담했던 이들은 이게 가장 도움이 됐다고 한다.

'스몰 스텝 다이어리'에 지금 자신의 삶을 살아가는 방식과 관련해서 가장 후회하는 일을 5가지 적는다. 임종을 앞둔 사람들이 가장 후회하는 5가지 일과 같은 걸 후회할 수도 있고 완전히 다를 수도 있다.

자신이 가장 후회하는 일 다섯 가지를 파악했으면, 앞으로 후회를 최소화하는 삶으로 한 걸음 다가갈 수 있도록 지금 당장 취할 수 있는 작은 행동을 찾아보자.

우리는 행동에 이득이 없으면, 그 어떤 장기적인 행동에도 관여하지 않는다는 걸 기억해야 한다. 이런 행동은 우리가 단기간 동안 하기를 원치 않는 생각과 감정, 신체적 감각을 피하도록 도울 것이다. 다음 장에서는 이런 원치 않는 내적 경험과의 관계를 바꾸기 위해 여러분이 할 수 있는 일을 정확히 설명할 것이다.

20장
일이 약간 엉망이 되게 내버려 둬라

좋은 일은 전혀 어렵지 않다.

— F. 스콧 피츠제럴드(F. Scott Fitzgerald)

우리의 마음은 항상 문제를 해결하고 피해를 입지 않게 하려고 애쓴다. 지속적으로 피해 대책을 알리는 상황에서, 우리의 적색경보 시스템이 기름까지 끼었는다. 우리 존재의 이 부분에는 생존을 위한 확실한 진화론적 이유가 있다. 우리는 살아남을 수 있는 방향으로 진화했고, 계속 살아남거나 집단 내에 머무르기 위해서는 생존 능력을 위협하는 모든 걸 피해야 했다. 그러므로 우리 뇌는 우리가 실패하거나 거부당하지 않도록 이 적색경보 시스템을 유지해 왔다. 하지만 이런 대처 전략의 유용성과 타당성에 의문을 제기하지 않는다면, 이건 별 가치가 없는 반사적 위협 반응에 지나지 않는다.

원하는 직업을 얻지 못하거나, 연설을 제대로 하지 못하거나, 데이트를 즐기지 못할 것이라는 부정적인 예측은 모두 여러분을 보호하는 구실을 한다. 그건 여러분이 다치는 걸 막아 주지만, 중요한 건 이로 인해 어떤 성장도 경험하지 못한다는 것이다.

세상과 연결된 진실한 방식으로 온전히 살아간다는 것은 곧 삶이 제공하는 모든 걸 받아들일 공간을 만들기 위해 자신을 확장한다는 뜻이다. 애를 쓰면 쓸수록 퇴짜를 맞거나 실패할 위험도 많아진다. 하지만 한편으로는 싸워서 쟁취할 가치가 있는 삶을 살 수 있는 기회도 크게 늘어난다.

작은 관점 변화

균형과 안정성, 그리고 인생의 예측 가능성에 대한 잘못된 생각을 유지할 수 있는 유일한 방법은 한 발짝도 내딛지 않는 것이다. 만약 살면서 어느 정도의 불편을 감수하기를 꺼린다면, 전혀 움직이지 않고 가만히 지내야 한다. 반대로 현 상태에 싫증이 나서 변화를 이루고 싶다면, 일이 좀 어수선하게 돌아갈 수 있는 여지를 만들어야 한다.

풍요롭고 의미 있는 삶이란 고통 없는 삶도 아니고, 고통 받지 않는 삶도 아니다. 그건 그저 아무 일도 일어나지 않는 안전한 삶일 뿐이다. 살면서 더 많은 걸 원한다면 좋은 것, 나쁜 것, 못생긴 것 등 모든 것을 위한 공간을 만들어야 한다. 우리는 관여하고 싶지 않은 것들에만 선택적으로 무감각해질 수는 없다.

싸울 가치가 있는 삶이란 편안하거나 안전한 삶이 아니며, 예측하거나 통제할 수 있는 삶도 분명 아니다. 자기가 진정으로 갈망하는 삶을 만들기 위해 쌓아 올린 작은 경험들을 발견하고, 확실히 자기 것이라고 느끼는 삶이어야 한다.

새로운 경험으로부터 배우려는 개방적인 태도와 새롭고 어렵고 낯선 일을 할 때의 불편을 기꺼이 감수하려는 자세는, 싸워서 쟁취할 가치가 있는 삶에 꼭 필요한 관점이다. 기꺼이 실수를 저지르고, 일을 망치거나 잘못 처리하는 것도 너그럽게 받아들일 수 있어야 한다. 그래야만 일이 잘 풀리지 않을 때도 교훈을 얻는다. 일이란 잘못될 때도 있게 마련이다.

기꺼이 불편을 느끼고, 두려움을 경험하고, 불확실성을 감수한다면 정말 중요한 것에 더 가까이 다가갈 수 있을까?

고통 감수

자신의 가치관에 맞춰서 마음을 넓힌다는 건, 그것이 필연적으로 가져오는 장애물과 도전에 맞설 여지를 만든다는 뜻이다. 우리는 모두 자신에게 다가올 새로운 기회에 대해 '네, 그리고'라고 말하는 법을 가르치는 '즉흥극'(무대에서 대본 없이 즉흥적으로 진행하는 코미디 공연과 연극)을 통해 한두 가지 교훈을 얻을 수 있었다. 상대 배우가 던진 말을 '네, 그리고'라며 즉흥적으로 이어받아서 계속 극을 진행시키는 것처럼 우리 인생의 사건들에 대응한다면, 자기가 머릿속에 쌓아 온 어떤 이상적이고 비현실적인 삶이 아니라 지금 살고 있는 이 삶에 최선을 다할 수 있다.

이건 많은 이들의 직관에 어긋나는 행동이다. 우리는 인생이나 경험이 자기가 원하거나 기대한 것에 미치지 못할 때는 거기에 맞서 싸우는 데 더 익숙하다. 그러나 현실을 부정하는 것은 기본적으로 현재의 우리 삶과 우리 자신을 부정하는 것이므로, 자신을 변화시킬 힘이 사라져 버린다. '작은 것의 힘'은 고통을 제거한 삶이 아니라, 고통을 중심으로 조금씩 확장된 삶이다. 즉흥극에 대해 더 자세히 알고 싶다면, 케이티 슈트(Katy Schutte)가 쓴 《즉흥극 배우가 살아가는 법(Improviser's Way)》을 추천한다.

고통은 삶의 일부로서 존재한다. 하지만 반드시 고통 속에서 살 필요는 없다. '작은 것의 힘'은 우리가 겪고 있는 고통을 넘어서는 삶을 만들어 내라고 격려한다. 우리가 자신의 고통을 중심으로 삶을 확장할 수 있는 작은 행동들을 하지 않는다면, 삶은 아주 협소해지고 새롭지 않고 정체된다. 실제로 삶은 고통 그 자체고 여기서 벗어나는 삶은 거의 없다고 느낄지도 모른다. 고통과 불편을 최소화하기 위해 꾸준히 행하는 일들은 자기도 모르게 인생의 규모와 질을 축소한다.

고통을 없앨 수는 없지만 인생에서 더 많은 것들을 가질 수는 있다. 그리고 물론 자신의 삶을 안전지대 너머로 확장할 경우 더 큰 고통과 취약성에 노출되지만, 한편으로는 삶을 향상시키는 훨씬 더 놀랍고 신나는 경험을 하게 될 것이다.

자기 삶을 안전지대 너머로 확장하더라도 힘겨운 인생 경험이나 불안 또는 슬픔 같은 괴로운 감정을 통제하거나 제거하거나 관리하지 못할 수 있지만, 그것이 더 이상 여러분의 발목을 잡지는 않을 것이다. 여러분의 마음이 가능하다고 생각하는 수준 이상으로 내딛는 발걸음 하나하나는 어떤 대가를 치르더라도 고통을 피해야 한다는 주장의 타당성에 도전한다. 그리고 자기 인생을 정의하고 싶은 경험을 향해 작은 걸음을 내딛을수록 그런 발걸음이 여러분을 이끄는 힘이 될 것이다.

오늘의 스몰 스텝

적극적인 수용

중압감 같은 원치 않는 감정을 있는 그대로 받아들일 수 있는지 최선을 다해서 알아보자. 그런 감정을 좋아하거나 바랄 필요는 없다. 그냥 당신 마음이 얘기하는 이 감정의 의미에 지나치게 신경을 소모하지 말고, 그게 물리적으로 여러분 몸속에 있는 것처럼 그냥 내버려 두면 된다.

여기서 정말 중요한 건 수동적인 체념^(혹은 마지못한 관용)과 원치 않는 감정을 실제로 허용하고 받아들이는 걸 구별하는 것이다. 거부감이나 무감각, 억울함을 느끼는 상태에서 '아무래도 이 감정을 그냥 받아들여야 할 것 같아'라고 말한다면, 적극적인 수용보다는 소극적인 체념에 빠져 있을 가능성이 높다.

소극적인 체념 행위는 우리의 건강과 행복에 도움이 되지 않으며, 사실 우리가 가진 힘까지 앗아간다. 반면 적극적인 수용 행위는 놀랍도록 큰 힘을 실어 준다. 믿기지 않는다면 수용 행위를 통해 자기가 더 큰 힘을 느끼는지 아니면 무력감을 느끼는지 확인해 보자.

5분간의 실습 동안 발생하는 과정들을 일일이 판단하지 말자. 그리고 마지막에 어떤 기분이 드는지 확인하는 것이다. 뭔가 바뀐 게 있는가? 그렇다면 여러분은 불편한 감정을 적극적으로 받아들이고 있는 것이다. 이 실습을 매일 하면서, 불편한 감정과의 관계에 어떤 일이 벌어지는지 살펴보자. 여느 운동과 마찬가지로 '근육'을 잘 풀어 줄수록 능숙해진다.

21장
자신의 오감에 반응하라

> 항상 뛰어다니는 습관을 버리고, 잠시 휴식을 취하면서 긴장을 풀고
> 중심을 되찾을 수 있다면, 우리가 기울이는 모든 노력이 더 큰 성공을
> 거둘 것이다. 그리고 삶 속에서 훨씬 많은 기쁨을 얻을 것이다.
>
> — 틱낫한(Thich Nhat Hanh)

때로는 인생의 중요한 문제들이 예상치 못하게 닥쳐오거나, 자기 힘으로 전혀 통제할 수 없는 일로 인해 발생할 것이다. 그 순간 할 수 있는 최선을 다하는 것 외에는 실제로 할 수 있는 게 많지 않다.

하지만 이런 중요한 사건 외에, 여러분이 날마다 하는 수많은 작은 일들 속에도 여러분을 돕거나 실수를 저지르게 할 잠재력이 숨어 있다. 여러분이 주변에 반응하거나 대응하는 방식은 자신의 삶과 관계, 그리고 자아와 얼마나 연결되어 있고 그걸 제대로 받아들이고 있는지에 따라 달라진다. 매일 몇 가지의 작은 기술을 연습하면, 불가피하게 발생하는 원치 않는 작은 일들과 우리 모두가 경험하는 원치 않는 중요한 인생사들에 원활히 대처할 수 있다.

자동 모드로 살아가기

아마 여러분은 매일 같은 경로로 출퇴근을 할 것이다. 너무나 익숙한 경로라서 대개 직장이나 집에 도착하기까지 어디를 어떻게 돌고 어떤 행동을 하는지 의식적으로 생각하지 않는다. 심지어 미처 깨닫기도 전에 집에 도착해서 열쇠를 문에 꽂고 있기도 하다. 이사를 가거나 직장을 옮겼는데, 마음이 딴 데 가 있는 날에 저도 모르게 발길이 옛 집이나 예전 직장으로 향할 수도 있다. 이건 일종의 자동화된 사고와 생활방식인데, 대개는 우리에게 도움이 되는 방향으로 작용한다.

우리는 날마다 너무 많은 자극과 메시지를 받고 있기 때문에, 뇌가 정말 중요한 정보를 처리하는 데 집중할 수 있도록 필터링 시스템을 개발해야 한다. 하지만 우리 삶이 멀리 떨어진 스크린에 비친 영화 속 이미지처럼 느껴지거나 하루 종일 몽유병자처럼 돌아다니는 자신을 발견할 경우, 머릿속에서 빠져나와 모든 감각을 동원해 삶에 온전히 연결될 필요가 있다.

자동 모드 생활의 예시

가정과 직장 생활의 균형을 잡으려고 애쓰던 케이트는 엄청나게 쌓인 일 때문에 내적으로 압도당하는 기분에 휩싸였다. 직장에 있을 때는 두 명의 어린 자녀를 자주 생각하면서 함께 시간을 보내지 않는 것에 죄책감을 느낀다. 자동 모드에 돌입했을 때 그녀가 자주 하는 사소한 회피 행위는, 이메일을 건성으로 읽고는 자기가 중요하다고 생각한 부분에 반응을 보이는 것이다. 그러다 보니 중요한 정보를 자주 놓쳤고, 엉뚱한 곳에 전화를 걸거나, 직속 상사가 보낸 중요한 이메일을 제대로 이해하고 적절히 답하지 않는 일도 많았다.

마찬가지로 집에 있을 때는 직장에서 해야 할 일들을 생각하고, 자기가 남들보다 얼마나 뒤처져 있는지 자주 생각한다. 집에서 자주 하는 자동 회피 행위는 아이들에게 밥을 먹이거나 숙제를 봐 주는 동안 스마트폰으로 업무 이메일을 확인하는 것이다. 자녀들은 엄마가 제대로 이해할 때까지 같은 말을 서너 번 되풀이하는 경우가 많았다.

벤은 사업을 시작하는 과정에 완전히 압도당했다. 창업한 회사가 실패하지 않도록 자금 제공자와 지지자를 최대한 많이 확보하려고 애썼는데, 여기저기서 회의를 하다 보니 차를 타고 자주 돌아다닌다.

벤이 차 안에서 자주 하는 회피 행위는 잠재적 투자자들과 나누고 싶은 대화를 미리 연습하는 것인데, 이 때문에 주변 상황을 제대로 인식하지 못한 채 자동 모드로 운전을 한다.

줄리는 올해야말로 좋은 사람을 만나 의미 있는 관계를 맺어야 한다고 결심했고, 틴더(Tinder)를 통해 여러 남자들과 만나 데이트했다.

그녀의 작은 회피 행위는 키, 관심사, 수입에 이르기까지 자기가 데이트 상대에게 바라는 것들을 체크리스트로 만들고, 데이트 상대

에게 전달하고 싶은 자신의 모습도 체크리스트로 만들어 실행하면
서 데이트를 완전히 자동 모드로 진행하는 것이다. 그 결과 이런 만
남이 취업 면접처럼 느껴지기 시작했는데, 사실 별로 낭만적이지
못하다. 그녀는 이런 데이트에서 거의 또는 전혀 즐거움을 얻지 못
했고 아무 성과 없이 끝나는 일이 많았다.

정신적 경험

자동 실행 모드를 이용할 경우, 너무 늦어 버릴 때까지 자기가 그
렇게 하고 있다는 사실조차 모른 채로 상황 대처에 도움이 되지 않
는 기본 전략을 이용할 가능성이 가장 높다. 자동 실행 모드가 켜지
면 자신의 정신적 경험에 완전히 몰입하게 된다. 이게 무슨 뜻인지
잘 모르겠다면, 음식을 먹으면서도 맛을 느끼지 못하거나 대화를
나누면서도 상대방이 하는 말을 제대로 듣지 않는 순간들을 생각해
보라.

물론 누구나 가끔은 정신적인 경험에 몰입할 필요가 있다. 이 경
험은 세상에서 무슨 일이 생기고 있는지 이해할 수 있게 해 준다.
하지만 자신의 정신적 경험을 확인하고 오감(세상에서 보고, 듣고, 냄새 맡고,
맛보고, 느낄 수 있는 것)으로 돌아간다면, 가치관과 연결된 지향 행위를 할
수 있다. 그러나 자신의 정신적 경험이나 똑같은 행동들을 반복하
면서 인생을 건성으로 살아가게 만드는 자동 실행 모드 안에 머물
러 있는 경우가 너무나 많다.

주변 세계에서 벌어지는 일에 대한 인식을 높이면, 도움이 되지

않는 행동 패턴과 중심축에서 벗어나 보다 유용한 지향 행위로 전환할 때를 알 수 있다. 자신의 오감과 보다 완벽하게 연결되도록 도와 줄, 마음챙김을 바탕으로 한 여러 작은 기술들이 있다. 이 모드에서는 자기가 먹는 음식을 제대로 맛볼 수 있고, 사람들과 대화를 나눌 때 정말 그들의 말을 귀담아들을 수 있다. 이런 작은 기술을 배우면 삶의 질이 크게 향상된다.

마음챙김의 힘

우리가 고객과 진행하는 상담 과정의 핵심은, 마음챙김을 바탕으로 하는 기술을 가르쳐서 파괴적이기보다는 도움이 되는 방법으로 중대한 인생사에 대응하는 능력을 향상시키는 것이다.

연구에 따르면, 인생의 여러 가지 부담 때문에 중압감을 느끼는 사람에게는 마음챙김이 매우 도움이 될 수 있다고 한다. 마음챙김은 다른 사람이나 자신과 보다 의미 있는 관계를 발전시키고 유지하는 데 도움을 주고, 극도의 피로감 때문에 탈진할 가능성을 감소시키며, 생산성과 전반적인 건강 및 웰빙을 향상시키며, 과거에 우울증을 앓은 경우 다시 겪을 위험성을 감소시킨다.

마음챙김에 바탕을 둔 기술은 정신적 경험 안에서 길을 잃게 놔두지 않고 정말 오감과 연결시켜 준다. 의도적, 의식적, 비심판적인 방법으로 지금 이 순간에 집중하게 한다.

마음챙김 기반 기술을 갖추면 대화든 일이든 가족 간의 문제든 경험과 관련된 마음속 의견 때문에 길을 잃지 않고 현재의 경험에 대한 자신의 반응을 해석하는 데 도움이 된다. 이렇게 하면 자동적으로 반응하기보다 작고 의식적인 지향 행위로 반응하는 법을 배울 수 있는데, 종종 회피 행위와도 관련이 있다.

일상적인 마음챙김 기술

마음챙김은 방해받지 않는 조용한 장소에서 연습에 전념할 수 있는 시간과 공간 마련이 중요하다. 말은 이렇게 했지만, 기본적인 일상 업무를 완수할 시간조차 거의 없는 상태라 이미 중압감을 느끼고 있다면 정식으로 마음챙김 수련을 하기 위해 많은 시간을 투자하기가 어렵다.

이런 사실을 염두에 두고 만든 '작은 것의 힘' 마음챙김 실습은 아주 짧고 실행 가능하게 구성되어 있다. 지장을 최소화하면서 부드럽고 점진적으로 일상에 스며들 수 있다. 실습 방법에 대한 오디오 가이드를 이용할 수 있으며, '짧고 활동적인 명상' 챕터에서는 우리가 가장 좋아하는 5가지 실습 방법을 소개한다.

실용적인 관점에서 보자면, 마음챙김 기술은 여러분이 어디에 있든 무엇을 하든 상관없이 필요할 때마다 그 유용함이 입증된다. 그래서 우리는 보다 공식적인 '작은 것의 힘' 마음챙김 실습 외에도, 여러분이 밖에 나가 다니면서 일상생활을 할 때 이용할 수 있는 마음챙김 기술에도 초점을 맞춘다. 이 기술은 아주 사소한 순간에도 자동 모드에서 벗어나 오감으로 경험하는 방향으로 전환할 방법을 보여 준다.

오늘 당장 활용할 수 있는 작고 일상적인 마음챙김 기술 5가지

1. 대화를 나눌 때는 상대보다 미리 앞서 나가면서 계획을 짜려는 경향에 주의해야 한다. 신중하게 원래 자리로 돌아와, 상대방이 무슨 말을 하는지 주의 깊게 듣자. 그들이 사용하는 단어, 목소리 톤, 표정을 주목하라. 본인이 말할 차례가 되면 자신의 진짜 감정에 주목하면서, 의식 없이 자동으로 말을 내뱉지 말고 이 지침을 따라 말하자.

2. 음식을 먹을 때는 입에 넣기 전에 잠시 동안 눈으로 음식을 음미한다. 마치 이렇게 특별한 음식은 처음 본다는 듯이, 그 특성과 질감을 가능한 한 자세히 살펴본다.

   일단 먹기 시작하면 음식의 맛과 감촉에 주의를 기울인다. 가능한 경우, 자신의 자연스러운 식사 속도를 조금만 늦추고 평소의 먹는 경험과 어떤 차이가 있는지 살펴보자. 자기 몸에 의식적으로 주의를 기울여서, 배가 부르면 곧바로 알아차리고 너무 배가 부르기 전에 먹기를 멈춘다.

3. 밖에 있을 때는 보고 듣고 느끼는 감각에 신중하게 주의를 기울인다. 눈에 보이는 다섯 가지 물건에 주목한다(색상, 감촉, 형태에 특히 주의를 기울인다). 교통체증, 새소리, 멀리서 나는 웅웅거리는 소리 등 네 가지 소리에 귀를 기울인다. 피부에 닿는 공기처럼 느낄 수 있는 세 가지에 주목한다. 그러다 보면 몸에 긴장이 쌓인 부분이나 피부에 옷이 닿는 감촉 등을 알아차릴 수 있다.

4. 자동차나 대중교통, 도보를 이용해 출퇴근하는 통상적인 경로에서, 헤드폰을 쓰거나 전화를 걸지 않으면서 이동하겠다고 의식적으로 결심

한 다음, 자신의 오감에 집중하여 전에는 미처 알아차리지 못했던 세 가지를 알아차리는 것을 목표로 삼는다.

5. 음악을 한 곡 듣는다. 눈을 감고 음악에만 집중한다. 들으면서 어떤 느낌이 드는지 주목한다. 내면에서 일어나는 생각에 주목하면서 계속 음악에 집중한다. 소리와 소리 사이의 공간에 주목한다. 이 경험이 일상생활을 하면서 배경음악처럼 들었을 때와 어떻게 다른지 주목한다.

오늘의 스몰 스텝

일상적인 마음챙김 기술 중 두 가지를 취한다

일상적인 마음챙김 기술 중에서 가장 마음이 끌리는 것과 가장 저항감이 느껴지는 것을 알아낸다.

이런 일상적인 마음챙김 기술을 하루 한 번씩 일주일 동안 해 보자. 여러분이 저항감을 느끼는 것도 해 보자. 때로는 가장 저항감을 느끼는 작은 기술이 가장 필요한 것이 될 수도 있다.

눈에 띄는 것들을 '스몰 스텝 다이어리'에 기록한다.

22장
눈가리개를 벗기는 기술

우리 마음속의 괴물들에게서 벗어나는 데 평생이 걸릴 수도 있다.

– 페마 초드론

마음속 괴물에게서 벗어나기 위해 지나치게 시간을 쏟는 이들이 많다. 우리 마음속에서는 자기가 하는 거의 모든 일에 대해 늘 논평이 이어지고, 다양한 판단과 평가, 도움이 되지 않는 비교를 계속 쏟아 낸다. 좋은 소식은, 자기가 원치 않는 제한적인 생각에 대응하는 방식과 관련된 심리적 힘과 근육을 만들 수 있다는 것이다.

헬스클럽에 다니면 신체적으로 더 유연해질 수 있는 것처럼, 원치 않는 생각에 대응하는 방법을 바꾸면서 심리적으로 더 유연해질 수 있다. 우리는 이 기술을 '눈가리개 제거'라고 부른다. 눈가리개를 제거하면 정말 좋은 점은, 어떤 생각의 옳고 그름, 진실과 거짓, '좋고' '나쁨'에 상관없이 어디에나 효과를 발휘할 수 있다는 것이다.

진실인가 거짓인가?

우리를 가장 지치게 만드는 생각은 사실 진실인 경우가 대부분이다. 우리는 워크숍을 할 때마다 지인이나 사랑하는 이들을 실망시킨 적이 있느냐고 묻는다. 그러면 약 90퍼센트 정도가 손을 든다. 나머지 10퍼센트는 성인이거나 망상에 빠져 있을 가능성이 높다.

사는 동안 특정 시기에 사랑하는 사람들을 실망시키는 건 불가피하다. 그게 인간인 우리에게 어떤 의미인지, 그리고 그들과의 관계에 어떤 영향을 미칠지에 대한 생각과 판단, 이야기는 명확하지 않을 수 있다.

자기가 사랑하는 사람을 실망시켰다는 생각에 당황하면, 적색경보 시스템이 활성화되면서 피해 통제 모드에 진입한다. 가능성이 가장 높은 감정은 수치심이며, 이로 인해 사랑하는 사람과 함께 문제를 해결하는 데 방해가 되는 행동을 하게 된다. 그 사람을 피하거나, 자기 자신이나 상대방에게 한 짓을 정당화하거나, 우리가 한 짓을 대단치 않게 여기거나 주의를 딴 데 돌리는 등 회피 행위를 한다. 단기적으로는 효과가 있을지 모르지만, 계속 쌓이면 장기적으로 관계에 큰 해를 입힐 수 있다.

또 '나는 게으르다', '나는 항상 일을 하다가 그만둔다', '나는 별로 매력적이지 않다'처럼 자신에 대해 품고 있는 생각도 있다. 대부분은 이런 생각이 사실이라는 걸 뒷받침할 증거를 찾아낼 수 있다. 누구나 가끔은 게으르게 굴기도 하고, 일을 미루는 경향이 조금씩은 다 있다. 또 어떤 일을 하다가 그만둔 경험은 누구에게나 있다. 이

건 인간 본성의 일부다. 그리고 불행하게도 세상의 거의 모든 사람은 자신의 매력에 대해 원치 않는 피드백을 받은 적이 있다.

이런 생각 때문에 시야가 좁아지면 필연적으로 본인의 요구를 주장하지 않는 등의 회피 행위를 많이 하게 되고, 불편함을 무릅쓰고서라도 자신의 욕구를 충족시키기보다는 분한 기분을 드러내는 경우가 많다. 이런 제한적인 생각에 사로잡히면 매일 여러분 앞에 나타나는 성공 기회를 포착하는 능력이 사라지고 실패만 거듭하게 된다.

편협해진 시야의 좋은 점은 이런 생각의 신빙성을 떨어뜨리려고 애쓰지 않아도 되고 그게 사실인지 아닌지에 대한 논쟁에 휘말릴 필요도 없다는 것이다. 생각의 눈가리개를 벗는 것이 이로운지 판단할 수 있는 유일한 척도는, 특정 생각 때문에 시야가 흐려졌을 때 자기가 지향 행위를 하는지 아니면 회피 행위를 하는지 자문해 보는 것이다. 만약 회피 행위를 주로 한다면 눈가리개를 제거하는 게 이롭다.

'좋은가' 아니면 '나쁜가?'

많은 자립 안내서들이 긍정적으로 생각하거나 행복한 생각을 가져야 한다는 개념을 주입시키려고 애쓴다. 하지만 이 개념은 과학이나 구체적인 연구를 기반으로 하지 않았다.

대규모 연구를 통해, 우리가 이미 스스로에 대해 좋은 감정을 느끼고 있다면 긍정적인 확신이 많은 도움이 될 수 있다는 사실이 밝혀졌다. 하지만 이미 완전히 압도당한 기분을 느끼고 있다면, 긍정적인 확신은 백해무익할지 모른다. 또 만약 많은 사람들이 좋거나 긍정적이라고 생각하는 개념에 사로잡혀 있다면 이는 문제가 될 수 있다. 일례로 자기가 정말 훌륭한 사람이고 본인의 욕망과 욕구가 절대적으로 중요하다는 생각에 사로잡혀 있다고 가정해 보자.

'나는 멋있고 올바른 사람'이라는 생각에 갇혀 있을 때 여러분이 하게 될 회피 행위는 자신의 행동에 책임을 지지 않거나 일이 잘 풀리지 않았을 때 다른 사람을 비난하는 것 등이다. 그렇게 되면 문제의 진실에 도달하지 못하고, 궁극적으로 한 인간으로서 성장하지 못한다.

그런 생각 때문에 여러분의 성장을 저해하는 똑같은 회피 행위에 자꾸 의지하게 된다면, 그 생각이 아무리 긍정적이거나 위안을 주더라도 거기서 벗어나는 게 가장 좋다.

눈가리개를 벗기 위한 작은 전략

모든 문제를 한 번에 해결할 수 있고 또 모든 사람에게 효과가 있는 전략은 존재하지 않는다. 하지만 이 과정에 전념한 사람이라면 적어도 자신에게 효과적인 전략은 찾아냈을 것이다. 눈가리개를 벗기는 전략의 바탕이 되는 목적이나 '이유'를 명확히 밝히는 것이 중요하다. 다만 그 생각 자체나 그 생각이 미치는 감정적 영향을 없애거나 최소화하는 게 목적이 되어서는 안 된다.

이 전략은 여러분이 이런 생각을 떨쳐내고, 무의식적인 회피 행위가 아니라 의식적인 지향 행위를 통해서 본인의 핵심적인 내적 가치를 바탕으로 그 생각에 대응할 수 있게 돕는다. 이 방법을 사용하면, 자기 인생의 수동적인 승객에서 벗어나 운전석에 앉아서 자신에게 가장 중요한 것을 향해 명확히 방향을 정하고 인생 진로를 조종할 수 있다.

성공의 척도는 언제나 눈가리개를 벗은 뒤에 작은 지향 행위에 참여할 수 있느냐에 따라 결정된다.

이런 전략을 연습할 때는 분홍색 코끼리의 덫을 주의해야 한다. 원치 않는 생각을 없애기 위해 이런 전략을 활용한다면, 그 생각을 덜하게 되는 게 아니라 오히려 더 많이 하게 된다.

또 다른 함정인 깊은 수심의 덫도 조심해야 한다. 이건 처음부터 자신의 가장 고통스럽고 바람직하지 않은 제한된 생각에 이 전략을 적용하는 것이다. 개방적이고 일관된 방식으로 눈가리개를 벗는 연습을 한다면, 시간이 지남에 따라 가장 원치 않는 생각들, 예를 들어 자기 인생의 큰 트라우마나 비극과 관련된 생각에도 이 전략을 활용할 수 있다. 하지만 수심이 깊은 곳을 향해 용감하게 나아가기 전에 얕은 수영장에서 수영을 배워야 하는 것처럼, 눈가리개를 벗을 때도 마찬가지다.

여러분이 할 수 있는 최선의 방법은, 자신의 안전지대 밖이면서 동시에 자기 관리 영역 내에 속한 일련의 생각에 다음과 같은 전략을 적용하는 것이다. 그러면 안전지대가 조금씩 확대되고, 결국 본인의 가장 큰 목표에도 이런 작은 전략을 적용할 수 있게 된다.

1. (일시적으로) 자신에게 푹 빠지게 해 준다

원치 않는 상황에 대한 검열되지 않고 제멋대로인 이야기를 쓰기 위한 7단계 과정:

1. 펜과 종이를 가져오거나 컴퓨터에서 새 문서를 연다.
2. 잠시 침묵에 잠겨, 이 상황에 대한 자신의 검열되지 않고 여과되지 않은 생각을 되돌아본다.
3. 이런 생각을 최대한 많이 적는다.
4. 자기 자신이나 다른 사람, 상황에 대한 판단과 평가, 쓸모없는 비교를 포함시켜야 한다.
5. 내면에 있는 십 대 청소년의 말에 귀를 기울이면서 그들이 이 상황에 대해 어떻게 느끼는지 적는다.
6. 지금 진행 중인 일을 모두 개인적인 일로 받아들이는 자신의 가장 불안한 부분에 귀를 기울이고, 이 생각이 무엇인지도 적는다.
7. 남들 앞에서는 절대로 말하지 않을 생각을 자유롭게 적는다.

누군가가 이걸 읽는다는 생각만 해도 쥐구멍에 숨고 싶다면, 이 실습을 제대로 하고 있는 것이다. 여러분이 여기에 쓴 내용은 정치적으로 정당할 필요가 없다. 사실 그 내용은 옹졸하고 심술궂은 경우가 많지만, 여러분의 가장 엉뚱하고 징징대는 생각들까지 외부로 발산할 수 있는 공간을 제공해 준다.

때로 사람들은 제멋대로 굴고 싶지 않기 때문에 이런 생각을 적기를 거부한다. 이런 여과되지 않고 검열되지 않은 생각을 적어 보면, 삶 그 자체가 아니라 그 속에서 벌어지는 일들에 논평하면서 자기 삶을 새로운 각도에서 보는 자유를 얻게 된다. 따라서 본인이 원하지 않는 제한적인 생각에서 벗어나고자 하는 노력에 엄청난 도움이 될 수 있다. 아이러니한 것은, 원치 않는 생각들을 사소하고 일시적인 방법으로 탐닉하면 종종 더 빠르고 효과적으로 규칙적인 일상으로 돌아갈 수 있다는 것이다.

수

수는 75세 된 어머니가 최근에 치매 진단을 받는 바람에 정말 애를 먹고 있다. 당연하게도 그녀는 어머니에 대한 걱정부터 이 상황이 두 명의 십 대 자녀들과 보낼 수 있는 시간에 미칠 영향에 대한 걱정, 그리고 그런 생각을 한 자신을 비난하는 것에 이르기까지 수많은 생각이 머리에서 맴돈다. 사랑하는 사람이 최근에 병을 진단받거나 건강에 문제가 생겨서 고군분투하는 경우, 그 상황에 대해 많이 생각하는 건 너무나도 자연스러운 일이다. 하지만 현대사회는 우리의 생각, 특히 우리가 '나쁘다', '잘못했다', '부도덕하다'고 판단하는 생각을 전부 인정하는 걸 허용하지 않는 경우가 많다.

수는 이 실습을 해 보라는 말을 듣고 많이 꺼렸다. 그녀는 '이게 무슨 소용이 있겠어요?', '그냥 슬프고 화만 날 뿐 아무 도움이 되지 않을 거예요', '검열되지 않은 생각을 남들에게 알리고 싶지 않아요. 어쩌면 당신들이 나를 비난할지도 몰라요'라며 항의했다. 이런 항의, 장애물, 장벽은 매우 일반적이다. 수는 결국 용기를 내서 실습을 했고, 단기적인 불편을 견디게 해 줄 수 있을 만큼 중요한 근본적 가치관을 찾아보라는 요구를 받았다. 수에게는 상당히 중요한 가치관이 있었다. 어머니와의 관계, 그리고 어머니가 치매 진단을 받은 그녀가 갈수록 퉁명스럽게 대했던 남편과 아이들과의 관계.

실습은 수에게 꽤 힘들었다. 그녀는 남에게 비판을 받거나 옹졸한 사람으로 여겨질까 봐 무서워서 숨겼던 절제되지 않은 생각이 있음을 인정했다.

다음과 같이 판단되거나 하찮은 존재로 비칠까 봐 숨겼던 절제되지 않은 생각을 인정했다.

- '왜 나와 내 가족에게 이런 일이 일어났을까?'
- '나는 이렇게 이기적으로 굴면 안 돼.'
- '이 일은 언제까지 이어질까?'
- '상황이 얼마나 나빠질까?'
- '난 치매에 걸리고 싶지 않아. 나한테 이런 일이 일어나면 어쩌지?'
- '엄마가 병이 악화되는 모습을 보고 싶지 않아.'
- '이런 생각을 하면 안 된다는 건 알지만, 가끔은 어머니가 치매에 걸리느니 차라리 돌아가시는 게 낫다는 생각을 해. 이런 생각을 하다니 난 정말 끔찍한 사람이야.'
- '난 이 상황을 이겨낼 수가 없어.'
- '엄마가 그리워.'
- '엄마가 날 위해 옆에 있어 주지 않아서 화가 나. 아, 이런 생각을 하다니 대체 난 얼마나 이기적이고 유치한 사람인 거지?'

짐작이 가겠지만, 수로서는 자신의 생각을 인정하고 적는 게 쉽지 않았다. 현실적으로 유사한 상황에 처한 사람들은 대부분, 전부는 아니라도 최소한 어느 정도까지는 같은 생각들을 할 것이다. 하지만 이런 생각을 인정하기를 두려워하는 사람들이 많다. 미성숙하고, 고약하고, 자기에게만 너그럽고, 이기적인 사람으로 비춰질까 두렵기 때문이다. 생각을 억눌렀을 때 생기는 안타까운 부작용은 생각이 사라지지 않는다는 것이다. 사실 인정하고 어떤 형태로든 표현하지 않으면 생각이 점점 더 불어나고, 그걸 억누르려고 애쓰다 보면 자기 삶에 막대한 악영향을 미치는 수많은 회피 행위를 하게 된다.

실습을 마친 수는 처음에는 불안감과 수치심을 느꼈다. 하지만 자기가 쓴 내용을 다시 읽어 보고 '이런 상황에 처한 친구가 이런 생각을 했다면 내가 내 친구를 비난할까?'라고 자문했고 그 대답이 크고 우렁찬 '아니'라는 것을 깨달았다. 이 실습을 하는 행위 자체가 수가 자기 생각에 지나치게 얽매이기보다 그냥 생각으로만 바라볼 수 있게 도와 줬다. 그런 다음 수는 어머니나 다른 가족과 얼마나 함께 시간을 보낼지 결정했고, 자신을 돌볼 시간도 할당했다. 그녀의 마음은 이 상황에서 자기 관리라니 너무 '제멋대로'라고 꾸짖었지만, 그녀에게는 그 어느 때보다 절실하게 필요한 시간이다.

수의 5분 탈출

수는 자기 생각을 글로 적었지만, 그녀의 5분 탈출 방법은 감정을 종이에 쏟아내는 것과는 정반대의 방법이다. 우리는 그녀에게 어머니를 만나러 갈 때마다 5분씩 어머니와 조용히 앉아 있어 보라고 권했다.

수와 같은 상황에서는 두려움과 슬픔에서 도망칠 방법을 찾으려는 경우가 많지만, 도망칠수록 역설적으로 슬픔이 더 커지고 두려움에 시달리게 된다. 그래서 그냥 어머니와 같이 있기만 하라고 했다. 어머니가 말을 하면 듣고, 말은 거의 하지 말고, 그녀의 슬픔과 두려움이 그냥 주변에 떠다니게 하는 것이다. 이렇게 말을 하지 않고 보내는 시간은 두 여인에게 편안하고 친밀한 일상이 되었고, 수의 어머니는 딸의 마음을 받아들이면서 본인의 슬픔과 두려움 속에서도 조용히 딸의 지지를 느끼기 시작했다.

2. 판단 지우기

이 전략은 이전 실습에 이어서 진행하거나 이것 자체로 완료할 수도 있다. 자기가 처한 힘겨운 상황 때문에 생각이 많은 사람에게 특히 도움이 되는 전략이다.

본인의 상황에 대한 설명과 그 상황을 스스로 어떻게 이해하고 있는지 적는다. 글을 쓰는 동안 자기 몸에 느껴지는 감각에 주목하고, 다 쓴 글을 읽어 보자. 이제 글 내용 중에서 자기가 자의적으로 판단해서 적은 내용은 모두 지워야 한다.

판단은 여러분이 그 상황에 대해서 내린 해석이다. 예를 들어, '내가 그의 기대를 저버렸으니 틀림없이 내게 실망했을 것'이라는 생각이 든다면, 그가 실제로 여러분에게 자기 기대를 저버려서 실망했다고 말하지 않은 이상 이 부분을 지운다. 그 사람이 자기 입으로 그렇게 말해야만 사실이 되는 것이다.

판단은 또 다른 사람들의 행동에 대한 추측이다. '그녀는 내게 거짓말을 하고 있어' 같은 생각도, 그녀가 거짓말을 한다는 걸 확실히 알지 못한다면 지워야 한다. '지난 토요일에 어디에 있었느냐고 묻자 그녀의 얼굴이 새빨개졌다'처럼 사실을 적은 내용은 놔둘 수 있다. 하지만 확인되지 않은 해석이나 가정은 지워야 한다.

이제 남은 내용을 보자. 잠시 하던 일을 멈추고 본인에게까지 동정심을 확대한 다음, 지우지 않고 남은 내용을 바탕으로 다음에 할 행동을 선택한다. 지금 이 순간 본인에게 가장 중요한 일을 바탕으로 선택해야 한다.

에릭

에릭은 직장에서 성공하려고 매우 열심히 노력하고 있으며, 자신의 업무를 부정적으로 평가하는 생각들을 아주 잘 알고 있다. 그는 지난 며칠 동안 직장에서 발생한 사건들을 겪은 뒤 세탁기의 덫에 휘말렸다. 그는 처음에 일어났던 일에 대해서 한두 단락 정도 써 보라는 권유를 받았다. 그가 쓴 내용은 다음과 같다.

나는 정말 열심히 노력했지만 아무도 내가 하는 일의 좋은 점을 인정해 주지 않는 것 같다. 노력만 하면 그게 무슨 소용이겠는가? 우리 회사 신제품을 마케팅하기 위한 좋은 광고 문안을 생각해 내려고 오랜 시간 애썼다. 회의에서 그걸 발표하자 두어 명 정도 의견을 말하더니, 곧바로 다른 사람의 아이디어로 넘어가 그 아이디어에 훨씬 많은 시간을 쏟았다. 다들 나를 쓸모없는 인간으로 여기는 게 분명하다. 그들이 다른 사람들을 대하는 태도를 보면, 내가 가장 영향력 없는 사람이라고 생각하는 걸 알 수 있다. 그들이 내 아이디어에 더 관심을 갖게 하려면 훨씬 더 열심히 일해야 한다. 어쩌면 이 회사에서 일하지 않고 나를 더 높이 평가해 주는 다른 곳으로 가야 할지도 모르겠다.

그런 다음 에릭은 자기가 쓴 내용을 다시 검토해 보고 판단이 개입된 부분은 전부 지우라는 말을 들었다. 다음은 관련 부분을 삭제하고 남은 내용이다.

나는 정말 열심히 노력했지만 아무도 내가 하는 일의 좋은 점을 인정해 주지 않는 것 같다. 노력만 하면 그게 무슨 소용이겠는가? 우리 회사 신제품을 마케팅하기 위한 좋은 광고 문안을 생각해내려고 오랜 시간 애썼다. 회의에서 그걸 발표하자 두어 명 정도 의견을 말하더니, 곧바로 다른 사람의 아이디어로 넘어가 그 아이디어에 훨씬 많은 시간을 쏟았다. 다들 나를 쓸모없는 인간으로 여기는 게 분명하다. 그들이 다른 사람들을 대하는 태도를 보면, 내가 가장 영향력 없는 사람이라고 생각하는 걸 알 수 있다. 그들이 내 아이디어에 더 관심을 갖게 하려면 훨씬 더 열심히 일해야 한다. 어쩌면 이 회사에서 일하지 않고 나를 더 높이 평가해 주는 다른 곳으로 가야 할지도 모르겠다.

첫 번째 단락과 두 번째 단락의 차이가 보이는가? 이 방법은 에

릭에게 놀랍도록 큰 도움이 되었다. 그는 업무 상황에 대한 자신의 여러 가지 판단이 생각의 세탁기처럼 머릿속을 빙빙 돌고 있다는 걸 분명히 확인했다. 그가 자신의 아이디어를 갈고 닦는 데 많은 시간을 할애하지 않았다는 걸 확인하자, 다른 사람들의 생각을 추측하는 일에 더 이상 매달리지 않고 자신을 더 연민 어린 시선으로 보면서 이게 결국 자신에게 해롭다는 걸 깨달았다. 또 에릭은 일이 자신에게 얼마나 중요한지 분명히 깨달았기에, 광고 문안 수정에 대해 다른 사람에게 피드백을 구하기로 결심했다.

에릭의 5분 탈출

에릭의 5분 탈출은 두 가지 방법으로 진행되었다. 첫째, 최대 5분 동안, 벌어진 상황에 대해 자기가 어떤 판단을 내렸는지 파악했다. 둘째, 중요한 프로젝트를 진행할 때면 신뢰할 수 있는 동료들에게 매일 5분씩 피드백을 부탁했다.

이런 작은 지향 행위를 통해 매우 흥미롭고 도움이 되는 피드백을 얻었는데, 대부분 짧은 기간 안에는 듣기 힘든 피드백이었다. 연구를 더 많이 하고 동료들과의 협업을 늘리면 좋을 것이라는 사실을 강조했기 때문이다. 이건 궁극적으로 그에게 도움이 되었고, 이후 직장에서 훨씬 긍정적인 반응을 얻고 있다.

오늘의 스몰 스텝

눈가리개를 제거하기 위한 전략을 하나 선택하라

위 전략 중 하나를 선택해 여러분의 마음이 제시하는 생각과 판단, 이야기 때문에 관점이 흐려지는 걸 막는 연습을 하자. 직면하고 있는 도전에 따라, 특정 전략이 더 효과적으로 작용할 수 있다. 그러니 각 전략을 모두 시도해 보고 어떤 식으로 작용하는지 살펴보자.

하지만 일반적으로 한 번에 한 가지 전략을 실행하는 데 전념하는 편이 더 도움이 된다. 그러면 선택한 전략이 자신에게 얼마나 유용한지 '스몰 스텝 다이어리'에 기록하기가 쉬워진다. 가장 중요한 증거는, 나중에 자신에게 중요한 것에 한 걸음 가까이 다가갈 수 있게 해 주는 작은 지향 행위를 실행할 수 있는지 여부라는 걸 기억하자.

23장
마음속의 괴물을 억제하는 다른 방법들

어떤 사람들은 버텨야만 강해진다고 생각하지만,
때로는 놓아야 할 필요도 있다.

— 헤르만 헤세(Hermann Hesse)

이 장에서는 우리의 상담 고객과 워크숍 참석자들 대다수에게 도움이 된 몇 가지 눈가리개 제거 전략을 알려 주겠다. 몇 번에 걸쳐 꼼꼼하게 읽으면서 마음에 드는 전략에 표시하면 좋다. 이 장은 또 언제든지 돌아와서 다시 참고할 수 있는 좋은 도구이기도 하다.

1. 개울에 떨어진 나뭇잎

강둑에 앉아 있는데 옆에 나무가 서 있는 걸 알아차렸다고 상상해 보자. 가지에 달려 있던 나뭇잎이 시냇물 속으로 떨어지고 있다. 시냇물에 떠내려가는 저 나뭇잎이 여러분의 생각이라고 여기자. 우리는 나뭇잎이나 생각을 전부 제거하려고 하는 게 아니라, 내면의 관찰자 시점에서 본인의 생각에 주목할 기회를 주는 것이다. 그런 생각 중에 하늘을 향해 붕붕 날아오르거나, 운동을 멀리하거나, 바로 강물에 뛰어드는 성향이 있는지 의식할 필요가 있다. 이렇게 자신에게 도움이 안 되는 두 가지 모드 가운데 하나에 처해 있다고 느끼면, 강둑에 서 있는 관찰자의 시점으로 다시 돌아가자. 우리 웹사이트에 가면 이 실습을 위한 MP3 파일이 있다.

지미

지미는 언제나 경주를 하는 듯한 기분을 느꼈다. 그는 자신의 상상력이 뛰어나지 않다는 생각에 사로잡혀 있었고, 처음에는 개울물에 잎사귀를 띄워 보내는 실습에 참여하기를 망설였다. 지미가 처음으로 이 실습을 하던 날, 어떻게든 실습을 제대로 진행해야 한다는 생각에만 몰두한 나머지 결국 '이 방법은 내게 효과가 없다'는 결론을 내렸다. 하지만 이런 생각에 사로잡힌 사람들이 많다는 걸 안 지미는 집에서 다시 한 번 시도해 봤다. 다음 상담 시간이 되자, 그는 실습 과정을 머릿속으로 완벽하게 준비해야 한다는 압박감을 덜 느꼈고 생각이 이리저리 오가는 걸 느껴도 그 생각을 쫓아다니거나 밀어내지 않았다. 일주일간 매일 연습한 지미는 자기 생각을 훨씬 빨리 인식할 수 있게 되었고 쓸모없는 사고 패턴에서 자신을 분리시킬 수 있었다. 또 더 이상 세탁기의 덫에 걸려들지 않았고 밤에 더 빨리 잠들 수 있었다.

2. '하지만'을 '그리고'로 바꾸자

'X를 하고 싶지만 너무 불안해서 못 하겠어' 같은 말은 우리 눈에 눈가리개가 씌워져 있음을 알려 주는 좋은 징조다. 이 말을 'X를 하고 싶지만 지금은 내 마음속에 걱정거리가 너무 많다'라는 표현으로 바꿔 보라고 권하고 싶다. 가능하면 '하지만'으로 시작하는 문장을 사용한 곳이 어디인지 확인하고, 성급한 일반화에 빠지기보다 현재 상황에 초점을 맞춘 '그리고' 문장으로 바꿔 보자.

소피

소피는 승진을 간절히 바랐지만, 승진을 하면 출장 때문에 비행기를 타야 하고 사람들 앞에서 연설도 해야 하는데, 이건 그녀가 더없이 두려워하는 일들이다. 소피는 '지금 하는 일이 너무 지겹지만 비행기 타는 게 무섭기 때문에 계속 이 자리에 머물러 있어야 한다'는 말을 자주 했다. 또 'TED 강연을 볼 때마다 많은 영감을 받지만, 난 사람들 앞에 서면 얼굴이 새빨개질 테니까 절대 강연 같은 건 할 수 없다'는 말도 했다. 소피는 '우물쭈물하지 말고 용기를 내라'는 격려를 받았고, 그래서 '하지만'이라며 핑계를 대고 싶어질 때마다 그걸 '그리고'로 바꾸었다. 지금은 그녀가 승진한 상태라는 소식을 알리게 돼 기쁘다. 소피는 처음 몇 번은 비행기를 탈 때마다 매우 불안해했고 연설 도중에 얼굴이 빨개지기도 했다. 하지만 새로운 자리에서 일을 하면서 전반적으로 전보다 훨씬 행복해졌고, 가끔씩 불안을 느끼는 순간도 있지만 그만한 가치가 있다고 생각한다.

3. 단기적인 이익 인정

우리가 하는 모든 생각과 행동이 타당하다는 걸 기억해야 한다. '너무 부담스럽다' 같은 생각이 들 때 그걸 액면 그대로 받아들이면서 거기에 동조하고 또 그런 생각에 휘둘려서 뭘 하고 하지 않을지를 결정한다면, 단기적으로 이 생각을 피하거나 탈출하는 데 도움이 될 수 있는 감정이나 생각, 상황은 무엇일까?

'부담스럽다'는 생각에 빠져 있으면, 자기가 하는 일이 만족스럽지 않더라도 승진을 꾀하거나 새로운 직장을 구하는 걸 포기할 수 있다. 다시 말해, 그 생각에 동조하면 두려운 면접을 단기적으로 피할 수 있다는 얘기다. 그리고 원하는 직장에서 거절당하는 걸 피할 수도 있지만, 장기적으로는 행복하지 않은 위치에 계속 머물게 되므로 결국 더 큰 압박을 느끼게 된다.

실습: 잠시 의자에 앉아 경계하는 자세를 취한다. 정성을 다해 마음챙김 호흡을 5번 하는데, 이때 눈을 감거나 시선을 한 곳에 고정시키고 숨을 들이쉬고 내쉴 때마다 최대한 호흡에 집중한다.

원치 않는 생각에 사로잡혔다면 어떤 단기적 이득을 얻을 수 있는지 숙고하는 시간을 몇 분 가진다. 이 생각이 행동을 좌우할 경우, 어떤 원치 않는 경험과 결과를 피할 수 있는가?

거절이나 실패, 기타 원치 않는 경험을 피하고자 하는 자신의 바람에 연민을 가지자. 마지막으로 자신의 가치관을 재고하고, 원치 않는 생각이 떠오를 때 할 지향 행위를 적극적으로 선택한다.

알레이샤

알레이샤도 다른 많은 사람들처럼 자기가 부족하다는 생각에 시달렸다. 처음에는 이런 생각은 아무런 가치도 이익도 없다고 여겼지만, 좀 더 분석해 본 결과 '난 부족한 사람'이라는 생각 때문에 실패하거나 거절당할 가능성이 있는 상황을 여러 차례 피했다는 걸 깨달았다. 그러므로 알레이샤의 경우, '나는 부족하다'는 생각에 사로잡혔을 때 얻을 수 있었던 부차적 이익은 실패나 거절을 겪을 때 느끼는 슬픔이나 실망감을 일시적으로 미룬 것이다. 이런 사실을 깨닫자 자신의 생각을 동정하고 이해하기가 더 쉬워졌고, 이 생각에 계속 사로잡혀서 자신의 행동까지 좌우하게 놔두면 원하는 것보다 훨씬 못한 삶을 살게 되리라는 걸 알았다. 이런 현실을 깨달은 알레이샤는 이제 자기가 부족한 사람이라는 생각이 자신에게 약간의 단기적 이익을 안겨 준다는 건 알게 되었지만, 일부러 농구팀에 가입하거나 영화 클럽에 참여하는 등 다양한 지향 행위에 몰두하고 있다. 지금도 자기가 부족한 사람이라는 생각이 불쑥불쑥 들지만, 전처럼 그녀의 발목을 심하게 잡지는 않는다.

4. '나는 이런 생각을 하고 있어······'라고 스스로에게 말한다

여러분의 마음은 여러분이 잘하지 못한다고 생각하는 모든 일들을 널리 알리는 경향이 있다. 러스 해리스(Russ Harris) 박사는 이걸 '우울과 파멸의 라디오 방송'이라고 불렀다. 말하자면 약간 도를 넘은 과잉보호 부모 같은 것이다. 이 프로세스를 부정 편향(negativity bias)이라고 하는데, 진화론적 관점에서 보면 이건 우리의 정신이 스스로를 안전하게 보호하기 위해 부정적으로 생각되는 것들을 불균형하게 많이 기억하는 것이다. 한편 현실에서는 이 프로세스가 우리의 적색경보 위협 시스템을 지나치게 활성화시킨다.

그러면 예를 들어, '우울과 파멸의 라디오 방송'에서 '나 피곤해'라는 말을 방송한다고 가정해 보자. 여러분이 거기에 동조해서 그걸 믿고 그 생각이 여러분을 좌지우지하게 내버려 둔다면 결국 어떤 상황에 처하게 될까? 그 생각을 믿어서 여러분이 얻는 게 무엇일까? 그런 생각에 동조하면 정말 피곤해지는 경우가 많다. 그리고 '그 일은 미뤘다가 나중에 할래' 같은 말을 하게 된다.

그 생각이 사실인지 아닌지가 중요한 게 아니다. 실제로 피로를 느낄 수도 있다. 예를 들어, 지금 막 10시 30분간의 비행을 마친 참이라면 정신이 피로를 호소할 것이다. 하지만 '나 피곤해'라는 생각에 깊이 빠지면, 그것 때문에 실제로 주변 사람들과의 관계가 단절될지도 모른다.

'나는 쓸모없는 사람이야', '난 실패자야' 같은 생각에 시달리는 사람들이 많다. 자기가 쓸모없는 사람/실패자라는 자괴감에 굴복하면 현실에서 점점 멀어지고 삶이 갈수록 초라해진다.

'피곤해'라든가 '난 쓸모없는 인간이야', '난 못해', '난 정말 형편없는 배우자/딸/형제야' 같은 생각에 빠져드는 게 느껴지면, 한 걸음 물러나서 '나는 지금 피곤하다는 생각을 하고 있다', '나는 그 일을 할 수 없다는 생각을 하고 있다', '나는 형편없는 배우자라는 생각을 하고 있다', '나는 일을 전부 망치고 있다는 생각을 하고 있다'라고 스스로에게 말하자.

이건 생각을 없애거나 몰아내려는 시도가 아니다. 그냥 그걸 생각 그 이상도 이하도 아닌 있는 그대로 인정하는 것뿐이다. 즉 사고, 그 이상도 이하도 아니다. 이 생각은 사실일 수도 있고 아닐 수도 있다. 그것의 타당성을 논하는 일에 지나치게 빠져들 필요가 없다. 그냥 생각을 인정하고 맹목적으로 거기에 떠밀려 다니지 않으려는 것이다.

눈가리개를 벗기는 이 전략의 좋은 점은 진실한 생각과 그렇지 않은 생각에 두루 효과가 좋다는 것이다. 이 방법을 사용하면 자신을 괴롭히기보다 타당성을 검증할 수 있다.

5. 생각을 아주 빠르게 반복한다

이 눈가리개 제거 전략을 실행하려면 여러분의 생각을 계속 반복해야 한다. 누구나 자신과 결부짓기를 좋아하지 않는 '실패'라는 단어를 예로 들어 보자. '실패'라는 말을 들으면 대부분 본능적으로 강한 거부 반응을 보인다. 몸이 굳거나 팽팽하게 긴장하는 이들도 많다.

그 단어를 아주 빠른 속도로 40초간 반복한다. '실패, 실패' 이런 식으로. 아마 타이머를 사용해야 할 수도 있다. 많은 사람들이 겨우 10초만 하고는 벌써 1분은 했다고 생각한다.

여러분은 그 단어가 제대로 들리지도 않게 아주 빠르게 되뇌고 싶을 것이다. 그래도 끝까지 반복해서 말해야 한다. 연구 결과를 보면 40초 이상 되뇌다 보면 그 단어가 미치는 영향이 전반적으로 줄어든다고 한다. 여기서 하고자 하는 일은 우리가 평소 어떻게든 밀쳐내려고 하는 단어에 스스로를 노출시키는 것이다. 실제로 아주 빠른 속도로 반복해서 말하다 보면 그것이 지닌 힘이 어느 정도 사라진다.

마이클

마이클은 스스로나 다른 사람이 자신을 실패자로 여기는 것에 엄청난 두려움을 품고 있었다. 그래서 실패자라는 말을 들을 때마다 몸서리를 쳤고 배 속이 꽉 조이는 기분을 느끼곤 했다. 마이클에게 이 실습을 제안하자, 그는 눈에 띄게 불편해하면서 정말 하고 싶어 하지 않았다. 하지만 그는 '실패자'라는 말에 대한 혐오감 때문에 일을 제대로 못 하다가 결국 실수를 저지를 수도 있고, 때로는 실패를 피하려는 욕구 때문에 실패하는 일도 생긴다는 걸 깨달았다. 마이클은 처음 그 말을 뱉으면서 온몸으로 단어의 영향을 느꼈다. 마치 전신에 경계경보가 내려진 기분이라고 말했다. 몸 전체가 긴장하고 딱딱하게 굳었는데 특히 머리와 목, 어깨 쪽이 심했다. 그러다가 40초 동안 아주 빠르게 반복하는 사이에 몸에 쌓인 긴장이 조금씩 풀어졌고, 연습이 반쯤 진행됐을 때는 심지어 미소를 짓기까지 했다. 이건 그가 전혀 예상하지 못한 일이었다. 마이클은 일주일 동안 하루 두 번씩 이 연습을 반복했고, 차츰 말하는 속도를 의도적으로 늦추고 더 또박또박 말하게 되었다. 그다음 주에는 연습 횟수를 줄였지만 기준은 훨씬 더 높여서 진행했고, 이 방법에 아주 만족했다.

6. 당신은 승객인가, 조종사인가?

때로는 본인이 자기 인생의 승객인 것 같은 기분이 들 때가 있다. 머릿속에 어떤 생각이 떠오르든, 그 생각이 지시하는 대로 움직이기 때문이다. 하지만 마음과 생각이 지닌 유일한 진짜 힘은 위협이다. '부담스럽다' 같은 생각은 지금 하는 일을 멈추게 할 힘이 없다. 그게 아무리 가치 있는 일이라도 말이다. 사실 면접이나 시험을 앞두고 부담감이나 불안을 느끼는 이들이 많지만, 그래도 중단하지 않고 예정된 면접이나 시험을 치른다. 이럴 때는 본인이 자기 삶의 조종사가 된 기분을 느낀다.

하지만 몇은 승객 같은 기분을 느끼면서 그런 생각에 굴복했을지도 모른다. 이것 또한 완전히 정상이다.

어떤 순간에든 본인의 생각과 관련해서 자기가 승객인지 조종사인지 자문해 보는 게 작지만 효과적인 도구가 된다. 여러분의 마음은 승객의 입장이 되라고 위협하는 힘을 가졌지만, 조종사의 자리는 언제나 여러분을 기다리고 있다.

에블린

에블린은 말 그대로 힘든 유년기를 보냈다. 부모와 다른 양육자들은 그녀의 요구에 즉각적으로 반응해 주지 않았고 종종 그녀가 게으르거나 멍청하다고 말하기까지 했다. 아마 당연한 일이겠지만, 에블린은 남들의 이런 비판과 가혹한 내적 이야기를 내면화했다. 그 정도가 너무 심했고, 에블린은 자기가 본인 인생의 수동적인 승객이고 자신의 행동은 내면의 기이한 성격에 좌우된다고 느꼈다.

만약 그녀가 자기 인생이 즐겁고 낙관적이라고 느낀다면 다른 사람들과 관계를 맺고자 하는 지향 행위를 할 것이다. 그녀의 정신이 더 혹독한 상태라면, 다른 사람들을 피하고 늘 익숙한 것만 찾는 회피 행위를 할 것이다. 과거에는 그녀가 지향 행위를 하건 회피 행위를 하건 상관없이 늘 그녀의 정신이 모든 걸 통제하는 듯한 기분이었다. 하지만 본인이 조종사인지 아니면 승객인지 적극적으로 의문을 제기하자, 느리지만 확실한 변화가 나타났다.

에블린은 본인의 생각에 주의를 기울이지만, 대개의 경우 생각은 승객이고 그녀 자신이 조종사다. 이게 실생활에서 어떻게 나타나느냐 하면, 승객 모드가 발동되어 애를 먹더라도 행사를 완전히 피하는 게 아니라 잠깐이라도 행사에 참가하게 된 것이다. 에블린은 일단 행사장에 도착하면 마음속의 승객들이 잠잠해진다는 사실에 자주 놀라곤 했다. 하지만 늘 그런 것은 아니며, 그게 이 실습의 요점도 아니다. 중요한 건 그녀가 조종사라는 사실, 그리고 그것이 에블린의 삶에 훨씬 많은 자유와 힘을 안겨 준다는 것이다.

7. 문제 해결

여러분의 마음이 '넌 쓸모없는 인간이야', '넌 실패자야', '넌 지금 화가 나고 짜증이 난 상태야', '넌 지금 피곤해' 같은 말을 하고 있다고 가정해 보자. 이건 문제 해결에 관여하고 있을 때의 여러분의 마음이다. 불편함을 느끼니까 여러분의 마음이 이런 불편함을 막을 방법을 찾으려는 것이다. 그러나 자기비판은 별로 효과적인 해결책이 아니다.

여러분의 마음이 너는 쓸모없는 사람이라거나 실패자라고 말한다면, 그건 여러분이 쓸모없는 사람이라고 손가락질을 당하거나 실패를 겪을 수 있는 일을 하지 못하게 막으려는 것이다. 또한 자기가 쓸모없는 사람이거나 실패자라고 생각하는 버릇에서 벗어날 수 있게 해 주는 업무와 활동에 가까이 다가가지 못하게 막을 것이다.

이를 해결하는 매우 효과적인 방법은, 여러분의 마음도 문제 해결을 위해 노력하고 있다는 사실을 인정하는 것이다. 이 방법은 여러분 내면에서 떠드는 목소리가 여러분을 보호하기 위해 최선을 다하고 있다는 걸 이해하는 데 도움이 된다. 또 여러분의 마음이 제안한 해결책이 실제로 도움이 되는지 아닌지 평가할 기회가 생긴다.

만약 마음이 제안한 해결책이 도움이 되고 풍요롭고 의미 있는 삶에 가까이 다가가도록 해 준다면 그 지향 행위에 참여할 수 있다. 하지만 마음은 자기 보호 모드에 자주 빠지기 때문에, 그것이 시도하는 해결책 가운데 상당수는 회피 행위를 하려는 충동을 안겨 줄 수 있다. 그걸 깨달으면 '이건 내 마음이 원하는 문제 해결 방안이다. 이것도 괜찮은 방법이지만, 나는 내 가치관에 더 부합하는 행동을 택하고 싶다'고 스스로에게 말할 수 있다.

이건 여러분의 마음이 한 제안을 맹목적으로 따르거나 그걸 업신여기는 것보다 훨씬 효과적이다. 사실 마음은 문제를 해결하려고 애쓴 것뿐이다.

8. 자기 생각을 바보 같은 목소리로 말하라

이 작은 기술을 트라우마와 관련된 생각이나 여러분 자신 혹은 사랑하는 이들의 질병에 대한 생각 등 모든 부분에 다 활용하라고 권하지는 않는다. 하지만 몇몇 생각과 관련해서는 매우 유용할 수 있다.

이 기술은 '나는 일이 잘 풀린 적이 한 번도 없어'나 '내 처지가 늘 이렇지 뭐' 같은 생각에 효과가 좋다. '항상'이나 '절대'라는 말은 사실인 경우가 드물기 때문에, 그 표현을 바보 같은 목소리로 말한다고 상상하는 데 도움이 된다. 여러분이 가장 좋아하는 만화 캐릭터가 그들의 말투로 여러분의 생각을 말한다고 상상해 보자. 스마트폰 앱 가운데 '토킹 톰(Talking Tom)'이라는 앱이 있는데, 여러분이 자기 생각을 말하면 토킹 톰이 우스꽝스러운 목소리로 그 말을 반복한다. 여기서 중요한 점은 만화 캐릭터가 여러분을 조롱하거나 여러분의 생각을 업신여기려는 게 아니라, 좀 더 가벼운 관점에서 그 생각을 볼 기회를 준다는 것이다.

스티븐과 클로다

스티븐과 클로다는 불안감 해소를 위한 모임에 참석했다. 두 사람 다 '난 사람들 앞에서 할 말이 없어'나 '넌 언제나 일을 엉망으로 만들어' 같은 원치 않는 생각이 들 때 이 전략을 사용하기로 했다. 이들은 인간관계와 인맥에 신경을 쓰는 사람들이다. 그래서 그들의 불안감은 대부분 사회적 상황에서 발생한다. 스티븐과 클로다는 이런 생각을 토킹 톰에 말하고, 앱에서 나오는 바보 같은 목소리로 그 내용을 다시 들었다.

이 과정을 거친 후 스티븐은 웃기 시작했다. 그는 토킹 톰이 그의 생각을 다시 말해 주는 게 재미있었고, 덕분에 불안감이 행복한 기분으로 바뀌었다. 그는 집에 머물면서 컴퓨터 게임을 하기로 했고 단기적으로 안도감을 느꼈다.

반면 클로다는 토킹 톰 앱에 자기 생각을 말한 뒤 더 심한 불안감을 느꼈다. 그녀는 '이건 바보 같은 짓이야, 이런 실습은 하면 안 됐어, 나한테 뭔가 문제가 있나 봐' 같은 생각을 했다. 하지만 이 과정은 그녀가 중요하게 여기는 사회적 연결과 관계에 다시 관심을 가질 기회를 주었기에, 단기적으로 불안감을 느끼면서도 밖에 나가 사촌을 만나기로 했다. 클로다는 결국 장기적으로 자기가 한 선택과 자기 자신을 더 긍정적으로 보게 되었다.

'작은 것의 힘'이라는 관점을 통해 눈가리개를 완전히 벗을 수 있는 사람은 둘 중 누구라고 생각하는가? 아마 짐작했을 테지만, 바로 클로다다. 기분이 좋아지고 차분해지기를 바라는 건 당연한 일이지만, 이 방식을 취할 때 우리의 진보를 가늠할 수 있는 진정한 측정 기준은 본인에게 중요한 것과 다시 관계를 맺고 그것이 생각보다 행동을 이끌도록 하는 능력이다.

9. 스토리의 이름을 정하고 자신에게 중요한 것에 접근하라

우리는 한 가지 생각에만 매달리지 않는 경우가 많다. 어느 순간 판단이나 평가, 비교 등의 형태로 진행되는 온갖 종류의 생각이 나타난다. 이렇게 힘든 상황에서는 이야기에 이름을 붙이고 자신에게 의미 있는 것에 접근하면 믿을 수 없을 정도로 도움이 된다.

힘든 상황에서 이야기에 이름을 붙이면 그 상황과 관련된 내면의 가치관이나 목적과 연결될 여지가 생긴다. 다음과 같은 다섯 단계를 통해 자신의 이야기에 이름을 붙이고 중요한 것에 접근할 수 있다.

A. 이 힘든 상황과 관련해 본인이 가지고 있는 원치 않는 판단, 평가, 비교 등을 모두 적는다. 그런 다음 이 종이를 접는다.

B. '앞표지'에 '다시 등장한 _____ 이야기!'라고 적어서 핵심 주제를 알린다. 빈칸에는 '부족한 사람', '끔찍한 가족', '부담감에 짓눌리는' 같은 문구를 적는다.

(주의: 이야기의 제목을 단 두 단어로 요약하는 것이 중요하다. 가끔 고객 중에 '사람들은 늘 나를 실망시키고 결국 언제나 나 혼자 남는다' 같은 장황한 제목을 붙이는 사람도 있다. 이런 식으로 이야기가 너무 길어지면 눈가리개를 벗기기는커녕 눈앞이 더 캄캄해질 수 있다. 그래서 우리는 그 주제를 '실망스러운' 이야기 또는 '의심 많은 나'의 이야기 등으로 줄이는데, 이 안에는 핵심 주제가 잘 요약돼 있다.)

C. '뒤표지' 윗부분에는 이 힘겨운 상황에서 구현하고 싶은 세 가지 자질, 예컨대 연결, 연민, 용기 등의 자질을 적는다. 이것이 여러분에게 정말 중요하다.

D. '뒤표지' 아랫부분에는 이런 자질을 드러낼 수 있는 작은 행동을 세 가지 적는다. 예를 들어, 자기 내면과 연결된 상태에서 세 번 심호흡하거나 사랑하는 사람의 말에 주의 깊게 귀 기울이고 동정적으로 반응하는 것이다. 이런 행동은 여러분의 가치관에 뿌리를 둔 작은 지향 행위들이다.

E. 다음 주 내내 이 종이를 가지고 다니면서 언제 자기가 A와 같은 상황에 휘말리는지 신경 쓴다. 그런 다음, 이야기의 제목(B)과 해당 이야기와 관련해서 본인에게 가장 중요한 것(C와 D)을 인정하는 단계로 돌아간다.

루시

루시는 결혼생활이 파탄 난 것 때문에 아주 심한 압박감을 느꼈다. 결혼생활의 종말과 관련해 남을 혹독하게 비난하지는 않았지만, 스스로 엄청나게 힘든 시간을 보내고 있다는 건 알았다. 루시는 아예 생각을 하지 않으려고 애쓰는 분홍색 코끼리 함정과 이런 생각에 완전히 말려드는 세탁기의 함정 사이를 오락가락하는 것 같았다. 이 상태는 가장 친밀한 이들과의 관계나 교사로서 발휘해야 하는 주의력 수준에 지대한 영향을 미쳤다.

이 과정에서 코칭을 받은 그녀는 자기가 '결혼이 실패했으니까 나는 실패자야' 같은 생각, 수치심이나 후회 같은 감정, 지속적인 긴장성 두통과 목 통증 같은 신체 감각 등 달갑지 않은 여러 내적 경험을 겪고 있다는 걸 확인할 수 있었다. 이런 원치 않는 내적 경험들을 두루 살펴본 그녀는 명백한 주제가 하나 존재한다는 걸 깨달았는데, 그건 바로 이별에 따르는 수치심이었다. 그래서 루시는 이 내면의 이야기를 '이별의 부끄러움'이라고 불렀다. 이 방법은 그녀가 이 내적 이야기에서 벗어나는 데 큰 도움이 되었다.

그녀는 또 이별 과정 내내 내면의 핵심적인 가치관을 깨닫기 위해 향후 어떤 사람이 되고 싶은지 스스로 자문하는 방법으로 한층 더 시야를 넓혔다. 그녀가 파악한 자신의 핵심 실행 원칙은 '아이들과의 관계', '자존감', '친구들에게 마음 열기'였다. 이런 원칙을 파악하고 나자 그녀의 지향 행동을 알아내는 건 비교적 간단했다. 하루에 적어도 10~15분씩 시간을 내서 아이들 한 명 한 명과 시간을 보내고, 매일 5~10분씩 자신의 원치 않는 감정(그런 감정 자체는 이혼에 대한 자연스럽고 유효한 반응이지만)을 확인하고, 매일 최소 한 명 이상의 친구에게 문자메시지를 보내거나 전화를 걸고 매주 한 명 이상의 친구를 직접 만나는 것이다.

이 과정이 예상치 못한 불륜과 이혼 때문에 궤도에서 벗어난 삶을 정상 궤도로 돌려놓는 데 얼마나 중추적인 역할을 했는지는 아무리 강조해도 모자라다. 효과를 발휘하기까지는 시간이 걸렸고, 루시는 하루 세 번씩 한 번에 30초~1분간 이 이야기를 들여다봤다. 처음에는 많은 노력이 필요했지만 시간이 흐르면서 습관으로 자리 잡았다. 루시의 가족과 친구는 물론이고 십 대 아들들도 그녀의 걸음걸이에 새로운 활력이 생긴 걸 알아차렸다.

10. 산책을 하면서 마음을 정리하라

여러분의 마음이 지속적으로 속삭이는 다양한 생각을 녹음한 뒤, 5분 정도 이리저리 걸어 다니면서 생각을 반복해 들으면 도움이 된다. 5분이 지나면, 5분간 더 걸으면서 자신의 오감에 주의를 기울이자. 대개의 경우 이건 불편하면서도 큰 통찰을 안겨 주는 경험이며, 마음이 앗아간 힘을 되찾을 수 있게 도와준다.

존 폴

존 폴도 다른 많은 사람들처럼 매우 자기 비판적이었다. 그는 최근에 벌어진 일이나 몇 년, 혹은 몇 십 년 전에 벌어진 일들을 자꾸 되돌아보면서 끊임없이 세탁기의 함정 주기를 반복했다. 그의 머릿속에는 '왜 그 관계 속에서 다르게 행동하지 않았을까?', '직장에서 일을 너무 심하게 망쳐놨어', '나는 그저 그런 인생 패배자일 뿐이야' 같은 생각이 넘쳐났다. 존 폴에게 산책을 하면서 마음을 정리하는 방법을 제안하자 별로 하고 싶어 하지 않았다. 그는 '그냥 마음에서 벗어나고 싶다'고 말했다. 이건 그가 분홍 코끼리의 함정과 세탁기의 함정 사이를 시계추처럼 오락가락하고 있음을 보여 준다. 이 실습이 본인의 마음에 대한 다른 관점을 갖게 해 주고 그걸 이용해 지금까지와는 다르게 반응할 수 있을지도 모른다는 걸 깨닫자, 한번 해 보겠다고 했다. 그는 이 실습이 힘들다는 걸 알았다. 이 연습을 경험한 다른 사람들처럼, 존 폴도 자기가 스스로에게 말하는 방식대로 다른 사람에게 말하지는 않으리라는 걸 깨닫고 슬퍼졌다. 그는 자기 머릿속의 생각들을 크고 반복적으로 들으니까 약간 어리석게 들리기도 하고 그 중요성도 줄어들기 시작한다는 걸 알고 놀랐다.

시간을 들여 오감을 일깨웠을 때는 평소 제대로 보고 듣고 느끼지 못한 것들을 마음껏 보고 듣고 느끼면서 즐거워했다. 그 후 몇 주 사이에 존 폴은 자기 마음이 분홍색 코끼리의 함정과 세탁기의 함정 사이를 시계추처럼 오갈 때 그걸 알아차리는 능력이 훨씬 좋아졌고 자신의 오감과도 다시 온전히 연결되었다. 덕분에 그는 자기가 관계를 맺고 있는 사람들을 훨씬 잘 의식하고 관심을 기울일 수 있었다. 그리고 존 폴은 이 실습을 시작한 직후에 누군가와 사귀기 시작했고, 낡은 두려움이 다시 모습을 드러내면 연습을 반복했다. 그는 금세 탈출 버튼을 눌러버리는 자신의 무의식적 경향에 저항하면서 대신 자신과 애인에게 연민과 주의, 관심을 쏟는 지향 행동을 계속했고, 결국 이것이 놀랍도록 큰 도움이 됐다.

11. 자기 마음에 고마워하자

'내가 X를 하지 않으면 Y라는 일이 발생할 것이다', '이 사람을 돕지 않으면 다시는 그들이 내게 말을 걸지 않을 것이다' 같은 생각이 머릿속에 떠오른다고 가정해 보자.

이번에 설명할 눈가리개 제거 전략은 이런 생각에 진심으로 감사하는 것이다. 자신에게 이렇게 말해 보자. '고마워, 마음아. 네가 날 도우려는 거 알아. 내가 사람들과 정말 공고한 관계를 맺길 바라는 거겠지. 또 내가 후회할 일을 하지 않도록 말리고 싶을 테고. 정말 고맙게 생각해. 하지만 이번 기회에 뭔가 다른 걸 해 볼 생각이야.'

여러분의 마음이 여러분을 도우려 한다는 걸 인정해 주라는 뜻이다. 여러분 머릿속에서 예전에 나눴던 대화 내용이 재생되고 있다고 생각해 보자. 이 시나리오에서는 다음과 같은 말로 여러분 마음에 반응을 보일 수 있다. '고마워, 마음아, 네가 지금 날 도와주려고 하는 거 알아. 하지만 지금 너한테 주의를 기울인다면, 내가 하는 일에 집중할 수가 없어. 네가 하는 말은 들었지만, 지금 눈앞에 놓인 일에 다시 집중할 거야.'

12. 현실 확인

'너무 부담스러워' 같은 생각을 받아들이거나 거기에 모든 주의를 기울일 때면 자신의 행동이 어떻게 변하는지 자문해 보자. 이런 생각이 떠오를 때마다 시작하거나 중단하는 일이 있지 않은가? 예를 들어 '너무 부담스럽다'는 생각의 경우, 압박감을 느낀다는 생각에 모든 시간과 관심을 기울이다 보면 종종 아무 행동도 하지 않는 상태로 돌아가거나 압박감을 더 가중시키지 않으려고 모든 일에서 물러나기 시작한다. 그래서 중요한 일은 미루고 부담스러운 기분과 관련 없는 다른 일을 시작하거나, 부담감에 직접 맞서서 문제를 한 번에 하나씩 해결하는 걸 그만두기도 한다.

13. 원치 않는 생각에 형태를 부여하라

이런 눈가리개 제거 기술에 대해 처음 듣고 심한 저항감을 느끼는 사람들이 많지만, 그래도 다들 여기서 뭔가를 얻곤 한다. 눈을 감거나 시선을 땅에 고정시킨 상태에서 자기가 원하지 않는 생각이 어떤 모습일지 곰곰이 생각해 보는 것도 도움이 될 수 있다.

'너무 화나' 혹은 '진짜 짜증 나네' 같은 생각을 한다면 그 생각은 어떤 모습일까? 만약 이런 생각에 색이 입혀져 있다면 어떤 색일까? 소리가 난다면 어떤 소리가 날까? 크기는 얼마나 될까? 작게 느껴지는가, 아니면 크게 느껴지는가? 그 생각이 여러분의 목소리로 들리는가, 다른 사람의 목소리로 들리는가?

자신의 생각이 우주 어딘가에 있는 듯한 느낌이 드는가? 여러분의 앞이나 뒤, 옆, 아니면 몸속에 있는가? 움직이고 있는가, 가만히 있는가? 움직이고 있다면, 움직이는 방향과 속도를 알아내라.

그 실습의 목표는 특정한 의미를 도출하는 게 아니라, 자신을 그 생각에 노출시키고 지금까지와는 다른 시각으로 봄으로써 불시에 습격당할 가능성을 줄이는 것이다. 우리는 이걸 약간 다른 렌즈를 통해 보고 있다. 평소에는 그런 생각 때문에 눈이 가려지거나 멀리 밀어내는 데만 몰두해서, 그 생각을 새로운 방식으로 보는 일이 드물다.

오늘의 스몰 스텝

눈가리개 제거 전략 연습

원치 않는 생각에서 벗어나기 위해 가장 마음에 드는 작은 기술을 하나 고른다. 그리고 다음 주에 달갑지 않은 생각에 빠져들 때마다 그 기술을 실행하겠다고 자신과 약속한다.

몇 번이고 이 목록으로 다시 돌아와서 원치 않는 생각에 대응하는 새로운 방법을 찾을 수 있다는 걸 기억하자. 특정한 생각에 대응하는 데 더 도움이 되는 전략도 있다. 모든 사람에게 효과적인 전략은 없지만, 지금까지 우리가 만나 본 이들은 모두 자기에게 효과가 있는 전략을 한 가지 이상 발견했다.

여러분이 지금은 별 매력을 못 느끼는 작은 전략도 나중에 실험해 보면 큰 도움이 될 수 있다. 자기가 가장 큰 저항감을 느꼈던 작은 전략을 이용해서 가장 큰 효과를 거두는 이들을 많이 봤다.

24장
감정의 함정

부정성이 우리를 이기게 놔두기보다는, 지금은 기분이 엉망이라
제대로 들여다보고 싶은 마음도 안 생긴다고 인정하는 편이 낫다.

– 페마 초드론

눈가리개 제거 전략을 이용해 원치 않는 생각에 대응하면서 심리
적 근육을 키울 수 있는 것처럼, 원치 않는 감정에 대응하는 과정에
서도 이 근육을 키울 수 있다.

여러분이 얼마나 크고 풍요롭고 의미 있는 삶을 가꿀 수 있는가
는 원치 않는 감정에 기꺼이 내줄 수 있는 공간의 크기와 직접적인
관련이 있다. 본인의 감정을 느끼고 싶어 하지 않는 사람은 자기가
꿈꾸던 것보다 규모가 작고 제한된 삶에 만족해야만 한다. 따라서
역설적이기는 하지만, 자신의 감정을 제대로 느껴야만 그 감정에
제한을 받지 않고 살아갈 수 있다.

원치 않는 감정과 건전한 관계를 구축하기 위한 몇 가지 훌륭한
전략들을 자세히 살펴보기 전에, 우리 모두가 빠지기 쉬운 감정의
함정을 분석해 보자. 사고의 함정과 비슷한 부분이 있지만 다른 점

도 있다. 그리고 원치 않는 감정이 아니라 원치 않는 느낌에 대응하는 다른 전략들도 있다는 걸 알게 될 것이다.

유사(流砂)의 함정

유사(바람이나 흐르는 물에 의하여 흘러내리는 모래—여주)에 빠지면 어떻게 탈출해야 할까? 빠져나오려고 발버둥칠수록 더 깊이 끌려들어가니까 몸부림을 그만둬야 할까? 꼭 그렇지만도 않다.

몸부림을 멈추면 더 이상 유사에 빨려들지는 않을 것이다. 하지만 거기서 빠져나올 수도 없다. 유사에서 벗어날 수 있는 유일한 방법은 모래 위에 눕는 것뿐이다.

실제로 산 채로 유사에 삼켜지는 모습을 상상해 보라. 몸속의 모든 뼈와 머릿속의 모든 생각이 얼른 거기서 빠져나와 목숨을 구하기 위해 최선을 다하라고 말할 것이다. 하지만 유일한 탈출 방법은 완전히 직관에 어긋나는 것이므로 정말 많은 용기와 믿음이 필요하다.

우리가 원치 않는 감정에 대응할 때도 이와 같은 과정이 따라온다. 원치 않는 감정과 씨름하면 할수록 점점 더 감정에 깊숙이 빨려든다. 때로는 믿음과 용기를 끌어 모아 감정과 온전히 접촉하는 것만이 원치 않는 감정을 뚫고 빠져나갈 수 있는 유일한 방법이다.

감추기의 함정

많은 사람들이 빠지는 또 하나의 함정은 자신의 감정을 무시하는 것이다. 감정적인 반응을 보이지 않는 척하거나 다른 사람이 나를 대하는 방식 같은 삶의 측면이 자신에게 영향을 미치지 않는 척 행동하려고 애쓴다. 이건 마치 바닥에 먼지가 있는 걸 보고도 그냥 카펫 아래로 쓸어 넣어서 숨기는 것과 비슷한 행동이다.

물론 바닥에 떨어진 부스러기를 카펫 밑에 숨기는 정도로는 큰 문제가 되지 않을 것이다. 하지만 카펫 밑으로 쓸어 넣는 물건이 점점 늘어날수록 감춰둔 쓰레기들이 부담스러워진다. 무시하려고 했던 물건들의 더미가 너무 높아지면 어느 날 카펫에 발이 걸려 넘어져 코가 깨질 수 있다.

우리의 감정적 반응은 그 하나하나가 다 중요하고 타당하다. 그걸 무시하거나 부정하려는 시도는 몇 가지 부분에 악영향을 미친다. 첫째, 자신의 감정적 반응을 인정하고 그게 우리에게 가르쳐 주는 걸 배울 기회를 얻지 못한다. 가만히 귀를 기울이기만 하면, 어떤 감정을 통해서든 뭔가를 배울 수 있다. 둘째, 감정을 무시하거나 부정해서 그 감정을 무력화시키면, 시간이 지나면서 더 격해지는 경우가 많다. 따라서 원치 않는 감정이 갈수록 커지고 우리에게 미치는 영향도 커진다. 다음 장에서는 이 책 앞부분에서 만났던 데이비드를 다시 찾아가, 자신의 감정을 계속 카펫 밑에 숨기려고 할 경우 그 감정이 얼마나 크고 압도적인 존재가 될 수 있는지 알아볼 예정이다.

지나친 동일시의 함정

본인의 감정을 무시하거나 부정하거나 카펫 밑으로 밀어 넣는 행동과 달리, 때로는 그 감정과 자신을 지나치게 동일시하는 함정에 빠질 수 있다. 스스로를 우울, 불안, 부담감, 걱정에 휩싸인 사람이라고 말하거나 그런 꼬리표를 붙이기도 한다. 병원에 간 환자가 의사에게 자신을 소개하면서 금이 간 갈비뼈, 부러진 팔, 암이라고 말하지는 않는다. 하지만 내면의 감정을 바탕으로 자신을 묘사하는 경우는 정말 많지 않은가?

이 덫에 걸리면 금세 자신의 행동이나 비행동을 감정과 연결시켜서 정당화하기 시작한다. '글쎄, 나도 그 주 주말에 같이 외출하고 싶긴 한데, 워낙 이것저것 걱정하는 성격이다 보니까 제대로 즐기지를 못할 거야' 혹은 '난 그 파티에 갈 수 없어. 우울증이 너무 심해서 사람들과 어울릴 수가 없거든' 같은 말을 하는 것이다.

물론 불안과 우울증이 존재하지 않는다거나 그게 사람들에게 부정적인 영향을 미치지 않는다고 말하려는 게 절대 아니다. 사실 우리도 개인적으로는 다들 그런 감정을 겪어 봤기 때문에, 개인적인 경험과 직업적인 경험을 바탕으로 볼 때 자신의 감정 상태와 지나치게 동일시하는 일이 계속돼 그게 본인이 하는 일과 하지 않는 일까지 영향을 미치면 상당히 큰 문제가 발생할 수도 있다는 얘기다. 궁극적인 목표는 여러분의 가치관에 부합하는 방향으로 계속 작은 발걸음을 내딛는 것이며, 지금 느끼는 기분과 무관하게 의미 있는 행동을 하는 것이다.

깊은 수심의 함정 재점검

눈가리개 제거 전략을 통해 원치 않는 생각에 대응했을 때와 마찬가지로, 이런 전략을 이용해 깊은 수심의 덫에 바로 뛰어든다면 거기서 헤엄쳐 빠져나올 가능성이 낮다. 사실은 감정에 빠져 죽을 확률이 더 높아진다.

따라서 처음에는 작게 시작하는 게 좋다. 언제나 그랬듯이, 자기관리 영역 내에 계속 머물면서 안전지대를 조금씩 벗어나는 것이다.

감정의 함정에서 벗어나려면

생각의 눈가리개를 벗기 위해 가르쳐 준 작은 기술들과 마찬가지로, 모든 사람이 자신의 감정의 함정에서 벗어나도록 도와주는 작은 기술은 존재하지 않는다. 그런 걸 찾으려다 보면 처음부터 시행착오를 겪을 수 있다.

이런 기술들 가운데 어떤 것은 효과를 발휘해 기분이 좋아지기 전까지는 오히려 기분이 더 나빠질 수 있음을 유념해야 한다. 사실 이 기술의 목표는 여러분의 기분을 좋게 하거나 더 행복하고 차분한 기분을 느끼게 하는 것이 아니다. 현재 벌어지는 일들을 좀 더 온전하게 느낄 수 있도록 돕는다. 이렇게 하면 감정이 보다 나은 삶을 위한 교사가 되도록 허용할 수 있다.

하지만 이런 전략들만으로 기분이 확 좋아진다면, 세상에는 심리학자도 코치도 자기계발서도 필요 없으리라는 게 냉혹한 현실이다.

하지만 이 전략을 연습하는 건 힘들고 또 단기적으로 기분을 확고조시켜 주는 회피 행위도 아주 많기 때문에, 장기적인 고통을 감수하면서까지 단기적인 쾌락과 안심이라는 이익을 택하는 이들이 많다.

우리는 '사람들은 지각이 생길 때까지는 최선을 다한다. 그리고 지각이 생기고 나면 더 잘할 수 있다'는 마야 안젤루(Maya Angelou)의 말을 철저히 신봉한다. 우리는 이런 작은 전략들은 그냥 한 번 시도해 보면서 어떤 경험을 할 수 있는지 알아보는 실험처럼 다루는 게 최선이라는 걸 깨달았다. 이걸 하면 무조건 기분이 나아질 것이라거나 적어도 지금보다는 덜 나빠질 거라고 기대하면서 발을 들인다면, 유사의 함정에 빠질 확률이 매우 높다. 실습하는 동안 음성 안내를 받고 싶다면 우리 웹사이트에서 실습 방법을 안내해 주는 MP3 파일을 받을 수 있다.

이 전략을 활용하기 전에 먼저 시간을 내서 다음과 같은 준비 작업을 해 두자.

1. 자신의 감정에 중요한 정보가 포함되어 있다는 사실을 인정한다.
2. 원하지 않는 감정을 악마처럼 묘사하기보다, 그게 현실과의 격차, 즉 현재 삶과 원하는 삶 사이의 차이를 나타낸다는 사실을 인정한다. 이건 변화가 실제로 도움이 된다는 것을 의미한다.
3. 원치 않는 감정에서 멀어질 때 일어나는 일을 인정한다.
4. 우리의 기본 전략은 대체로 슬픔, 불안, 원한 같은 원치 않는 감정을 거부하는 것이지만, 여기에는 종종 간접비용이 수반되기도 한다. 자신의 상태를 확인하고 기본적인 회피 행위가 무엇인지 알아보자. 특정한 감

정을 피하기 위해 주의를 분산시키거나, 일에서 손을 떼거나, 자멸적인 행동을 하는가? 이런 회피 행위의 단기적, 장기적 효과는 무엇인가?

5. 원치 않는 감정을 향해 움직일 때 발생하는 일들을 인정한다.

6. 직관에 어긋나는 일 같겠지만, 우리가 원치 않는 감정을 받아들이고 의식적으로 그쪽을 향해 움직이는 게 가장 도움이 되는 경우가 많다. 원치 않는 감정에 적극적으로 접근했을 때 어떤 일이 일어나는지 깨닫자. 이런 지향 행위의 단기, 장기적 효과는 무엇이라고 생각하는가?

오늘의 스몰 스텝

감정의 함정에서 빠져나오려는 의욕

다음 장에서는 감정의 함정에서 빠져나오기 위한 스무 가지 작은 기술을 개략적으로 살펴볼 것이다. 이 과정에 참여하고 싶은 의욕을 극대화하려면 본 장에서 설명한 3단계 과정을 수행하자.

평소의 산만함에서 벗어나 조용히 성찰에 잠기거나 '스몰 스텝 다이어리'를 쓰면서 이 작업을 할 수 있다.

다음은 3단계 과정을 간략하게 요약한 것이다.

1. 자신의 감정에 중요한 정보가 포함되어 있다는 사실을 인정한다. 이 감정이 어떤 얘기를 들려주는지 스스로에게 물어 보자.

2. 원치 않는 감정에서 멀어질 때 어떤 일이 벌어지는지 알아낸다. 잠시 하던 일을 멈추고, 자신의 호흡과 몸에 정신을 집중한다.

마음이 차분히 가라앉으면, 자기가 원치 않는 감정에서 벗어나려고 시도했던 방법 세 가지를 떠올린다. 이런 회피 행위에 따르는 장단기적 이득과 고통을 최대한 파악한다. 이런 회피 행위는 단기적으로 안도감을 안겨주는 경우가 많지만, 너무 융통성 없이 굴거나 과도하게 빠져들면 장기적으로 엄청난 대가를 치러야 할 수도 있다.

3. 원치 않는 감정을 향해 움직일 때 어떤 일이 일어나는지 파악하자. 이번에도 잠시 하던 일을 멈추고 자신의 호흡과 몸에 정신을 집중한다. 마음이 차분히 가라앉으면, 무서움을 느끼면서도 원치 않는 감정을 향해 의도적으로 다가갔던 기억을 세 가지 떠올리면서 이런 움직임을 통해 자신의 가치관에 좀 더 가까이 다가갔는지 생각해 본다. 이런 지향 행위에 따르는 장단기적 이득과 고통을 최대한 파악한다. 이런 행동은 단기적으로는 고통이나 불편을 안겨주지만 제대로만 하면 장기적으로 단순한 보상보다 더 많은 걸 얻고, 보다 풍요롭고 성취감 있고 의미 있는 삶에 가까이 다가갈 수 있다.

25장

감정의 함정에서 빠져나오는 작은 기술

우리가 받아들일 수 있는 경계는 우리의 자유에 대한 경계다.

– 타라 브랙

이 장에서는, 책 앞부분에서 데이트와 관련된 사회 불안을 해소하려고 했던 데이비드의 사례를 다시 살펴볼 예정이다. 우리가 마지막으로 만났을 때 데이비드는 일을 엉망으로 만들까 봐 두려워서 데이팅 앱이나 새로운 파트너를 만날 기회를 피하는 현실 회피적인 태도에서 벗어나던 참이었다. 하지만 다른 많은 사람들처럼 데이비드도 자신에게 어울리는 파트너를 찾는 동안 수많은 감정의 함정에서 벗어날 필요가 있었다.

여러분이 자신의 삶에 이런 기술을 활용하는 방법을 이해할 수 있도록, 우리는 관계라는 맥락 안에서 감정과 씨름하는 데이비드를 통해 이 기술들을 살펴볼 생각이다.

정서적 회피

누구나 특정한 감정을 느끼고 싶지 않았던 적이 있을 것이다. 어떤 사람은 분노를 느끼고 싶지 않아서 갈등을 피한다. 또 어떤 사람은 일을 멈추고 한가해지면 최근에 겪은 혼란이나 상실로 인한 슬픔이 자기를 덮쳐 올까 봐 두려워서 계속 바쁘게 지낸다. 또 우리는 사회적 존재이기 때문에, 사람들 대부분이 특히 불편하게 느끼는 감정은 수치심이다.

데이비드는 자기가 먼저 의미 있는 대화를 시작하는 방향으로 몇 걸음 더 나아가는 등 데이트와 관련된 안전지대를 확장하고 있다. 덕분에 실질적인 진전을 보이기 시작했고, 몇 번 데이트한 클레어와 더 깊은 관계를 쌓기 시작했다. 데이비드는 정말 기뻤고 클레어를 매우 좋아했으며 그 관계가 어떻게 진행될지 지켜보면서 흥분했지만, 두 사람이 만날 때마다 데이비드는 점점 심한 불안감을 느꼈다. 상담 시간에 데이트에 대한 데이비드의 불안감을 조사해 보자, 수치심을 느끼지 않기 위해 상황을 통제해야 한다는 생각 때문에 불안감이 생겼다는 사실이 밝혀졌다. 데이비드는 용감하게 밖으로 나와 자신의 가치관을 향해 가까이 다가가는 동안, 어떤 수를 써도 수치심을 피하는 건 불가능하다는 사실 때문에 주눅이 들었다. 그는 자신의 안전지대 밖으로 발을 뻗어 전보다 많은 사회적 상호작용을 하면서 많은 이들을 만났지만, 그 과정에서 일을 망치거나 엉뚱한 말을 하거나 그로 인해 불편한 감정을 느낄 가능성도 대폭 증가했다. 그가 배운 기술을 의식적으로 활용하고 최선을 다해서 실행에 옮겨도, 여전히 데이트 중에 잘못을 저지르거나 일을 망치는 일이 생겼다.

데이비드는 말을 잘못하거나, 서툰 농담을 하거나, 이전 데이트에서 약속한 중요한 일을 잊어버릴 때마다 엄청난 당혹감을 느꼈다. 그 즉시 얼굴이 새빨갛게 달아오르면서 온몸이 땀투성이가 되는 듯했다. 한번은 공황발작을 일으킬까 걱정이 된 나머지, 데이트 상대와 저녁을 먹으며 대화를 나누던 중에 갑자기 자리에서 일어나 테이블을 떠났다. 또 수치심에 대한 두려움을 도저히 참을 수 없었던 어느 날에는 변명을 늘어놓으면서 갑자기 데이트를 끝내기도 했다. 그는 상대방이 데이트에 대해 어떻게 생각하는지 알아보려 하지도 않았고, 클레어와 이런 얘기를 나누면서 그녀의 생각을 들어보려고 한 적도 없었다. 하지만 데이비드는 자기가 클레어를 계속 실망시키고 있으니 언제든 그녀가 자기를 차 버릴 거라고 확신했다.

자기가 두려워하는 걸 피하기 위해서 하는 행동을 본인의 가치관에 가까이 다가가기 위한 행동과 결부시키려고 하면 정말 힘들어질 수 있다. 바로 그런 행동 때문에 가장 두려워하는 것에 직면할 수도 있기 때문이다. 이런 가능성과 마주한 상당수의 사람들은 정서적 고통을 최소화하기 위해서 자신에게 도움이 되지 않는 자멸적인 행동을 취하게 된다. 이런 통제와 회피 전략에 의존하다 보면 시간이 지날수록 지치고 많은 경우 피해도 입는다.

정서적 유연성

  정서적 유연성을 키우면 어려움에 직면했을 때 대응 방안을 선택할 수 있는 자유가 생기므로, 정서적 회피 전략이 추진하는 방향에 관계없이 도전에 맞설 수 있다. 정서적 충동과 무관하게 행동할 수 있는 힘이 있으면, 충동에 대응해 그 감정을 없애려고 하기보다 감정이 경고하는 요구에 직접적이고 유용하게 대응할 수 있는 자유가 생긴다. 이런 식으로 반응하면 감정을 일시적으로 가라앉힐 수 있지만, 근본적인 요구와 문제를 제대로 파악하지 못하면 그 감정이 계속 경고를 되풀이할 것이다. 그게 감정의 임무이다.

  이런 상황이 반복되자 데이비드는 클레어와의 교제를 그만두고 다시 마음의 문을 닫아걸려고 했다. 그는 클레어와의 데이트를 약속 시간 직전에 취소하고, 그 뒤로는 당혹스러운 기분에 그녀의 전화와 문자메시지를 모두 무시했다. 데이비드는 클레어를 정말 좋아했고 자기가 소중한 기회를 날려 보내고 있다는 것도 알았지만, 한편으로는 어떤 일이 있어도 그녀 앞에서 수치심을 느끼고 싶지 않다는 절박한 기분에 시달렸다. 그는 불안감과 수치심을 피해 달아나야 할지, 클레어에게 연락해서 그녀와의 관계가 안겨 주는 모든 감정을 받아들여야 할지 선택해야 하는 딜레마에 빠졌다.

  데이비드는 힘든 상황에서 행하는 일들을 자신의 가치관과 일치시키고, 원치 않는 감정을 밀어내고 싶은 충동에 흔들리지 않기 위해 정서적 유연성을 키워야 했다. 그는 서문에서 소개한 심리적 유연성의 세 가지 핵심 요소를 하나하나 소화해 그걸 자신의 감정에 적용시켰다.

1. 현재에 대한 자각

데이비드의 불안감이 커지자, 그의 머릿속에는 클레어와의 관계가 어떻게 진행될 것인가와 관련해 온갖 최악의 시나리오가 다 떠올랐다. 패배감과 절망감을 느낀 그는 그때부터 마음의 문을 닫았고 감정적으로나 육체적으로나 많이 위축됐다. 하지만 현재 자신의 감정과 생각, 행동에 많이 접할 수 있는 기술을 사용한 데이비드는 결국 한 걸음 물러나서 사태를 보다 명확한 관점으로 볼 수 있게 되었다.

이렇게 균형 잡힌 시각을 얻은 데이비드는 자기 마음이 공상 속의 미래에 대해 수많은 생각과 이미지를 만들어 내고 있지만, 실제로는 일이 어떻게 진행될지 정확히 알 방법이 없다는 걸 깨달았다. 순간적으로 발생하는 생각, 감정, 충동을 비판단적인 시각으로 바라볼 수 있게 된 데이비드는 자기가 진정으로 원하는 것과 그의 두려움이 만들어 낸 미래의 사건들을 좀 더 쉽게 구별할 수 있었다. 웃음거리가 될지도 모른다거나 거절당할 수도 있다는 두려움도 있었지만 그는 클레어와 함께 하기 위해 가능한 모든 노력을 기울이지 않는다면 결국 후회하게 될 것을 마음속 깊이 알고 있었다. 회피적인 행동이 삶에 어떤 영향을 미치는지 분명히 깨달은 그는, 이로 인해 자기 삶이 얼마나 작고 공허해질지 상상하면서 앞으로 다시는 마음을 닫아걸지 않겠다고 결심했다.

이 장에서는 여러분의 감정과 확실히 연결되도록 도와주는 다양한 방법들을 살펴볼 것이므로, 여러분도 이 기술을 직접 연습할 수 있다. 눈가리개 제거에 대해 얘기한 부분을 다시 살펴보면 원치 않는 생각을 인정하고 받아들이는 데 도움이 되고, 언제든 자신의 지향 행위와 회피 행위를 검토하면서 그걸 본인의 행동과 연결시킬 수 있다. 21장 '자신의 오감에 반응하라'에서 다룬 기술들은 현재에 대한 인식을 높일 수 있는 다른 방법들을 많이 알려준다.

데이비드가 감정의 함정에서 벗어나기 위해 사용한 구체적 기술은 다음과 같다. 여러분도 직접 시도해 볼 수 있다.

감정을 객관화하라

여러분이 느끼는 힘겨운 감정이 사물이라고 가정해 보자. 그건 액체인가, 고체인가, 기체인가? 얼마나 큰가? 가벼운가, 무거운가? 온도는 몇 도나 되는가? 어떤 모양을 하고 있는가? 색은? 투명한가, 불투명한가? 표면의 감촉은 어떤가? 뜨거운가, 차가운가? 거친가, 부드러운가? 축축한가, 건조한가?

이 질문에 대한 답은 별로 중요하지 않다. 이 실습은 감정에 휘말리지 않고 그냥 공존할 수 있는 능력을 높이는 데 도움이 된다.

데이비드가 자신의 감정을 객관화시키자, 그는 카펫 아래로 문젯거리를 밀어 넣는 버릇이나 유사의 함정에 빠지는 위험에서 벗어날 수 있었다. 그때까지는 자신의 감정을 계속 카펫 밑에 감춰 왔지만, 이로 인한 지속적인 고민 때문에 결과적으로 거기에 삼켜지는 꼴이 되고 말았다. 이 실습을 하면서, 비록 불편하긴 해도 자신의 감정을 인정하고 공존할 수 있다는 걸 깨달았다.

일상적인 감정 공간 찾기

자신의 감정을 있는 그대로 인정할 수 있는 공간을 만들기 위해 일주일간 매일 5분씩 하던 일을 멈추고 참여할 의향이 있는가? 이 실습은 카펫 아래에 감춰 뒀던 감정이 쌓이고 쌓여 도저히 참을 수도 없고 관리도 불가능한 수준까지 늘어나게 하기보다는 그걸 있는 그대로 인정할 수 있게 도와준다.

이 실습에 매일 소요되는 시간은 자기 삶이 처한 각 지점마다 달라지리라는 걸 알아야 한다. 슬픔이나 사별의 초기 단계에 있는 사람은 그에 수반되는 감정을 위한 공간을 확보하기 위해 더 많은 시간이 필요할 것이다. 하지만 자기감정을 꾸준히 확인하는 게 필수적이다. 날마다 작은 감정적 공간을 허락하는 건 자신의 감정과 실제적인 접촉을 유지할 수 있는 좋은 방법이다.

데이비드는 이 일상적인 연습을 통해 본인의 감정을 카펫 아래로 밀어 넣고 계속 쌓이게 놔두는 버릇으로 돌아가지 않게 되었고, 감정을 객관화한 후에 느낀 이득을 유지하는 데도 도움이 되었다.

2. 다양한 감정을 경험할 수 있는 열린 마음

힘겨운 감정과 마주칠 때마다 마음의 문을 닫거나 물러나는 경향이 있다면, 마음의 문을 열고 지금 그리고 앞으로 경험할 모든 감정을 위한 여지를 만들어 두는 게 좋다. 기본적으로 수용에 필요한 건 이게 전부다. 즉 우리가 경험하는 모든 것을 위한 여지를 만들고 그걸 바꾸거나 통제하거나 없애려고 하지 않는 것이다. 데이비드에게 있어 이것은 수치심 때문에 타인과의 상호작용을 포기하는 게 아니라, 마음을 열고 자신의 어려움을 솔직하게 털어놓으면서 수치심을 느껴도 방해받지 않는 능력을 키우는 것이다.

데이비드가 클레어와 다시 관계를 쌓아 가는 동안, 각 단계마다 불편하고 원치 않는 감정들이 치솟았다. 클레어에게 전화를 걸려고 할 때마다 속이 메스껍고 몸이 떨렸다. 전에는 이런 경종이 울리면 꽁무니를 빼고 도망쳤지만, 이제는 용기를 내 전화를 건다. 클레어를 만나러 나가려고 준비를 할 때면 그의 머릿속에는 모든 일이 엉망이 되어 버리는 이미지가 맴돌았다. 한번은 그녀를 만나러 가는 길에 참기 힘든 불안감이 몰려오는 바람에 길 한쪽에 차를 대고 잠깐 쉬기도 했지만, 집에 돌아가고자 하는 강한 충동에 굴복하지 않았다. 그리고 자기가 최근에 한 행동들을 클레어에게 해명할 때가 되자, 공포와 수치심을 이겨내고 마침내 그녀에게 속마음을 털어놓았다. 데이비드는 전에 한 번도 겪어 보지 못한 원치 않는 경험과 직면할 수 있었고, 어떤 대가를 치러서라도 피하려고 했던 감정들을 헤쳐 나가면서 자신의 행동에 의미 있는 변화를 줄 수 있었다. 여러분이 힘겨운 감정과 공존하면서 동시에 자신에게 중요한 목표를 향해 나아갈 수 있는 유연성을 기르는 데 도움이 되는 기술이 몇 가지 있다.

몸속 깊숙이 숨을 들이마신다

자기가 원하지 않는 강렬한 감정이 느껴질 때, 한 손은 심장에 얹고 한 손은 배에 얹으면 놀라울 정도로 안정을 되찾을 수 있다. 종종 감정이 너무 격해지고 스트레스가 심해져 눈까지 욱신거릴 정도가 되면, 호흡이 꽤 얕아지기 시작한다. 그러니 가슴과 배가 들썩일 만큼 크게 숨을 쉬어서 호흡에 따라 손이 위아래로 오르락내리락하는 게 느껴지는 것을 목표로 삼는 게 좋다. 이렇게 심호흡을 하면 몸속의 안전 시스템이 활성화된다.

격한 감정이 치밀 때 심호흡을 하려면, 뱃속에 있는 풍선을 크게 분다고 상상하면 도움이 된다. 데이비드는 클레어에게 전화를 걸거나 만나기 전에 이 연습을 하곤 했다. 그는 통화하는 동안 가슴과 배에 양손을 얹고 있을 수 있도록 헤드셋으로 전화를 거는 게 좋다는 것도 알게 되었다. 또 레스토랑에서 식사를 하던 중에 가끔 전처럼 도망가고 싶다는 충동이 밀려오면 의식적으로 호흡에 집중했다.

싸움을 중단한다

여러분이 밧줄을 잡고 있는데 양손이 각기 다른 방향으로 밧줄을 당긴다고 상상해 보라. 이렇게 홀로 싸우는 줄다리기를 계속할 경우 여러분의 시간과 에너지, 자원이 어떻게 될 것 같은가?

원치 않는 감정을 느낄 때의 우리는 이런 줄다리기를 하는 것과 마찬가지다. 하지만 감정과 맞서 싸울 때마다 실은 자기 자신과 싸우고 있다는 걸 기억하면 도움이 된다.

가능하면 이런 투쟁을 중단하고, 이게 여러분의 시간과 에너지, 자원에 어떤 영향을 미치는지 알아보기 위한 실험을 해 보자.

데이비드는 실제로 스카프를 이용해 1분 동안 양손으로 스카프를 잡고 각기 다른 방향으로 당겨 봤다. 이 방법은 그의 시도가 얼마나 부질없는 짓이었는지, 그리고 시간과 에너지에 얼마나 무익한 영향을 미쳤는지 깨닫게 해 줬다. 그리고 데이비드는 자기 자신과 싸우면서 겪은 투쟁과 그 투쟁을 포기했을 때 느낀 안도감을 되새기면서 내면의 핵심 가치와 다시 연결시켜 주는 짧은 녹음 파일을 매일 들었다. 이 녹음 파일과 다른 여러 가지 실습을 위한 파일은 우리 웹사이트에 있다.

이런 비유는 데이비드에게 정말 많은 도움이 됐다. 그는 혼잣말을 하기 시작했다. '아, 또 싸우기 시작했네. 그런 싸움은 집어치워.' 그리고 이 방법이 자신에게 얼마나 효과적인지 깨닫고 놀랐다. 이런 행동을 통해 그는 곧바로 유사의 함정에서 벗어날 수 있었다. 그리고 그런 순간을 겪어도 곧바로 클레어와의 연결고리로 되돌아오곤 했다.

적극적인 수용

데이비드는 클레어를 만나기 전이나 데이트를 끝낸 뒤에 마음이 편치 않으면, 20장 '일이 약간 엉망이 되게 내버려 둬라'에서 얘기한 실습 방법을 자주 이용했다. 이 방법은 그가 자신의 생각이나 감정과 지나치게 동일시하는 걸 막고 그걸 그냥 경험의 일부분으로 받아들이는 데 도움이 됐다. 깊은 수심의 함정을 피하기 위해, 데이비드는 이 기술을 처음 연습할 때는 상당히 일상적인 시나리오를 사용했고, 가장 부끄럽고 당혹스러운 상황은 시간이 어느 정도 지난 뒤에 서서히 포함시켰다.

3. 도망치기보다는 진짜 중요한 일에 관여하라

데이비드의 주된 가치관은 중요한 일들을 지향하고, 관계를 회복하기 위해 자기가 할 수 있는 일을 다 하는 것에 초점을 맞추고 있다. 비록 그 과정에서 그가 피하려고 그토록 노력했던 힘겨운 감정들을 겪더라도 말이다.

의도적으로 다르게 행동한다

우리 대부분은 원치 않는 감정을 느낄 때마다 취하는 특정한 행동이 있다. 어떤 사람은 그 감정에서 빠져나오기 위해 할 일을 미루거나 계획을 취소하거나 잠을 자는 등의 회피 행위를 한다. 또 어떤 사람은 주의를 딴 데로 돌리려고 초콜릿을 먹거나 넷플릭스를 몰아서 보거나 일정을 과도하게 많이 잡는 등의 회피 행위에 몰두한다. 그리고 많은 이들이 본인의 삶에서 특히 중추적인 역할을 하는 영역 안에서 이 두 가지를 결합시킨다.

우리가 추천하는 방법은 의도적으로 평소와 다른 행동을 하는 것이다. 항상 바쁘게 지내면서 사방에 주의가 분산되어 있는 사람이라면, 다른 오락거리를 찾기보다는 속도를 늦추고 잠시 쉬는 시간을 가지는 게 좋다. 평소 늘 이불 속에 들어가서 그 감정에 완전히 짓눌린 채 지내는 사람이라면, 5분 동안 그 원치 않는 감정을 아주 적극적으로 받아들이는 게 평소와 다른 행동이 될 수 있다.

이렇게 의도적으로 다른 행동을 함으로써 중도에 가까워질 수 있다.

데이비드는 의도적인 다른 행동과 여기서 설명한 여러 가지 기술을 계속 이용해 클레어와의 관계를 회복했고, 두 사람은 클레어가 일 때문에 런던으로 이사할 때까지 몇 달간 데이트를 지속했다. 처음에는 데이비드도 클레어의 전근에 큰 충격을 받았다. 둘의 관계는 정말 잘 되어 가고 있었고 데이비드는 그녀와 함께 있으면서 그 어느 때보다 편안함을 느꼈기 때문이다. 둘은 장거리 연애를 이어 가면 어떨까 하는 얘기를 나눴고 데이비드도 마음이 끌렸다. 하지만 감정적 유연성을 얻기 위해 적극적인 노력을 계속하던 그는, 결국 이것이 이별의 고통과 다시 혼자 있게 되는 것에 대한 두려움을 피하기 위한 회피 행위라는 것을 깨달았다. 그가 진정으로 원하는 걸 생각해 보면, 그에게 필요한 지향 행위는 가까운 곳에 살거나 그의 고향에 정착하고 싶어 하는 사람을 만나는 것이었다. 데이비드는 클레어와의 관계에서 두려움을 느꼈을 때 익힌 감정 유연성 기술을 계속 활용하면서 자신의 가치관에 따라 데이트를 하고 있다. 그는 이 장에서 살펴본 감정의 함정에서 빠져나오기 위한 기술을 계속 연습하고 있으며, 전보다 훨씬 의식적으로 그리고 점점 더 많은 지향 행위를 활용하면서 데이트의 세계를 누비고 있다.

오늘의 스몰 스텝

감정의 함정 탈출

감추기나 유사, 지나친 동일시의 함정에서 빠져나오려면 여러 가지 기술을 잘 조합해서 사용해야 한다. 먼저 작은 기술을 한 가지 고르고 이걸 최소 세 번 이상 연습한 뒤에 다른 기술로 넘어가는 게 좋다. '스몰 스텝 다이어리'에 진행 상황을 기록한다.

26장
신체적인 느낌 주목, 조사, 해방

자유는 누가 우리에게 주는 것이 아니다. 우리 스스로 일궈야 한다.
일상적인 업무다……. 세상 누구도 여러분이 내딛는 발걸음이나 들이쉬고
내쉬는 호흡에 신경 쓰는 걸 막을 수는 없다.

— 틱낫한

이전 장에서는 감정의 함정에서 빠져나오는 다양한 방법을 살펴봤다. 여기서는 원치 않는 감정 중에서도 특히 강렬한 감정을 어떻게 처리해야 하는지에 대해 좀 더 자세히 다룰 것이다. 감정은 본질적으로 우리 몸에서 벌어지는 사건이므로, 여러분이 감정을 직접 통제할 수는 없더라도 언제 어디서든 그걸 조절하는 데 도움을 줄 수는 있다.

감정은 아무리 고통스럽고 오래 지속된다 하더라도 결국에는 끓어올랐다가 다시 가라앉게 마련이다. 그런 감정이 우리 몸을 관통하게 놔두면서 그 감정이 사라지기 전에 거기서 배울 수 있는 것들에 관심을 기울인다면, 의미 있고 진정성 있는 지향 행위를 통해 반응을 보일 수 있다.

감정과 신체적 지혜

온몸에 흘러넘치는 강렬한 감정에 압도당하면, D.O.T.S. 고통 회피 전략(주의 전환, 손 떼기, 생각의 덫, 자멸적인 행동) 중 하나를 통해 단기적인 문제 해결을 꾀하려는 유혹이 커질 수 있다. 하지만 여러분의 내면에서 들끓는 감정은 어떤 이유가 있어서 생긴 것이므로 자기 몸속에 있는 이런 중요한 정보의 원천과 연결되는 방법을 연습할 수 있다. 그러면 감정 자체뿐만 아니라 감정이 여러분에게 경고하는 문제를 해결하는 데 효과적인 지식과 이해를 활용할 수도 있다.

문제는 때때로 우리의 마음이 이런 자연스러운 과정을 방해한다는 것이다. 감정에 대한 생각과 판단이 마치 북을 두드리듯이 계속해서 다시 감정에 불을 붙인다. 육체적인 감각에 직접 집중하면 이성적인 두뇌를 피할 수 있다.

나중에야 물론 그런 감정을 자극한 게 뭔지 분석하고 문제를 해결하는 게 좋겠지만, 강렬한 감정에 대응할 때는 몸 상태를 재조정할 기회가 생길 때까지 머리는 무시하는 게 낫다. 여러분의 감정을 설명하거나 합리화하는 과정은 전혀 필요 없다. 이 시점에서 가장 도움이 되는 행동은 감정을 받아들이고 최대한 인정해 주는 것이다.

감정이 특히 격하게 느껴지거나 너무 많은 감정이 몰려와서 한꺼번에 감당하기 힘들 때는 다른 일에 집중하기가 어렵다. 우리는 상담 고객들에게 감정 때문에 궁지에 몰린 기분이 들 때는, 우리가 'AIR 시스템'이라고 부르는 방법을 이용해서 자기 몸에 집중하라고 가르친다.

A — 주목(Attend)

I — 조사(Investigate)

R — 해방(Release)

A - 주목

1. 잠시 하던 일을 멈추고, 그 순간 자기 마음속에 생긴 도전적인 감정이나 느낌에 집중한다.

2. 그 감정에 대해 자기 마음이 '이건 너무 심한데', '이건 없애야겠어', '이건 나쁘네' 같은 판단을 내리거나 꼬리표를 다는지 관찰한다.

3. 또 비스킷을 향해 손을 뻗거나, 강한 표현을 담은 이메일을 보내거나, 와인 병을 따는 등의 회피 행위를 통해 그 감정을 밀어내거나 없애려는 충동에 주목한다.

I - 조사

1. 자기가 느끼는 감정을 최대한 자세히 묘사한다. 특히 답답한 가슴, 단단하게 굳은 어깨, 속이 메스꺼운 느낌 등 그 감정이 몸을 통해서 어떻게 드러나는지 설명한다.

2. 그 감정이나 감각이 여러분에게 전달하고자 하는 내용에 조금 더 가까이 다가간다. 지금 이 순간 여러분에게 중요한 것에 대해 무슨 말을 하려는 것일까?

3. 이 정보를 어떻게 사용하면 중요한 것에 가까이 다가갈 수 있는 행동
에 참여할 수 있을까?

R - 해방

1. 자신의 감정과 감각을 받아들이고, 그것이 시사하는 바에 귀를 기울인
다. 또 여러분의 욕구를 일깨워 주고 해야 할 일을 알려 준 것에 감사
한다.
2. 이제 이 감정을 받아들일 넓은 공간을 만들기 위해 자기 내면을 확장
할 수 있는지 알아본다. 호흡에 집중하면서 이런 감각을 가장 강하게
느끼는 신체 부위(아마 가슴이나 복부)를 중심으로 호흡하고, 호흡할 때
마다 그 부위의 긴장이 조금씩 풀리는지 살펴본다.
3. 가슴을 열고 마음을 부드럽게 하면서, 몸에서 그 감정이나 감각을 해방
시키는 걸 목표로 삼는다.

수용은 지금 당장 시작할 수 있는 게 아니다. 건강과 몸매를 유지
하려면 몸에 좋은 식단과 운동 계획을 지켜야 하듯이, 이것도 오랜
시간에 걸쳐 지속적인 연습이 필요하다. 자신의 감정에 의지하는
연습을 많이 할수록, 감정이 여러분을 압도하는 일이 차차 줄고 행
동을 좌우하는 힘도 잃게 된다. 감정이 곧 여러분 자신이 아니라,
여러분이 가진, 생겼다가도 사라지는 무언가가 될 수 있다.

오늘의 스몰 스텝

AIR 연습

AIR의 각 단계를 연습하고 '스몰 스텝 다이어리'에 자신의 경험을 기록하면서 관찰하고 경험한 내용을 최대한 자세히 설명한다. 평소 이 감정에 대응하던 방식과 달라진 부분에 주목한다.

27장
고의적으로 피하던 일을 기꺼이 받아들이자

누군가 다가와서 당신의 가슴에 화살을 쏠 경우,
그 사람에게 소리를 지르는 건 아무 의미 없는 행동이다.
자기 가슴에 화살이 꽂혀 있다는 사실에 주의를 돌리는 게 훨씬 낫다……

– 페마 초드론

많은 사람들이 사로잡혀 있는 미묘한 회피 행위 중 하나는 내재화된 낡은 대본에 따라서 움직이는 것이다. 힘든 상황에 처했을 때 미래 지향적인 태도로 대응하기보다는, 옳거나 정당하거나 공정하다고 생각되는 방식에 사로잡히는 것이다.

우리가 옳거나 정당하거나 공정하다고 여기는 것들은 대부분 지금까지 배운 내용이나 살아온 역사의 산물이며, 이 과정에서 이전의 모든 경험이 뒤섞여 세상에 대한 우리의 의견과 관점, 견해를 형성한다. 우리가 시도할 수 있는 작지만 매우 중요한 변화는, 지금의 제한적이고 경직된 관점을 보다 포괄적이고 삶의 질을 높일 수 있는 관점으로 서서히 확대해 나가는 것이다.

고의적인 회피

대개의 경우 자기 자신보다는 다른 사람의 의도를 파악하는 게 더 쉽다. 우리가 어떤 의도를 품고 있을 때는 일반적으로 올바르게 행동하면서 체면을 지키려고 한다. 타인과의 관계에서 논쟁이나 오해가 발생했을 때 그에 대한 책임을 지기를 거부한다면 그건 고의적인 행동이다. 혹은 상대방이 사과하고 한참 시일이 지난 일에도 '원칙'이 잘못됐다며 불만을 늘어놓는 형태로 나타나기도 한다. 만약 그 일과 관련된 상대방도 고의적으로 책임을 회피한다면, 논쟁이 며칠, 몇 주, 몇 달, 몇 년 혹은 수십 년 동안 계속될 수도 있다.

직장에서 무능하게 보이고 싶지 않다는 이유로 남에게 도움을 요청하지 않을 때도 고의성이 고개를 쳐든다. 결국 우리는 많은 실수를 저지르게 되고, 이로 인해 무능한 존재로 낙인찍히는 두려워하던 결과가 벌어진다.

어떤 행동이 건강과 웰빙에 도움이 될 거라는 사실을 알고 있었거나 남들이 그렇게 말해 줬음에도 그 행동을 거부한다면, 자신의 건강과 웰빙을 고의적으로 망치는 것이다. 어떤 사람은 심장병을 앓고 있으면서도 계속 앉아서만 지내거나 설탕이 많이 들고 소화도 잘 안 되는 음식만 골라 먹을 수도 있다. 또 남들과 고립된 채로 살아가면서 심리적 웰빙을 위해 추천받은 명상이나 다른 심리적 운동을 하지 않는 사람도 있다. 자기에게 꼭 필요하다는 걸 알면서도 말이다.

기꺼이 받아들이는 태도

기꺼이 받아들이는 태도는 스펙트럼상에서 고의적으로 피하는 태도의 반대쪽 끝에 있지만, 이런 태도를 취하려면 자신의 취약성까지 받아들여야 하기 때문에 많은 이들에게 삼키기 힘든 알약 같은 존재다.

일반적으로 우리는 자신보다는 다른 사람의 취약성을 훨씬 많이 받아들인다. 사실 우리 중에는 자신의 취약점을 보호하기 위해 목숨을 걸거나, 심지어 그걸 자신에게도 감추려고 온갖 회피 행위를 하는 이들이 많다. 기꺼이 받아들이는 태도는 가장 고통스러운 감정, 생각, 감각까지 받아들이고 온전히 경험하는 데서 시작된다.

대인관계에서는 이런 태도가, 자기도 논쟁에 한몫했다는 걸 깨닫고 먼저 나서서 화해를 시도하는 식으로 나타난다. 아니면 여러분이 평소에도 자기 잘못이 아닌 일에까지 먼저 사과하는 사람이라면, 동정적이면서도 단호한 태도로 자신을 옹호하는 걸 의미할 수도 있다.

직장에서라면 자기가 틀리거나 실수를 저질렀을 때 그 사실을 바로 인정하고, 내면의 비평가가 사람들이 널 무능하다고 여길지 모르니까 절대 도움을 청하면 안 된다고 우겨도 기꺼이 도움을 청하는 것이다.

건강과 웰빙에 대한 의지는 비록 불편하더라도 자신에게 가장 좋은 일을 하는 것에 열린 태도를 유지하는 것이다. 자신의 습관을 솔직한 시선으로 검토하면서 신체적 또는 심리적인 상태를 안 좋게 만드는 습관을 바꾸기 위해 책임감 있게 노력하는 것도 여기 포함된다. 평생 동안 몸에 밴 습관을 바꾸려면 엄청난 용기와 의지가 필요하다.

기꺼이 받아들이는 태도를 키우는 작은 움직임

고의적인 회피에서 기꺼이 받아들이는 태도로 전환하기 위해 꾸준히 노력하는 동안, 여러분의 삶도 지향 행위를 하나씩 늘려 가면서 계속 확장된다. 상황을 회피하는 건 유혹적인 꾐이다. 완고한 충동에 굴복하면 단기적으로는 기분이 좋을 수 있지만, 우리의 장기적인 꿈과 포부라는 측면에서 보면 결국 도움이 되지 않는다. 반면에 기꺼이 받아들이는 태도는 장기적인 전략을 따르면서 그 순간 그 상황에 필요한 것에 초점을 맞추고, 다른 날을 위해 미뤄 둬야 할 전투를 결정한다.

따라서 사랑하는 사람과 심한 논쟁을 벌이던 중에 갑자기 이 방법을 실천하기보다는, 나중에 상대방이 여러분의 말에 귀를 기울일 가능성이 높을 때, 그리고 여러분도 마음이 가라앉아서 상대를 자극하지 않는 태도로 이 얘기를 꺼낼 수 있을 때까지 기다렸다가 하는 편이 낫다.

기꺼이 받아들이는 태도를 취하려면 여러분의 마음이 말하는 옳고 공정하고 정당한 일보다는 실제로 자신에게 도움이 되고 실행 가능한 일을 해야 한다. 또 원치 않는 감정을 느끼고, 까다로운 일을 고민하고, 불편한 신체적 감각도 감수해야 한다.

이런 자발적인 실천을 통해 인생 경험이 곧 우리의 스승이 되도록 하는 개방적인 태도를 키울 수 있다. 우리의 마음이 아니라 경험이, 여러 가지 사소한 부분에서 우리가 뭘 해야 하고 하지 말아야 하는지를 지시한다. 그리고 이것이 합쳐져서 우리 삶에 지대한 영향을 미친다. 우리는 인생이 제시한 상황에 맞춰서 자신의 관점을 기꺼이 조정하고, 가장 의미 있는 행동에 참여하기 위해 자신의 작은 행동을 바꾸거나 계속 유지해 나갈 것이다.

관점의 변화

우리가 기꺼이 받아들이는 태도를 키울 수 있도록 도와주는 매우 유용한 기술이 있으니, 자기 인생의 시련을 다양한 관점에서 보는 것이다. 원치 않거나 힘든 상황이 발생하는 순간 우리의 방어 체계가 활성화된다. 그 결과 내면에서는 문제를 해결하기 위해 매우 원시적인 방법에 의존하는데, 바로 피해 범위를 제한하고 체면을 살리는 것이다.

이런 원시적인 해결책 대부분은 단기적으로는 기분이 좋아지게 돕지만, 장기적으로는 훨씬 기분이 안 좋아질 가능성이 높다. 관점을 바꾸는 건 우리가 스스로 최선의 결정을 내리고 서서히 의지력을 키우도록 도와주는 놀라운 방법이다. 아래의 기술들은 힘겨운 상황을 겪거나 의지력만으로는 상황에 접근하기가 힘들다고 느낄 때 사용할 수 있다. 우리 웹사이트에는 이 실습의 오디오 버전 확장판이 있다.

관점을 바꾸기 위한 5가지 실습

가장 친한 친구가 여러분과 똑같은 상황에 처해 있다고 상상해 보자. 상황에 대한 인식과 용기, 사랑이 가득한 마음으로 친구에게 어떤 조언을 해 주고 싶은가? 여러분도 그 조언에 따를 생각인가?

확실하고 공정하고 현명한 태도로 여러분을 이끌어 줄 것이라고 믿는 사람을 한 명 고른다. 이제 그가 여러분이 처한 상황을 볼 수 있고, 확실하고 공정하고 현명한 관점에서 여러분에게 조언을 해 준다고 상상해 보라. 그들의 조언을 끝까지 따르자.

지금부터 10년이 지나, 더 나이 들고 현명해진 자신을 떠올려보라. 이제 여러분은 온갖 일들을 다 겪은 뒤 터널 반대편으로 빠져나왔다. 이 나이 들고 현명한 여러분이 지금 이곳에서 힘겨운 상황에 시달리고 있는 여러분에게 보내는 짧은 조언 편지를 써 보자. 그리고 이 조언을 끝까지 따르자.

여러분이 겪고 있는 상황이 (해당되는 경우) 여러분이 아는 10세 미만의 아이에게 일어난다고 상상해 보라. 그 아이에게 어떤 조언을 해주겠는가? 여러분도 그 조언에 따르겠는가?

만약 여러분이 a) 기꺼이 받아들이는 태도, 혹은 b) 의도적으로 회피하는 태도로 상황에 대응할 경우 그것이 단기, 중기, 장기적으로 여러분에게 정말 중요한 것에 가까이 다가가게 해 줄지 아니면 멀어지게 할지 잠시 생각해 보자. 여러분에게 장기적으로 최상의 결과를 가져다줄 가능성이 있는 방법에 따라, 다음에 뭘 할지 결정한다.

오늘의 스몰 스텝

관점 변화를 시도하라

위의 관점 변화 방법들 가운데 하나를 택해서 기꺼이 받아들이는 태도를 발전시킨다. 개중에는 특정 문제에 더 적합한 방법도 있다. 여기서 중요한 건 관점을 바꾼 후에 상황을 기꺼이 받아들이는 행동을 한 가지 찾아내서 직접 실행에 옮기는 것이다.

28장
수치심에서 벗어나 동정심으로

수치심은 우리가 변할 수 있다고 믿는 바로 그 부분을 좀먹는다.

― 브렌 브라운

늘 일이 잘 풀리는 건 아니고, 인생도 항상 계획한 대로만 흘러가지는 않는다. 지향 행위를 할 때도 그게 반드시 쉬우리라는 보장은 없다. 여러분이 인생이 안겨 주는 기회를 많이 받아들이면 들일수록, 통계적으로 볼 때 어떤 일은 잘못하기도 하고 어떤 일은 망치기도 한다. 여러분 내면의 과잉보호 부모가 그런 생각만으로도 비명을 지를지 모르지만, 이러한 경험들도 여러분이 나아가고자 하는 삶의 방향에서 중요한 역할을 한다. 힘들었던 경험을 되돌아보고 자기가 느끼는 불편을 해결하기 위해 애쓴다면, 다음에 지향 행위를 할 때 배운 것들을 활용할 수 있다.

수치심의 사이클

자기비판과 수치심은 자신을 정말 솔직하고 열린 태도로 보는 걸 가로막는 경우가 많다. 우리는 민망해하면서 실수를 이겨 내려고 애쓰지만, 마치 그것만으로는 충분히 고통스럽지 않다는 듯이 몇 년이 지나 또다시 자책할 일을 벌이곤 한다. 이렇게 시간이 지나도, 자신의 실수에 대응하는 다른 방법을 배우지 못한 채 똑같이 쓸모 없는 패턴만 반복하는 수치심의 악순환에 휘말리게 된다.

우리는 실수를 통해 교훈을 얻고 자기가 하는 일을 조정해, 생존을 위한 최선의 기회를 얻기 위해 자기비판을 할 수 있는 존재로 진화했다. 하지만 자기 성찰과 자기 수용이야말로 작지만 의미 있는 방식으로 우리의 성장과 발전을 돕는다. 이런 면이 놀랍도록 강력한 힘을 발휘한다는 연구 결과가 있다. 자기비판과 수치심은 그와 반대되는 영향을 미친다. 불가능할 정도로 높은 기준에 부응하지 못했다는 이유로 스스로를 책망하면 할수록 더 극단적인 대응 방식에 접어든다.

이 스펙트럼의 양쪽 극단은 우리가 극도의 피로를 느낄 때까지 지나치게 몰아붙이거나(무조건적인 전진), 인생과 그것이 주는 도전과 기회에서 완전히 물러서게 한다(일을 미루는 태도). 우리는 인지된 실수와 부족함을 통해 자신을 규정함으로써, 무의식적으로 자신을 수치심의 악순환에 가두고 같은 패턴의 회피 행위를 수없이 되풀이한다. 그러다 보면 결국 자기 인생이 망가진 레코드처럼 느껴질 수 있다.

다음은 자기비판과 수치심이 작용하는 모습을 보여 주는 사례다.

★ 견습 회계사인 아리는 남들에게 유능한 모습을 보이는 것에 집착하고 있다. 그는 자기가 하는 일이 뭔지도 모르는 사람처럼 보일까 봐 두려워서 질문을 하려고 하지 않는다. 그는 실수를 저지르면 곧바로 자신을 비난한다. '다른 견습 직원들은 이런 실수를 하지 않을 거야. 어쩌면 난 회계사가 될 자격이 없는지도 몰라. 난 엉터리 사기꾼이야. 사람들이 내게 넌더리를 낼 테고 곧 직장도 잃게 되겠지.' 아리가 자신을 비난하면 할수록 수치심의 악순환에 더 깊이 빠져들었다. 그 결과, 도움이 필요한 상황이 오면 도움을 청할 가능성이 더 낮아지기 때문에 다시 같은 함정에 빠질 확률이 높다.

★ 루이스는 오랫동안 자기 체중과 씨름을 벌여 왔다. 다이어트로 감량에 성공하기를 간절히 바라고 있다. 그녀는 힘든 하루를 보내거나 사소한 실망감 때문에 불편한 기분을 느낄 때마다, 커다란 누텔라(Nutella) 통과 집에 있는 온갖 달콤한 음식에 손을 뻗는다.

그리고 먹자마자 자아비판이 시작되고 그 목소리가 점점 커진다. '네 모습을 봐, 이 뚱뚱한 게으름뱅이야. 이런 식으로 살다가는 절대로 날씬해질 수 없을 거야. 너한테는 자제력이라는 게 아예 없어. 네가 스스로를 돌보지 못하는데 누가 널 사랑하겠니?'

루이스가 자신을 꾸짖을수록 기분은 더 나빠진다. 이렇게 수치심을 느낄 때면 그녀는 회피 행위를 통해 자신을 규정한다. 결국 자신을 더 싫어하게 되면서 마음의 위안이 되는 단 음식에 계속 손을 뻗는 악순환이 이어지고, 수치심의 악순환도 계속 되살아난다.

★ 릴리아나는 새로운 사람들을 만나고 또 남들 앞에서 말하는 것에 대한 두려움을 극복하기 위해 연극 수업에 참가했다. 하지만 어떤 장면을 연

기해야 하는 순간이 되면 머리가 백짓장이 되는 일이 자주 벌어졌다. 대사를 기억하고 있었는데도 스스로를 질책하는 일도 있었다. 내면의 비평가가 연기를 제대로 못 했다며 혹독한 잔소리를 퍼붓기 때문이다. '넌 형편없는 배우야. 네가 그 대사를 틀리는 바람에 장면 전체가 엉망이 됐어. 이것도 제대로 못 하면서 어떻게 회사에서 프레젠테이션을 하겠다는 거야? 상상했던 것보다 훨씬 못하잖아.'

이런 수치심의 악순환에 빠진 릴리아나는 연극 수업에 흥미를 잃었다. 그리고 자기 생각에만 완전히 몰두한 나머지 수업에 제대로 집중하지도 못했다. 결국 수업을 빼먹기 시작했고, 직장에서는 남 앞에서 말해야 하는 상황을 피할 방법을 찾으려고 애썼다.

연민: 수치심을 없애는 해독제

연구 결과 연민이 수치심과 스트레스, 불안, 우울증을 감소시키는 데 도움이 된다는 사실이 밝혀졌다. 여기에는 스스로의 고통을 인식하고 그 고통을 기꺼이 완화시키려는 노력도 포함된다.

연민 중심의 기술과 실습을 실행에 옮김으로써, 어려움과 도전 속에서도 여러분을 지탱할 수 있는 자기만의 내부 돌봄 시스템을 개발하는 방법을 배울 수 있다. 이 연습은 많은 수치심을 유발하거나 여러분을 매우 자기비판적인 상태에 빠뜨리는 정말 짜증나는 일들에 특히 도움이 된다.

세 가지 종류의 연민

연민의 영역을 구분하면 크게 세 가지 영역이 있다. 자기 자신에게 보이는 연민, 자기가 타인에게 보이는 연민, 그리고 타인이 내게 보이는 연민이다. 우리 인생에 이 세 가지 연민이 모두 존재하면 이상적이다. 좀 더 자세히 살펴보자.

1. 자기 자신에 대한 연민

좋든 싫든, 자신을 좋아하든 싫어하든, 여러분은 언제나 자기 삶의 주인공이 될 것이다. 자신과의 관계는 불가피하게 여러분의 건강과 웰빙, 다른 사람과의 관계, 여러분의 공헌감과 목적의식, 그리고 스스로에게 즐거움을 누릴 기회와 휴식 시간을 허락하는 것에 영향을 미친다. 우리 대부분은 자기 자신과 건전하고 애정 넘치고 자양분이 풍부한 관계를 발전시킬 방법을 배우지 못하는 환경에서 자랐다. 우리 중에는 부모님이나 다른 사람들이 타인의 욕구를 충족시키기 위해 자신의 욕구를 희생하는 모습을 목격하며 자란 이들이 많다.

우리는 이 스펙트럼의 양쪽 끝단에 존재하는 사람들, 즉 항상 다른 사람의 욕구를 자신의 욕구보다 우선시하는 이들과 주변 사람은 거의 또는 전혀 고려하지 않고 자신의 필요만 우선시하는 이들을 떠올릴 수 있다. 이 스펙트럼의 양 끝단 중 어느 쪽도 딱히 건전하다고 할 수 없으며, 우리 자신이나 다른 이들과 견고하고 의미 있는 장기적 관계를 맺는 데 도움이 되지 않는다.

우리가 여러 가지 작지만 일관된 방법으로 타인의 욕구를 자신의 욕구보다 우선시할 경우, 다른 사람이 나보다 더 중요하고 내 욕구는 중요하지 않다는 메시지를 자신에게 크고 명확하게 전달하게 된다. 본인의 욕구를 계속 카펫 아래에 감춰 버리면 충족되지 못한 욕구가 계속 쌓이다가 수동적인 공격 행동으로 표출될 수도 있고, 아니면 더 이상 나눠줄 것도 없는 상태로 완전히 소진돼 버린다.

그 방정식의 반대편 끝에 있는 이들처럼 항상 자기 욕구만 충족시키고 다른 사람들의 욕구는 소홀히 한다면, 너는 이기적이고 자신을 돌보는 것 외에는 그 어떤 일에도 대처할 수 없을 것이라는 외부인들의 메시지와 자기 내면의 메시지를 종종 받게 된다.

연민 가득한 자기 자신과의 관계에는 자기 인식과 자기 성찰, 자기 수용이 포함된다. 우리는 자신의 강점과 문제점을 알아야 한다. 자신의 기분을 북돋우면서 휴식을 취해야 하는 때가 언제이고, 어떤 일이든 수월하게 해내면서 안전지대를 확장하는 것까지 가능한 때는 언제인지도 알아야 한다. 또 매일 자기가 한 사소한 지향 행위와 회피 행위도 돌아봐야 한다. 이런 행동과 비행동이 모두 모여서 우리 인생의 태피스트리를 이룬다. 자기가 통제할 수 없는 것까지 받아들이는 마음과 현재의 삶보다 나은 미래의 삶을 위해 할 수 있는 일이라면 뭐든지 기꺼이 하겠다는 의지도 발전시켜야 한다.

아리가 자신에게 연민을 느끼려면, 본인의 독특한 인생사를 고려하면 항상 유능하게 보이고 싶다는 자신의 욕구가 일리 있다는 걸 깨달아야 한다. 아리의 부모는 겉치레에 매달리는 사람들이었다.

경제적으로 힘든 시기도 있었지만, 절대로 다른 사람들에게 이런 사실을 알리려고 하지 않았다. 아리와 그의 형제자매들은 자급자족하는 법을 배웠고 절대 약점을 드러내지 않았다. 어머니가 우울증에 시달릴 때도 그 사실을 항상 비밀로 했다. 아리와 형제자매들이 본인의 감정 때문에 힘들어 하면, 아버지는 재빨리 '너희의 그런 성격은 절대 친가 쪽에서 물려받은 게 아니다'고 지적했다.

아리는 부모가 하거나 하지 않은 일, 말하거나 말하지 않은 내용, 요구하거나 요구하지 않은 여러 가지 사소한 일들을 통해 이런 모든 삶의 규칙을 내면화했다. 그는 남들에게 나약해 보이는 걸 억제하려는 경향과 자기가 모르거나 이해할 수 없는 것들을 물어볼 때마다 내면에서 강한 위협이 꿈틀댄다는 걸 깨달았다. 그는 자라면서 배우지 못했던 자신을 달래는 법을 배웠고, 수치심의 악순환에 계속 갇혀 있기보다 질문을 던지는 과감한 행동도 익혔다.

2. 타인에게 보이는 연민

타인에게 보이는 연민에는 다른 사람의 고통을 인식하고 그 고통을 완화하기 위해 자신의 능력을 최대한 발휘하는 행위가 포함된다. 물론 타인의 반응은 대부분 우리가 통제할 수 있는 범위 밖에 있다. 하지만 애초에 우리가 타인에게 반응하는 방식은 직접 고를 수 있다.

요즘 사람들은 갈수록 자기중심적이 되어 가고 있다. 일반적으로 이런 자기중심적인 태도와 자기 연민은 다르지만, 가끔 다른 사람들의 인간적인 부분에 무감각해지거나 제대로 보지 못하기도 한다. 소셜미디어와 뉴스 사이트에 달리는 신랄한 댓글만 봐도 이게 무슨 말인지 알 수 있을 것이다.

다른 사람을 판단하고 비난하고 규탄하는 속도가 갈수록 빨라지고 있다. 그리고 그 과정에서 우리와 그들의 공통된 인간성의 일부를 부정한다. 세상을 '우리 vs. 그들'로 나누기 시작하면서 타인에 대한 연민은 물론이고 결국 우리 자신에 대한 연민까지 잃어버린다.

만약 타인에 대한 연민을 늘리려고 애쓴다면, 더 넓고 친절하고 이해심 있는 태도로 동료들을 보기 시작할 것이다. 사람들을 자기 마음대로 가혹한 판단을 내릴 수 있는 단순한 대상으로 보기보다는, 서로를 동료 여행자로 여기기 시작한다. 이 작지만 심오한 변화는 다른 사람뿐만 아니라 자기 자신과 더 나은 관계를 구축하는 데도 도움이 된다. 다른 사람들의 관점을 보고 그들이 어디에서 왔는지 이해하면서 자신의 인간성도 보증받는 것이다.

우리는 실습을 할 때 여러 사람들이 모일 수 있는 단체 모임이나 워크숍을 조직한다. 다들 우울증이나 불안감, 강박장애, 조울증, 중독, 특정 진단 범주에 딱 들어맞지 않는 과중한 부담감 같은 심리적인 어려움을 겪고 있기 때문이다.

우리에게 상담을 받으러 오는 사람들은 대부분 상당한 수치심을 느끼고 있다. 그들은 자신의 사랑스럽고 가치 있는 부분과 동일시하는 걸 힘들어 한다. 또 굉장히 사소하면서도 사방에 만연한 타인의 반응 때문에 어떤 식으로든 열등감을 느낀 탓에, 세상을 매우 비판적으로 보게 되었다.

그룹 워크숍이 진행되는 동안 참석자들은 점점 더 많이 자신의 이야기를 털어놓기 시작한다. 이렇게 안전하고 연민 가득한 환경에서 자기 이야기를 하는 동안, 타인에 대한 연민과 관련해서도 자연스럽게 강한 힘이 생긴다. 그리고 자기와 비슷한 고난을 겪는 이들에게 연민의 감정을 느끼는 사이에 자신에 대한 연민도 느리지만 확실히 커 간다.

루이스는 타인에 대한 연민을 통해 이익을 얻었다. 그녀는 자신의 몸무게와 음식에 대한 태도를 비판할 뿐만 아니라, 다른 사람의 몸무게와 그들이 먹거나 먹지 않는 음식이 뭔지 끊임없이 감시했다. 루이스는 친구들이 살이 좀 빠지면 예뻐 보인다고 칭찬했고, 그들이 살이 찌면 아무런 언급도 하지 않았다.

또 루이스는 화려한 패션 잡지를 자주 훑어보면서 날씬해 보이는 이들에게는 호의적인 마음을 품고 과체중이라고 생각되는 이들에게는 부정적인 반응을 보였다. 루이스는 이런 자신의 인생 경험을 바탕으로 비난을 누그러뜨리고 타인에게 더 많은 연민과 이해심을 발휘하는 방법을 배웠고 인간관계도 개선되었다. 또 본인의 몸에 대해서도 점점 더 깊은 자기 연민을 품었다.

3. 타인이 내게 보이는 연민

누군가 자신을 친절하게 대해주면 눈물이 날지도 모른다는 생각 때문에, 여러분을 껴안으려는 사람을 막은 적이 있는가? 아니면 친구가 해 준 칭찬을 부정하려고 한 적이 있는가? 아니면 여러분이 힘들 때 도와주려고 한 가족에게 괜찮다고 거짓말한 적이 있는가? 이 세 가지 질문 중 어느 하나에라도 '그렇다'고 대답했다면, 여러분은 다른 사람이 자신에게 보여 주는 연민을 제대로 받아들이지 못하는 문제를 겪고 있을 가능성이 높다.

우리 중에는 다른 사람이 자신에게 제공하는 친절을 받아들여야 할 때 극단적이고 때로는 고통스러울 정도의 나약함을 느끼는 이들이 많다. 이런 사람들은 도움의 손길을 받는 것보다 남을 돕는 걸 더 좋아한다.

도움이 필요한 친구에게 기꺼이 도와주겠다고 제안하고 그들도 여러분의 도움을 받아들였던 때를 잠시 떠올려 보자. 그때 기분이 어땠는가? 그 친구를 돕는 게 여러분에게 지향 행위이고, 억지로 떠맡은 게 아니라 자기 의지대로 선택한 일이라면 정말 기분이 좋았을 것이다.

이번에는 하던 일을 잠시 멈추고, 여러분이 보기에 어려움에 처한 친구를 도우려고 했는데 친구가 '걱정 마, 난 괜찮으니까'라며 도와주겠다는 제안을 뿌리쳤을 때를 생각해 보자. 그때 기분이 어땠는가? 이런 상황에서라면 친구에 대한 걱정이 늘어났을 가능성이 있고 여러분의 기분도 좋지 않았을 것이다.

다른 사람에게 동정받는 걸 싫어하는 이들이 많다. 거기에는 수 많은 이유가 있다. 다른 사람의 도움을 받아야 할 경우, 우리 마음은 그 도움의 의미에 대해 좋지 못한 판단을 내리고 이런 판단이 모여서 정교한 네트워크를 이룰 수 있다. 마음의 그 부분은 여러분을 나약하고 게으르다고 비난하기도 하고 실패자라고 여기기도 한다.

또 스스로를 제대로 돌보지 못하면 친구와 사랑하는 이들을 잃게 될 거라고 말하기도 한다. 진화론적인 관점에서 보면 이런 판단은 타당하다. 우리는 생존을 위해 어떻게든 무리에 속해야 했다. 무리에서 쫓겨날지도 모른다는 두려움을 느낄 때마다 마음속에서는 계속 적색경보가 울린다.

그러나 오늘날의 현실에서는 우리 대다수가 타인의 연민을 받아들이는 기술을 배워야 한다. 다른 사람의 연민과 친절을 받아들이는 방법을 배우면 대인관계나 타인과의 유대감이 공고해질 뿐만 아니라도 건강과 심리적 행복도 개선된다. 사랑하는 사람들이 우리를 도울 수 있게 하면, 그들은 우리와 더 가까워진 기분을 느끼고 위안을 얻는다.

릴리아나는 연극 수업에 함께 참여하는 사람들 중에 자기도 예전에 머릿속이 백짓장이 된 경험이 있다면서 그녀에게 공감해 주는 사람의 말을 귀담아 들으면서 새로운 전환점을 맞았다. 처음에 릴리아나는 자기를 위로해 주기 위한 이런 행동들을 뿌리치려고 했다. 그녀의 마음은, 저 사람은 그냥 내 기분을 풀어 주려고 저런 말을 하는 것일 뿐이며 실제로는 비슷한 경험을 한 적이 없을 거라고 속삭였다. 하지만 호기심이 생긴 릴리아나는 다시 수업에 참가했고 같이 강좌를 듣는 다른 사람들에게 더 많은 관심을 기울였다.

그렇게 관심을 갖고 지켜보는 동안, 다른 사람들 중에도 상황에 적합한 말을 찾지 못해 당황하는 이들이 있다는 걸 알아차렸다. 그리고 자기가 실수를 저질러도 세상이 끝나지 않는다는 것도 깨달았다. 그 후 같은 강좌 학생 한 명이 릴리아나에게 속마음을 털어놓자,

그녀는 기꺼이 귀를 기울이면서 서로의 대화에 열중했다. 결국 사람들이 그녀와 공감했던 경험 덕분에 릴리아나는 자신의 인간적인 면모를 깨달았고, 이를 통해 자신의 능력에 대한 자신감도 커졌다.

오늘의 스몰 스텝

연민을 가로막는 장해물 극복

세 가지 형태의 연민 중 여러분이 가장 저항감을 느끼는 연민이 무엇인지 잠시 평가해 보자. 이제…… 다리를 꼬지 말고 똑바로 앉아서 양발로 바닥을 디디고, 눈은 감거나 방 안의 특정한 지점에 시선을 고정시켜 보자. 의자 등받이에서 몸을 살짝 떼고 허리를 꼿꼿이 세운다.

이 자세를 취한 뒤, 잠시 호흡에 완전히 집중하면서 신체적으로나 감정적으로 자기가 어떤 기분인지 확인하기 위해 머리끝부터 발끝까지 자기 몸을 유심히 살핀다.

호흡법을 바꾸거나 어떤 식으로든 조종할 필요는 없다. 자세를 바꿀 필요도 없다. 그냥 지금 자기 몸에서 벌어지고 있는 일에 주목하면 된다.

연민의 장애물을 극복하기 위한 연습을 하기 전에는, 항상 자기 목표에 집중해야 운동 효과를 극대화할 수 있다.

★ 지금 여러분이 취해야 하는 작은 행동은, 개발하고자 하는 연민 형태

에 기꺼이 참여하려고 애쓰는 것뿐이다.

★ 자신에 대한 연민의 경우, 자기가 베푸는 친절과 지원을 자기 자신에게까지 확장하는 모습을 상상해 보자. 그건 자신에게 친절한 말을 건네는 것일 수도 있고 심장이나 배에 손을 얹는 것일 수도 있다. 힘든 상황이 닥칠 때마다 여러분 자신의 지원을 받는다고 상상해 보라.

★ 타인에게 보이는 연민의 경우에는 친절과 지원을 다른 사람에게로 확대하는 모습을 상상하면 된다. 실험 대상으로 삼을 사람을 한 명 고르는데, 여러분의 안전지대에서는 약간 벗어나 있지만 자기 관리 구역 안에는 확실하게 포함되어 있고, 예전에 사소한 갈등을 겪은 적이 있을지도 모르지만 완전히 싫어하지는 않는 사람을 골라야 한다. 그 사람에게 친절한 격려의 말이나 포옹, 칭찬을 해 주는 모습을 상상해 보자. 여러분이 평소 억제했던 친절함을 나눠 주는 모습을 상상하면 된다.

★ 타인이 내게 보이는 연민의 경우, 다른 사람이 여러분에게 친절과 도움을 건네도록 허락하는 모습을 상상해 보자. 여기서도 실험 대상으로 삼을 사람을 한 명 골라야 하는데, 여러분의 안전지대에서는 약간 벗어나 있지만 자기 관리 구역 안에는 확실하게 포함되어 있고, 평소 그 앞에서 나약한 모습을 보이는 게 불편한 사람이어야 한다. 그 사람이 여러분을 포옹하거나, 친절한 응원의 말을 해 주거나, 칭찬하는 모습을 상상해 보라. 그리고 그걸 받아들이는 여러분의 모습도. 여러분이 평소에 거부하던 지원과 친절함을 완전히 받아들인다고 상상하면 된다.

29장
자신의 길을 적어라

우리가 글을 쓰는 건 뭔가를 말하고 싶어서가 아니다.
할 말이 있어서 쓰는 것이다.

― F. 스콧 피츠제럴드

우리는 글쓰기를 중요한 스몰 스킬로 여기며, 대다수의 사람들은 글쓰기를 많이 하면 거기서 이익을 얻을 수 있다고 믿는다. 우리가 글을 쓸 수 있는 소재는 매우 다양하다. 자신의 고난에 대해 쓸 수도 있다. 자기가 감사히 여기는 것에 대해 쓸 수도 있다. 자신의 삶에 대해서 쓸 수도 있다. 다른 사람의 삶에 대해 쓸 수도 있다. 현실에 대해 쓸 수도 있다. 자기 마음속에서 창조한 완전히 허구적인 세계에 대해 쓸 수도 있다. 하루에 단 몇 분씩이라도 글을 쓰면 건강과 활력, 창의력, 목표 의식, 공헌감에 큰 도움이 된다.

자신의 지향 행위와 회피 행위 기록

우리는 상담을 진행하는 사람들에게 지향 행위와 회피 행위의 관점에서 지금 막 지나간 24시간과 앞으로 다가올 24시간을 살펴볼 수 있도록 매일 5분씩 시간을 내라고 요청한다.

이를 위해 매일 같은 시간을 고르고 또 기존의 잘 정착된 습관을 중심으로 계획을 세우라고 제안한다. 그래야 여러분이 이 작은 노력을 지속할 가능성이 극대화된다.

이 사소한 작업이 우리에게 상담을 받으러 온 많은 이들에게 획기적인 변화를 일으켰다. 우리는 자기가 항상 똑같은 낡은 패턴을 반복하고 있다는 사실을 종종 깨닫지만, 그걸 어떻게 해야 하는지 혹은 어떻게 변화시켜야 하는지 모르기 때문에 무력감을 느낀다. 날마다 자신의 지향 행위와 회피 행위를 기록해 두면 지각 능력이 향상되고 자기 삶에 큰 영향을 미칠 수 있는 작은 변화를 깨달을 수 있다. 이 과정에는 불편한 감정을 기꺼이 감수하는 것도 포함된다. 우리 대부분은 자기 인생에서 잘못되어 가고 있는 부분을 보고 거기에 책임을 지는 걸 좋아하지 않기 때문이다.

15분 동안 머리에 떠오르는 것 전부 쓰기

끊임없이 주의가 흐트러지기 쉬운 요즘 세상에서는 자신의 생각과 의견을 해석할 수 있는 공간을 찾기가 극히 어렵다. 다른 사람의 생각과 의견을 언제나 듣고 있는 까닭에, 매일 자기 머릿속에 떠오르는 생각을 전부 적을 수 있는 시간과 공간을 마련하면 기분전환이 될 수 있다.

이곳은 자신의 하찮은 모습까지 다 내보일 수 있는 공간이다. 누군가의 감정을 상하게 할까 봐, 혹은 다른 사람들이 어떻게 생각할까 걱정돼서 입 밖에 낼 생각도 하지 않았던 일들도 다 적을 수 있다. 하루 15분의 이 시간은 여러분 마음에 있는 생각을 방송할 수 있는 자리다. 그리고 머릿속에 있는 생각이 전부 하찮고 부적절하고 그냥 징징거리는 내용뿐이더라도 그건 전부 좋은 글감이 된다.

스스로 그 사실을 인식하든 못 하든, 우리 마음은 끊임없이 판단하고 평가하고 비교한다. 이런 내면의 경험을 외부 세계의 페이지에 적다 보면 원치 않는 생각에서 벗어나고, 끊임없이 다시 나타나는 패턴을 인식하고, 자신의 가치관과 취약점을 식별하는 데 도움이 된다.

매일 감사하게 여기는 3가지 작은 일과 자신을 힘들게 하는 3가지 작은 일 적기

자기가 감사함을 느끼거나 감탄하는 삶의 측면에 대해 매일같이 감사 목록을 적으면 도움이 된다는 얘기를 들어 본 사람이 많을 것이다. 하지만 주변 상황을 도저히 감당할 수 없는 기분일 때 감사하는 세 가지를 적는다는 건 자기 관리 영역에서 완전히 벗어난 일이며, 이롭기보다는 오히려 해가 될 수도 있다.

'작은 것의 힘' 방식에서는 균형이 가장 중요하다. 항상 우리 삶의 달콤한 부분과 힘겨운 부분을 인정하고 그 사이에서 균형을 잡는 게 최선이다. 또 감사한 일이든 힘든 일이든 그 내용이 사소해야 한다는 주의사항을 덧붙이므로, 많은 이들이 자신과 자기 삶에 부여한 믿을 수 없을 만큼 높은 기대를 해소하는 데도 도움이 된다.

작은 감사의 순간들을 인정하면, 자기가 감사하는 것들에 대한 인식이 높아진다. 미소나 맛있는 커피 한 잔, 혹은 맑은 날씨에 대한 감사처럼 그 대상이 단순할 수도 있다. 마찬가지로, 자기 삶의 작은 스트레스 요인들을 인정하면서 그걸 검증할 수 있다. 교통체증에 갇히거나, 전기 요금이 생각보다 많이 나오거나, 발가락이 어디 끼였다고 적을 수도 있다. 이 연구는 제대로 인정받지 못한 작은 스트레스 요인이 우리가 훨씬 잘 아는 큰 스트레스 요인들만큼이나 많은 영향을 미칠 수 있다는 걸 보여 준다.

검열하지 않는 편지 쓰기(보내지 않을 편지)

우리가 많은 이들에게 사용한 또 하나의 아주 효과적인 도구는 슬픔, 분노, 좌절, 억울함 같은 원치 않는 감정을 그런 감정을 품게 된 원인으로 파악된 사람에게 검열 없는 편지를 쓰면서 쏟아붓는 것이다.

강렬하게 치미는 원치 않는 감정 때문에 유사의 함정, 감추기의 함정, 지나친 동일시의 함정에 빠지는 사람들이 많다. 여러분이 그런 감정을 품게 된 원인을 제공한 이들에 대한 생각을 검열하지 말고 모두 적어 보면 그 함정에서 빠져나오는 데 도움이 된다. 여러분이 느끼는 감정이 지금까지의 학문과 인생사에서 벌어진 또 다른 사건과 관련 있다는 걸 깨달을지도 모른다.

이 검열되지 않은 편지는 보내지 않는 게 좋다는 건 말할 필요도 없다. 이건 여러분만을 위한 것이다.

나이 많고 현명하고 동정심 많은 자신이 보내는 편지 쓰기

매우 틀에 박힌 생활을 하고 있고 현재의 생활에 완전히 짓눌려 있다고 느낄 때는, 여러분이 겪은 일 모두와 그 이상의 일들을 겪은 뒤 자신의 가치관에 부합하는 더 강한 모습으로 진화한 나이 많고 현명하고 동정심 많은 자신과 연결된다고 상상하면 매우 유용할 수 있다. 나이 든 본인이 현재의 본인에게 보내는 편지를 쓰면서 경험 과 자기애의 장점을 활용해 보자. 이런 관점에서 상황을 보면 선택 권이 더 많아진다.

과거에 겪은 고난에 대해 쓰기

사별, 많은 부담감에 짓눌렸던 시기, 이별, 상실 등 살면서 겪은 고난을 되돌아보고 글을 쓰는 게 도움이 된다는 사람들이 많다. 그 런 어려운 경험에 대한 글을 쓰면 본인의 경험을 이해하는 데 도움 이 되고, 이를 통해 많은 사람들이 정상화와 검증의 과정을 거칠 수 있다.

이때 중요한 건 자신의 가치관에 순응하면서 그걸 기준으로 지향 행위를 선택한다는 것이다.

소설 쓰기

창의적인 글쓰기는 여러 단계에서 도움이 되는 과정이다. 비록 여러분의 마음은 글쓰기 실력이 부족하다고 속삭이더라도, 소설을 쓰면 새로운 세계를 창조할 기회가 생긴다.

어떤 소설은 여러분이 경험한 삶이나 과거에 겪은 어려움에 대략적으로 초점을 맞출 수도 있다. 이렇게 매일 잠깐씩 시간을 내서 소설을 쓰면 많은 사람들이 더 안전하다고 느끼는 방법으로 자신의 과거 경험 일부를 처리할 수 있다. 허구의 이야기를 쓰기 때문에 자신의 경험에서 한 걸음 물러날 수 있고, 이를 통해 글쓰기 과정이 자기 관리 영역 안에 더 확고히 자리 잡게 된다.

때로는 여러분이 목격한 경험, 사랑하는 사람에게 벌어진 사건이나 에피소드, 여러분이 열심히 하는 일 등이 허구의 프로젝트를 위한 씨앗처럼 나타나기도 한다. 이것도 여러분 내면의 핵심 가치관과 취약성을 식별하는 데 도움이 된다.

가끔은 허구의 내용이 SF 소설이나 디스토피아, 판타지 세계 등으로 발전할 수도 있는데, 다시 말해 상상력이 현실의 한계를 뛰어넘어서 확장되는 것이다. 이런 확장은 여러분이 일상에서 하는 행동이 추가적으로 확장되었다고 해석할 수 있다.

자기가 쓴 글을 공개하는 것과 관련하여

여러분이 쓴 글을 다른 사람이 볼 수 있도록 공개할 때마다 감사나 인정, 정상화, 수용 등의 가능성이 생긴다. 하지만 그와 동시에 안타깝게도 불인정이나 마음을 상하게 하는 비판, 수치스러운 경험을 할 가능성도 생긴다.

여러분이 쓴 글을 공개하지 말라는 경고를 하려고 이런 말을 하는 게 아니다. 다만 자기가 쓴 글을 공개하기 전에 먼저, 원치 않는 생각에 대한 눈가리개 제거 전략과 감정의 함정에서 벗어나기 위한 작은 전략부터 실행해 보라고 권하고 싶다.

많은 이들에게 있어 자기 글을 공개한다는 건 꽤 많이 자신을 노출시키는 행위이므로 평소보다 훨씬 취약해진 기분을 느끼게 된다. 만약 여러분도 그렇다면, 그런 사람이 세상에 여러분 혼자만이 아니라는 걸 알아 두자.

정말로 자기 글을 공개하고 싶다면 '작은 것의 힘'의 각 단계를 최대한 열심히 연습하고 공개하는 분량과 공개 대상도 점진적으로 늘려야 한다.

오늘의 스몰 스텝

글쓰기 과제를 하나 선택하자

자신의 가치관과 지금 이 책을 읽고 있는 이유를 제대로 알아야 한다. 여러분의 중요한 가치관을 기준으로 삼고 또 자기 관리 영역에서 벗어나지 않은 상태에서, 위의 글쓰기 과제들 가운데 어떤 것이 가장 중요한 지향 행위가 될지 선택한다. 10~15분 정도 시간을 내서 '스몰 스텝 다이어리'에 글을 쓴다. 그리고 이 실습을 일주일 동안 매일 한 번씩 해 보자.

30장
간단한 능동적 성찰

우리가 정말 멈춰야 하는 순간은 멈추는 게 더없이 견디기 힘들 때다.

— 타라 브랙

우리는 실습에 참가한 고객들과 워크숍 참석자들에게 매일 활용할 수 있는 간단한 능동적 성찰 방법을 가르쳐 준다. 간단한 능동적 성찰은 하나당 5~10분 정도가 소요되며, 이 방법을 꾸준히 활용한 이들의 피드백에 따르면 새로운 관점을 얻는 데 큰 도움이 된다고 한다.

살다 보면 부담스러운 상황에 처했을 때 인간의 자연스러운 성향이 드러나는데, 특히 자신의 통제권에서 벗어난 일들이 많거나 해결할 일이 너무 많아서 동시에 처리하는 게 불가능할 때 그런 경향이 두드러진다. 이건 여러분에게 문제가 있어서가 아니라 그냥 우리 인생이 원래 그렇다.

다행스러운 일은 이런 간단한 능동적 성찰을 통해 여러분이 겪는 일을 어느 정도 이해할 수 있고, 또 지금 직면한 부담스러운 상황에서 어떤 스몰 스킬을 활용해야 하는지도 알려 준다는 것이다. 본 장에서는 우리가 좋아하는 간단 반사법을 5가지 알려 줄 텐데, 삶에 짓눌리는 기분이 들 때 도움이 될 것이다. 다양한 실습에서 반복되는 연습 과정이 몇 가지 있다는 걸 깨닫게 될 것이다. 이건 의도적인 장치다. 인간의 뇌와 관련해서 기억해 둬야 할 중요한 사실은, 우리 뇌는 비슷한 과정을 몇 번이고 반복해서 사고 습관으로 정립시킬 필요가 있다는 것이다.

어떤 사람들은 이 지시 사항을 오디오 파일로 듣기를 선호한다. 우리 웹사이트에서 각 연습 과정의 오디오 버전을 제공하고 있다.

모든 간단한 능동적 성찰의 시작점

간단한 능동적 성찰은 전부 똑바로 앉아서 경계하는 자세로 진행해야 최선의 결과를 얻을 수 있다. 누워서 연습하면 몽상에 빠지거나 잠들 확률이 높은데, 현재의 부담스러운 상황에 필요한 대안적 관점에 접근한다는 측면에서 볼 때 별로 이상적이지 못하다.

다리를 꼬지 말고 양발이 바닥에 닿은 상태에서 눈을 감거나 방 안의 특정 지점에 시선을 고정시키는 게 좋다. 의자 등받이에서 몸을 살짝 떼고 허리를 꼿꼿이 세운다.

이 자세를 취한 뒤, 잠시 호흡에 완전히 집중하면서 신체적으로나 감정적으로 자기가 어떤 기분인지 확인하기 위해 머리끝부터 발끝까지 자기 몸을 유심히 살핀다.

호흡법을 바꾸거나 어떤 식으로든 조종할 필요는 없다. 자세를 바꿀 필요도 없다. 그냥 지금 자기 몸에서 벌어지는 일에 주목하기만 하면 된다. 이 연습을 최대한 활용하려면 간단한 능동적 성찰을 시작하기 전에 반드시 자기 목표에 집중해야 한다.

시나리오마다 거기에 적합한 간단한 성찰 방법이 존재한다. 우리는 여러분 인생의 다양한 시나리오에 가장 적합한 능동적 성찰을 찾을 수 있게 도울 것이다

평온한 도전

활용 시기: 이 연습은 상황에 완전히 짓눌리는 기분이 들 때 가장 적합하다. 마음과 관심이 계속 인생의 특정 상황, 예를 들어 대인관계나 직장에서 어려움을 겪었던 순간으로 돌아간다면, 이 능동적인 성찰을 통해 현재 시나리오의 각 부분에 필요한 작은 기술을 찾을 수 있다.

성찰: 자신에게 집중하면서, 이 성찰의 바탕에 깔린 본인의 의도를 최대한 자세히 파악한다. 보통은 살면서 고난을 겪을 때만 이런 평온한 도전을 하려는 동기가 생긴다.

여러분이 현재 처한 상황을 생각했을 때 도저히 바꿀 수 없는, 받아들여야만 하는 측면은 무엇인가? 이 측면에는 여러분 본인의 생각과 감정, 본인의 신체적 감각, 타인의 생각과 감정, 타인의 신체적 감각, 행동, 그리고 여러분 자신의 과거와 미래의 행동 등이 포함된다. 현재 여러분이 처한 상황의 어떤 부분이 통제 범위에서 벗어나 있는지 주의 깊게 살펴보자.

지금 여러분이 겪고 있는 것과 같은 일을 친한 친구가 겪을 때, 여러분이 그 친구에게 보여줄 사랑과 배려, 친절을 자기 자신에게 베풀 수 있도록 최선을 다하자. 지금 당장 자신에게 연민을 느낄 필요는 없다. 필요한 건 연민의 정을 자신에게까지 확대하는 모습을 상상하려는 의지뿐이다.

그런 다음 숨을 내쉬면서 연습의 이 부분을 부드럽게 풀어내고, 몇 차례 정신을 집중해서 호흡한다.

평온한 도전의 두 번째 부분은 자기 힘이 미치는 것들을 변화시킬 용기를 갖는 것이다. 최선을 다해서, 지금 어떤 작은 변화를 시도해야 현재 상황에서 긍정적인 변화를 이룰 수 있는지 알아보자. 이건 여러분이 자기 자신과 사랑하는 사람들, 직장 동료들, 눈앞의 특정한 과제 등에 반응하는 방식과 관련 있을 수도 있다. 여러분 쪽에서 용기를 내야 하고 심지어 단기적인 고통까지 야기할 수 있지만, 그래도 장기적으로는 이득이 되고 힘도 되찾을 수 있는 작은 행동들에 주목하자.

그런 다음 숨을 내쉬면서 연습의 이 부분을 부드럽게 풀어내고, 몇 차례 정신을 집중해서 호흡한다.

마지막으로, 변화시킬 수 있는 것과 없는 것의 차이를 알아내기 위한 지혜를 구한다. 수용과 자기 연민을 실천해야 하는 건 언제고, 용기와 가치 있는 행동을 통해 이익을 얻는 건 언제인가?

이 두 가지는 불가분의 관계일 때가 많다. 수용을 실천하려면 마음속에서 넌 그럴 자격이 없다고 속삭이는 소리가 들려도 무시하고 스스로에게 연민을 베풀 수 있도록 용기를 내야 한다. 우리는 용기 있는 행동을 할 때마다, 우리 마음이 상기시킬 수 있는 수많은 자기 제한적 생각에 대해 수용과 자기 연민을 실천해야 한다. 마음은 과잉보호 부모처럼 구는 경향이 크며 때로는 자기 비판적이기도 하다.

바꿀 수 없는 것들을 받아들여야 하는 부분과 가능한 것들을 바꾸기 위해 용기를 내야 하는 부분을 되돌아볼 공간을 마련하자. 시간이 지나면, 그 차이를 구분하는 지혜가 생길 것이다.

이 연습을 마치기 전에, 힘을 되찾기 위한 연습에 적용할 수 있는 작은 행동을 하나 생각해 두면 좋다. 그리고 다음에 언제 또 이 간단한 성찰을 할 예정인지 정해 둬야 한다. 자기에게 필요한 걸 전부 얻으려면 날마다 연습해야 한다.

그리고 준비가 되면 원하는 순간에 눈을 뜨고 부드럽게 스트레칭한다. 자리에서 일어나기 전에, 이 간단한 성찰을 통해 기분이 어떻게 달라졌는지 잠깐 확인하고 어떤 상황에서든 용기 있고 지혜롭게 행동하겠다는 목표를 세운다.

5분간의 노력과 자신감 상실

활용 시기: 이 간단한 성찰은 안전지대에서 지속적으로 벗어나기 위한 작고 일관된 행동을 만들고 싶을 때 가장 알맞다. 또 본인이 실행할 지향 행위를 직접 정해 놓고는 잘 지키지 않는 경우에도 매우 도움이 된다. 이 연습은 처음부터 신뢰 수준을 평가할 수 있게 해 주므로, 좀 더 지키기 쉬운 지향 행위로 바꾸거나 끝까지 실행할 가능성을 극대화하기 위한 여건을 몇 가지 마련할 수도 있다.

성찰: 자신의 호흡과 몸에 최대한 집중하면서 본인의 의도를 파악한다. 하루에 단 5분씩이라도 안전지대를 벗어날 수 있다면, 지금 당장 성찰해서 가장 큰 이득을 얻을 수 있는 건 무엇일까? 어떤 사람에게는 일을 더 많이 하는 것일 테고, 어떤 사람에게는 일을 적게 하는 것일 거다. 어떤 행동을 하루에 5분씩 꾸준히 할 경우, 그게 가장 도움이 되는 부분은 어디일까?

매일 5분씩 점진적으로 효과가 쌓이는 지향 행위에 꾸준히 참여하는 것이 어떤 일을 일주일에 한 번, 한 시간씩 하는 것보다 낫다. 그러니 자기가 전혀 부담을 느끼지 않으면서 매일 5분씩 기꺼이 할 수 있는 일을 한 가지 생각해 보자. 하던 일을 전부 멈추고 쉬는 것일 수도 있다. 원치 않는 생각에서 벗어나거나 감정의 함정에서 탈출하는 연습일 수도 있다. 자신감 넘치는 모습으로 어떤 훈련을 하거나 글을 쓸 수도 있다. 뭐든 여러분이 원하는 대로 하면 된다. 여러분의 삶에 가장 큰 영향을 미칠 수 있는 일은 무엇인가?

다음 주에 꾸준히 해 보겠다고 결심한 행동을 골랐으면, 이제 본인의 자신감 수준을 확인해 보자. 1부터 10까지 점수를 매긴다면, 그 행동을 끝까지 해낼 수 있다는 자신감이 얼마나 되는가? 만약 점수가 8점 이하라면 목표를 바꿔서 다른 일을 하는 편이 나을지도 모른다. 여러분을 이 5분 행동으로 이끌 수 있는 좀 더 작은 행동일 수도 있고, 진행 상황을 확인해 줄 친구를 끌어들이거나 전화기에 또는 집 곳곳에 포스트잇을 붙여 놓는 등 행동을 뒷받침할 기반을 마련하는 방법도 있다.

점수가 8점 이상이더라도, 매일 5분씩 그 일을 꾸준히 할 가능성을 최대한 높이려면 어떤 준비를 해야 하는지 생각하자. 여러분을 가로막는 전형적인 장애물과 회피 행위를 미리 알고 있어야, 그런 장애물이 나타났을 때 바로 알아차리고 실체를 직시할 수 있다. 예를 들어, 어떤 이들은 바쁘게 지내다가 지향 행위에 참여하는 걸 잊는 경향이 있다. 이 경우, 그 일을 해야 한다는 걸 상기시켜 주거나 다른 이들의 도움을 받는 것과 관련해 위에 설명한 것과 같은 지원 시스템을 이용하면 좋다.

우리가 집착하는 것들에 대한 연민

활용 시기: 이 연습은 몸에 긴장이 많이 쌓이거나 몸을 혹사하는 느낌이 들 때 하면 아주 좋다. 여러분의 생각이 끊임없이 빙빙 돌아가는 세탁기의 덫에 걸려 삶의 중요한 측면들과 단절될 지경일 때 도움이 된다.

성찰: 최대한 호흡에 집중하면서 자기 몸 상태를 살펴서, 지금 이 순간 뭔가에 집착하고 있다면 그게 무엇인지 알아낸다. 때로는 얼굴이나 몸에 드러나는 긴장감 때문에 자기가 뭔가에 집착하고 있다는 사실을 알아차리기도 한다.

자기가 집착하는 대상이 뭔지 잘 모르겠다면, 지난 한 주 동안 자신에게 무슨 일이 있었는지 생각해 보자. 아마 자기 삶의 어떤 부분, 즉 일이나 건강, 개인적인 성장, 여가 활동 같은 부분에서 힘든 일을 겪었을 것이다.

삶의 어느 순간에든 우리는 모두 뭔가에 매달리고 있다. 꽤 최근에 일어난 일일 수도 있고, 어쩌면 훨씬 더 예전에 벌어진 일일지도 모른다. 자기가 지금 집착하고 있는 일이 무엇인지 최선을 다해 알아내고, 마음의 눈을 통해 그게 얼마나 고통스러운지 1부터 10까지의 척도로 측정해 보자. 1은 전혀 고통스럽지 않은 것이고 10은 극도의 고통을 느끼는 상태다.

이제 투쟁의 다이얼이 어디에 맞춰져 있는지 보자. 1은 전혀 싸우지 않는 상태이고, 10은 이 고통과 맞서 싸우려고 하는 자신의 모든 시간과 에너지를 쏟아붓고 있는 전면 투쟁 상태다. 여러분은 지금 몇 단계인가?

우리는 그 투쟁 다이얼의 단계를 약간 낮추라고 권하고 싶다. 여러분이 아끼는 사람들에게 품고 있는 연민을 키우고 연결시켜서, 지금 고통받는 다른 지인들에게 그 연민의 마음을 확대하는 걸 상상해 보자.

이제 한 손은 가슴에, 다른 한 손은 배 위에 올려놓는다. 이 손이 연민의 마음을 나타낸다고 생각하자. 여러분에게 연민이 무엇을 뜻하든 말이다. 필요한 건 바로 지금 이 자리에서, 조금 전에 사랑하는 이들에게 확대하겠다고 생각한 바로 그 연민을, 집착하는 대상까지 모두 포함해서 본인에게 확대하겠다고 생각하는 것이다.

자신에게 연민의 감정을 확대할 때는 최대한 호흡에 집중해야 한다.

이 상황에서 여러분이 통제할 수 없는 일들, 즉 생각이나 감정, 육체적인 감각, 과거에 일어났던 일, 미래에 일어날 일, 다른 사람들의 대응 방식이나 반응 등을 인정해야 한다. 그런 다음 본인의 가치관과 연결하여 자신에게 연민을 확대하면서, 본인의 통제 범위 안에 있는 것들을 신경 쓴다. 이런 힘든 상황 속에서도 여러분의 핵심 가치관을 유지하고 있는 것은 무엇인가?

지금 이 상황이나 앞으로 이와 유사한 상황이 발생할 경우 어떻게 대응하겠는가? 이건 둘 중 하나를 선택하는 시나리오가 아니다. 동정심을 확대하는 것과 자기가 하는 일을 바꾸는 것 중에서 하나만 선택할 필요가 없다. 둘 다 동시에 할 수 있다.

사실 자기가 통제할 수 없는 부분에까지 연민을 확대하는 것이 심리적으로는 최선의 방법이다. 그러니 혼란스럽고 불확실한 부분이 있더라도 동정심을 잃지 않도록 노력하자. '작은 것의 힘'에서는 완벽과 헌신이 아니라 수용과 책임을 생활화하고 있다는 걸 기억하자.

여러분이 이 과정을 혼자 진행하고 있다면 연습을 마친 후에 그 내용을 일기에 적는 게 도움이 될 수 있고, 아니면 신뢰하는 사람에게 얘기하는 것도 좋다.

실패와 거절에 대한 두려움

활용 시기: 자기 내면에서 실패와 거절에 대한 두려움이 피어오르는 건 누구나 보고 싶어 하지 않는 경험이므로 다들 멀리 달아나고 싶어 한다. 지금껏 해 보지 않은 일을 하려고 열심히 애쓸 경우, 때로는 실패하고 때로는 거절당하기도 한다. 이 성찰은 자기가 실패나 거절에 대한 두려움에 사로잡힌 나머지 수많은 회피 행위를

하고 있다는 사실을 깨닫는 데 도움이 된다.

성찰: 자신의 호흡과 몸 상태에 정신을 집중하면서, 실패에 대한 두려움과 거절에 대한 두려움 중 어느 쪽이 더 큰지 알아보자. 그중에서 지금 당장 집중적으로 살펴볼 대상을 하나 고르는데, 향후 언제든 다른 한쪽도 살펴볼 수 있다. 실패나 거절에 대한 이 두려움이 어디에서 유래한 것인지 자신에게 부드럽게 물어 보자. 어쩌면 다른 사람들에게서 그런 메시지를 들었을지도 모른다. 아니면 전에 어떤 일을 하다가 실패하는 바람에 당황했을 수도 있다.

답이 생각나지 않을 수도 있지만 괜찮다. 지금은 답보다 질문이 훨씬 중요하다.

여러분이 안전지대를 벗어나거나 실패 또는 거절에 취약해질 만한 일을 한다면, 어떤 식으로 실패하거나 거절당하게 될지 찬찬히 생각해 보자.

그건 어떤 모습일까? 느낌은 어떨까? 자신의 눈을 통해 그게 어떤 모습인지 확인하고, 귀를 통해 소리를 듣고 몸속에서 직접 그 느낌을 느껴 보자.

안전지대 안에 계속 머무르는 경우에는 어떤 실패나 거절을 겪게 될지 생각해 보자.

당신의 눈을 통해 이것이 어떻게 보일지, 당신의 귀로 듣고 당신의 몸 안에서 느낄 수 있는 것에 주목하라.

자신의 눈을 통해 그게 어떤 모습인지 확인하고, 귀를 통해 소리를 듣고 몸속에서 직접 느껴 보자.

이제 이 두 가지 옵션 중 어느 쪽이 더 매력적인지 판단해야 한다. 실패와 거절에 대한 두려움에 접근하는 근본적으로 다른 방법, 여러분의 인간다운 모습을 인정하고 두려움에까지 연민의 마음을 확대하면서도 여러분을 방해하거나 발목을 잡지는 않을 방법을 생각해 보라. 이건 능동적 성찰의 형태로 참여했을 때 정말 큰 이익을 얻을 수 있는 실습 방법이다. 지적인 수준에서 생각하면, 거절과 실패의 가능성을 피하고 안도감을 느낀다는 단기적 이익을 얻을 수 있는 옵션을 택할 것이다. 하지만 우리가 이 실습을 일대일이나 그룹으로 진행하면서 안전지대에 장기간 머물러야 하는 고통을 절절히 느껴 보니, 대다수의 사람들이 장기적인 불편보다는 단기적인 불편 쪽을 택했다.

다음 주를 위한 재설계

활용 시기: 자신의 가치관에 따라 살아갈 기회를 극대화하기 위해, 지난 일주일 동안 자기가 한 지향 행위와 회피 행위를 확인하고 그다음 주를 위한 계획을 세울 수 있는 요일을 정해 두라고 권하고 싶다. 여러분의 정규 근무일이 월요일부터 금요일까지라면, 일요일이 이런 간단한 능동적 성찰을 하기에 가장 적합한 시간이다.

자신의 호흡과 몸 상태에 집중하면서 현재에 닻을 내리고 다가올 한 주를 바라보자. 기대되는 일이 있을 수도 있고, 힘든 일이 기다리고 있을 가능성도 있다.

이제 다음 일주일 동안 있을 일들과 관련해서 느끼고 싶지 않은 감정이 뭔지 생각해 보자. 자신에게 가장 적합한 수용 전략과 연민 전략을 실행하자. 이 원치 않는 감정을 가장 격렬하게 느끼는 신체 부분에 연민을 상징하는 손을 올려놓을 수도 있다. 또 그 감정을 중심으로 숨을 들이쉬었다가 내쉬는 방법도 있다. 무조건 피하기보다 수용적인 말과 에너지를 통해 원치 않는 감정을 받아들이는 실험을 해 볼 수도 있다. 속으로 '이런 기분을 느끼는 건 괜찮은 일이야'라고 속삭이는 것처럼 간단하게 반응할지도 모른다. 수용과 연민을 실천하는 데 있어 옳고 그른 방법 같은 건 없다. 그냥 자기에게 맞는 방법을 찾으면 된다.

이제 그 원치 않는 감정을 다른 관점에서, 여러분이 현명하다고 생각하는 다른 사람의 관점에서 살펴보자. 그 사람은 여러분이 아는 사람일 수도 있고 한 번도 만난 적 없지만 존경하는 사람일 수도 있다. 여러분이 지금 처한 상황을 그들의 관점에서 본다고 상상해 보자.

다음 주의 자기 자신과 자신의 행동을 설명하기 위해 사용할 단어에 집중한다.

본인의 가치관에 따라 살기 위해서는 어떤 작은 행동을 해야 하는지에 주목한다. '내적 평화를 이루는 비결은 자기 내면의 핵심 가치관, 즉 자기에게 가장 중요한 게 무엇인지 이해하고, 그게 일상생활 속의 일상적인 사건에 어떤 식으로 드러나는지 확인하는 것이다'라는 하이럼 W. 스미스(Hyrum W. Smith)의 말을 되새기자.

다음 주 내내 여러분이 원하는 만큼 이 성찰을 되풀이할 수 있으니 안심하기 바란다.

오늘의 스몰 스텝

간단한 능동적 성찰 방법을 하나 택하자

지금 여러분의 인생에 가장 유익하리라고 생각되는 간단한 능동적 성찰 방법을 하나 선택한다. 성찰 방법에 따라 다르기는 하지만, 매일 혹은 매주 최소 3회 이상 이 성찰 과정을 진행한다. '스몰 스텝 다이어리'에 눈에 띄는 내용을 적는다.

31장
사전 계획과 사후 대응

우리가 믿을 것은 행동뿐이다. 인생은 말이 아니라 사건을 통해 진행된다.
행동을 믿어라.

— 알프레트 아들러(Alfred Adler)

'작은 것의 힘'에는 여러분 마음이 떠드는 얘기에 귀 기울이지 말고 경험의 인도를 받으라는 핵심적인 메시지가 곳곳에 스며들어 있다. 마음은 온갖 일들에 대해, 이건 할 수 있지만 저건 할 수 없고 이건 해야 하지만 저건 하면 안 된다며 떠들어 댈 것이다. 하지만 여러분의 삶은 작고, 점진적이고, 일관된 행동을 통해서만 의미 있는 방향으로 바뀔 수 있다.

여러분이 이 글을 읽고 있다는 건 자기 삶을 변화시키고 싶어 한다는 뜻이며, 결의를 불태우며 시작했지만 결국 그만두는 것보다는 그런 변화를 오랫동안 유지하고 싶어 한다는 얘기다. 이 책에서 배운 작은 전략들을 오랫동안 활용할 수 있는 가능성을 높이기 위해 '비포 앤 애프터 효과'라는 방법을 소개하려고 한다.

사전 계획의 중요성

작은 행동을 취하기 위한 계획을 세우기 전에, 먼저 자신의 환경과 삶의 다양한 측면을 제대로 파악하는 게 매우 중요하다. 여러분의 일상생활과 실습의 어떤 측면은 작은 행동에 참여할 가능성을 높여 주는 반면, 어떤 측면은 참여도를 떨어뜨릴 것이다.

지금까지 이 책에서는 글쓰기, 운동, 성찰에 지속적으로 참여하는 등의 방법에 덧붙여, 다양한 작은 기술들을 개략적으로 설명했다. 직업을 바꾸거나 힘겨운 가정 상황을 헤쳐 나가는 등 미리 예측 가능한 부담스러운 사건이나 상황이 발생하기 전에 미리 계획을 세우고 여러 가지 기술을 다양하게 조합해 사용한다면, 끝까지 해낼 수 있는 가능성이 크게 높아질 것이다. 뿐만 아니라, 여러분 인생에 지속 가능한 장기적인 변화를 만들고 유지할 수도 있다. 그리고 우리 뇌가 새로운 행동 양식을 기억하려면 꾸준한 연습과 반복이 필요하다.

인생을 무계획적으로 살면서, 이미 일이 잘못된 상태에서도 최선의 결과를 바라며 작은 기술들만 사용한다면 장기적이고 지속 가능한 변화를 이룰 가능성이 줄어든다. 힘든 상황이 발생한 뒤에도 작은 기술을 계속해서 연마하는 건 물론 중요한 일이지만, 사전 계획과 사후 재검토를 결합시키면 아주 강력한 위치에 서게 된다. 이 부분에 대해 설명해 놓은 기술들을 다시 읽어 보면서, 그중 어떤 기술이 여러분이 끝까지 해낼 가능성을 높이는 데 가장 도움이 될지 미리 평가해 보자.

미리 활용할 수 있는 작은 기술:

★ 어떤 상황이나 사건과 관련해 원치 않는 생각이 들 때 사용할 수 있는 눈가리개 제거 전략

★ 두려움 때문에 생긴 원치 않는 감정에서 빠져나오기 위한 감정의 함정 탈출 전략

★ 본인의 패턴을 인식하는 데 도움이 되는 글쓰기

★ 자기가 통제할 수 있는 것과 없는 것을 구분하기 위한 간단한 능동적 성찰

★ 의욕을 고취시키기 위해 날마다 자신의 가치관 되새기기

어쨌든 이런 작은 기술들은 하루에 몇 분씩만 연습한다면, 점진적이고 지속 가능한 방식으로 삶을 계속 변화시키는 데 도움이 될 것이다.

사후 대응

'작은 것의 힘' 기술은 일관성 있게 실행해야 할 뿐만 아니라, 행동의 결과를 모니터링할 수 있는 능력도 개발해야 한다.

의식적으로 지향 행위나 회피 행위를 한 뒤에 하는 행동이 큰 차이를 만든다. 어떤 행동을 한 뒤에 본인의 행동을 인정하고 평가하는 시간을 갖는가? 이런 시간을 가지면 자신의 과거 행동 중에 도움이 된 건 무엇이고 방해만 했던 건 무엇인지 명확히 깨달을 수 있다.

지향 행위를 한 경우, 잠시 짬을 내서 그 행동을 인정하자. 여러분의 가치관을 기준으로, 이것이 여러분에게 미친 영향을 숙고해 보라. 또 시간이 지나면서 이런 지향 행위를 통해 생길 수 있는 누적 효과도 인정한다.

여러분은 회피 행위를 한 뒤에 무얼 하는가?

문제를 직시하지 않고 피하거나 수치심의 악순환에 빠져드는 게 우리의 자연스러운 성향이다. 문제를 직시하지 않는다면 그 상황에서 배워야 할 것을 배우지 못하고, 그 결과 똑같은 회피 행위를 몇 번씩 되풀이하다가 결국 심각한 회피 행위와 심각한 문제가 발생한다.

수치심의 악순환에 빠지면 똑같은 회피 행위를 자꾸 반복하는 세탁기의 함정에 걸려드는 이들이 많다. 심할 경우 본인의 회피 행위와 도움이 안 되는 자기 평가에 눈이 가려져서 배우고 성장할 기회마저 놓친다. 결과적으로 계속 같은 회피 행위를 반복하면서 수치심의 악순환을 강화하는 것이다.

이건 직관에 반하는 일처럼 보일 수도 있고 너무 제멋대로 구는 것 아니냐고 생각할 수도 있겠지만, 회피 행위를 할 때는 상당한 자기 연민이 필요한 게 사실이다. 회피 행위를 한 후에 느끼는 자기 연민은 그 행위가 중요하지 않은 척하면서 회피 행위의 영향력을 최소화하려는 게 아니다. 자기 연민은 회피 행위가 우리 삶과 우리 자신에게 미치는 영향을 인정한다.

자기 연민은 또한 스스로를 친절하고 배려하는 태도로 대하면서 그와 동시에 미래의 자신에게 정말 도움이 될 일을 해 달라고 간청한다. 따라서 회피 행위를 한 뒤에 작은 지향 행위를 하면 회피 행위에서 교훈을 얻을 가능성이 높아지고, 조금씩이나마 본인의 가치관으로 확실히 돌아가는 데 큰 도움이 된다.

연속적인 흐름 속에서는 항상 하나의 행동이 다른 행동보다 앞서 진행되므로, 어떻게 보면 사전 계획과 사후 대응은 동전의 양면이라고 할 수 있다. 따라서 어떤 일의 전후에 자신의 행동을 모니터링할 때는 최대한 일관성을 지켜야 한다. 싸워서 쟁취할 가치가 있는 삶이라는 놀라운 상에서 눈을 떼면, 단기적인 이득의 측면에서 원하는 것과 장기적인 고통의 측면에서 원하지 않는 것 양쪽 모두에 중대한 결과가 생긴다.

오늘의 스몰 스텝

최고의 사전 계획과 사후 대응을 위한 작은 행동

책의 이 부분에서는 살아갈 가치가 있는 삶을 지향하도록 여러 가지 기술과 실습, 성찰 방법을 알려 줬다. 한꺼번에 받아들이기에는 너무 많겠지만 '스몰 스텝 다이어리'에 정리해 놓은 내용과 함께 참조용 도구로 활용하면 기술과 실습 방법을 손쉽게 일상생활로 끌어들일 수 있다.

일단은 이 섹션 전체를 다시 훑어보면서 눈에 띄는 페이지와 기술, 실습에 표시한다.

그리고 여러분의 삶을 압박할 가능성이 있는 상황에 처하기 전에 하고 싶은 '사전' 행동을 한두 가지 고른다. '스몰 스텝 다이어리'에 '사전 계획'이라는 제목을 쓰고 그 아래에 이 내용을 적은 뒤, 이 계획이 필요한 상황이 다가오는 게 느껴지면 참고한다.

마찬가지로 '사후 대응' 행동을 2가지 골라서 일지에 적어 놓고 지향 행위나 회피 행위를 한 뒤 계속 의식하게 될 때 참고한다. 자기가 어떤 행위를 했는지 깨달을 때마다 여기 적어놓은 행동을 참고하는 걸 습관화하자.

4부

'작은 것의 힘'을
기본적인 생활방식으로 삼자

32장

작은 교훈

자극과 반응 사이에는 공간이 있다. 그 공간에는 우리의 대응 방식을
선택할 수 있는 힘이 있다. 그리고 그 대응 방식에
우리의 성장과 자유가 달려 있다.

― 빅토르 E. 프랭클(Viktor E. Frankl)

'작은 것의 힘' 생활방식은 멋지고 깔끔한 비포 앤 애프터 과정이
아니다. 계속해서 되돌아봐야 하는 의식적인 대응 방법이라고 하는
게 맞겠다. 여기서부터 앞으로 나아가는 길은 여러분이 살면서 크
고 작은 많은 기회와 도전을 맞닥뜨리면서 계속 바뀔 것이다.

우리는 고객들이 처음에는 이 책에서 설명한 기술과 원칙을 완벽
하게 구현하는 모습을 많이 봤다. 그러다가 어느 정도 시간이 흐르
면 자기가 연마한 기술을 잊어버리거나, 그런 기술이 더 이상 필요
하지 않다고 여기면서 꾸준히 연습하는 걸 게을리한다.

이건 인간 본성의 일부분이다. 세상 누구도 완벽하지 않으며, 자
신에게 가장 이익이 되는 순간에도 기술과 전략을 포기하곤 한다.
그래서 소셜미디어나 우리 웹사이트를 통해 '작은 것의 힘' 커뮤니
티와 계속 연결을 유지하라고 권하고 싶다. 여러분이 인생에서 가

장 좋은 결과를 얻을 수 있도록, 작은 변화들을 점진적이고 일관된 방식으로 유지할 수 있는 최선의 기회를 주고 싶다.

이 장에서는 부담감의 바다에서 길을 잃거나 어디서부터 시작해야 할지 잘 모를 때 되돌아올 수 있는 작은 교훈과 정보를 몇 가지 소개한다.

이 장에 나오는 9가지 교훈을 살펴본 뒤, 가장 공감되는 교훈으로 돌아가서 그 부분만 읽고 관련된 실습을 진행하면 된다. 챕터 전체를 읽고 실행에 옮기지 않는 것보다는 이 편이 훨씬 도움이 될 것이다.

전체가 연결된 방식으로 한 가지 섹션에만 참여하는 편이 작은 기술을 활용하지도 않은 채 다량의 텍스트를 읽는 것보다 낫다.

9가지 교훈

1. 아무리 힘든 상황에서도 실행 가능한 작은 지향 행위가 하나쯤은 있다는 걸 안다.

지금까지 가치관이라는 게 손만 뻗는다고 해서 바로 움켜쥘 수 있는 게 아니라는 사실을 확인했다. 하지만 여러분은 어떤 순간에든 최선을 다해 자신의 가치관을 지향할 수 있도록, 그 가치관을 삶의 기반이자 행동의 중심으로 삼을 수 있는 능력을 가지고 있다. 날마다 자신의 가치관에 귀 기울일 것을 적극적으로 추천한다. 그렇게 할수록 자기 삶에 더 깊숙이 뿌리를 내리고 현실에 기반을 두게 된다.

자기에게 중요한 게 무엇이고, 무엇을 대표하고 싶고, 어떻게 기억되기를 바라는지가 명확하면, 어떤 작은 행동에는 관여하고 어떤 행동은 포기할지 선택하기가 훨씬 더 쉬워진다. 실제로 우리는 부담감을 느낄 때면 본인의 가치관과 일치하는 일부 행동과, 가치관과 일치하지는 않지만 습관이 된 행동을 하는 경우가 많다고 한다.

여러분의 마음은 흥을 깨는 존재로 진화했고, 늘 여러분 인생에서 도움이 되지 않는 부분들에 불평한다. 앞서 배운 것처럼, 위험을 피하고 여러분의 목숨을 부지시키기 위해 자기가 할 수 있는 일은 다 하는 것이다. 하지만 현대 세계에서는 뇌가 외부의 산만한 환경에 지속적으로 노출되면서 지나치게 흥분하고 있다. 여러분의 내부와 외부에서 벌어지는 모든 일들에 감각이 과부하되면서 압도되는 기분을 느끼는 건 더없이 자연스러운 일이다. 하지만 여러분은 언제나 자신의 인생 경로와 현실을 바꿀 수 있는 한 가지 작은 행동을 선택할 힘을 가졌다.

여기 짧은 연습 방법을 소개하겠다. 잠시 자신의 호흡과 숨소리에 정신을 집중한다. 자기 몸에 귀를 기울여라. 미처 의식하지 못했던 긴장이나 스트레스에 주목한다. 자신의 가치관에 아주 신중히 정신을 집중한다. 이렇게 집중한 상태에서 지금 당장 할 수 있는 작은 행동, 여러분이 정말 되고 싶은 사람이나 있고 싶은 장소에 가까이 다가갈 수 있게 도와주는 행동을 하나 선택한다.

2. 겉보기에 대수롭지 않아 보이는 것들이 인생에 중대한 결과를 가져올 수 있다.

현대 세계에 사는 사람들은 항상 클수록 좋다는 생각을 한다. TV, 스마트폰, 컴퓨터를 켜면 우리 사회가 '성공했다'고 여기는 사람들의 이미지가 여기저기서 쏟아져 나온다. 성공이 실제로 뭘 의미하든 상관없이 말이다. 하지만 이런 상황에서는 거창한 약속과 큰 실망의 덫에 걸리기 쉽다.

'작은 것의 힘' 방식은 점진적인 노출과 조심스러운 접근을 지지한다. 이 방식을 계속해서 확대해 나가는 동안, 여러분은 안전지대 밖으로 한 단계씩만 더 나아가면 된다. 이건 비디오 게임의 레벨과도 비슷하다. 진행하는 동안 계속 어려움에 처하지만 그래도 항상 보상이 따르는 게임 말이다. 이렇게 점점 누적되는 효과의 힘은 전래 동화《쌀 한 톨》에도 분명하게 나타나 있다.

옛날 인도에 막강한 권력을 가진 왕이 살았는데, 자기가 현명하고 공정한 왕이라고 자부하던 그는 매년 백성들이 수확한 쌀을 혼자서 독차지했다. 그러다가 기근이 그 나라를 덮쳤는데, 이런 상황에서도 백성들에게 쌀을 나눠 주기를 거부하는 왕 때문에 백성들은 극심한 기아를 겪었다.

그러다가 어떤 마을에 사는 라니라는 소녀가 기발한 계획을 세웠다. 라니는 왕을 위해 선한 일을 했고, 왕은 그 보답으로 라니가 원하는 건 뭐든지 들어 주겠다고 했다. 그러자 라니는 우선 쌀 한 톨을 달라고 하고는, 앞으로 30일 동안 그 양을 매일 두 배씩 늘려 달라고 부탁했다. 왕은 조롱하듯 웃으면서 소박해 보이는 라니의 소원을 받아들였다. 그래서 라니는 첫날에는 쌀 한 톨, 둘째 날에는 두 톨, 셋째 날에는 네 톨, 이런 식으로 받게 되었다.

9일째 되는 날, 라니는 256톨의 쌀을 받았지만 이것도 겨우 한 줌밖에 되지 않는 양이었다. 13번째 날에는 그릇을 하나 가득 채울 만큼의 쌀을 받았다. 이런 식으로 쌀알 수가 기하급수적으로 계속 늘다 보니, 24번째 날에는 쌀을 지고 가기 위해 사슴이 8마리 필요했다. 결국 마지막 날인 30일째에는 왕실 창고 4개를 탈탈 털어서 모은 총 536,870,912톨의 쌀이 가득 담긴 자루를 싣고 가기 위해 그 지방 곳곳에서 코끼리 256마리를 모아 와야만 했다.

라니는 30일 동안 10억 톨이 넘는 쌀을 받았다. 덕분에 마을 사람들은 물론이고 심지어 근처에 있는 동물들에게까지 쌀을 나눠 줄 수 있었다.

더 오랫동안 지속되는 변화를 위한 점진적인 행동은 다음과 같다. 자신의 가치관을 기준 삼아, 원하는 변화를 하나 고른다. '스몰 스텝 다이어리'에 변화를 이루기 위해 노력할 내용(예: 누군가와 애정 어린 관계를 가꿔 나가거나, 몸에 좋은 식단에 집중하거나, 정말 필요한 휴식을 취하기 위해 휴가를 떠나는 것 등)을 적는다.

그리고 오늘 당장 시작할 수 있는 가시적인 행동을 하나 적고, 미리 정해 놓은 기간 동안 그 행동을 매일 하는 것이다. 예를 들어, 오늘은 팔굽혀펴기를 한 번 하고, 내일은 한 번 더 하고, 모레는 그것보다 한 번 더 하는 식으로 계속 이어 가다 보면 한 달 뒤에는 날마다 팔굽혀펴기를 30개씩 하게 된다. 오늘 식단에서 지방 1그램을 줄이고, 내일 다시 1그램을 더 줄이면 2주 뒤에는 끼니마다 섭취하는 지방량이 14그램씩 줄어들 것이다. 휴가를 가기 위해 오늘 1유로를 저축하고, 내일은 그것보다 1유로를 더 저축하고, 그다음 날은 그 것보다 1유로 더 늘어난 금액을 저축하면 휴가 자금을 넉넉히 모을 수 있을 것이다.

3. 자기가 통제할 수 있는 것에 집중한다.

오늘날에는 주택, 아파트, 사무실 건물이 얼마나 에너지 효율적인지 평가해야 한다. 그리고 건물들이 에너지를 절약하도록 최소한의 기준이 마련되어 있다. 하지만 사람들의 경우에는 자기가 어디서 에너지를 허비하고 있고, 또 에너지를 절약하려면 어떻게 해야 하는지 파악하기 위해서 비슷한 평가를 실시하는 사람이 거의 없다.

우리는 자기 힘으로 통제할 수 없는 것, 예를 들어 자신의 과거와 미래, 내적 경험, 타인 등을 통제하기 위해 엄청난 시간과 에너지를 낭비한다. 그러는 한편 가치관이나 태도, 행동 등 지금 당장 자기가 뭔가 할 수 있는 부분들에 대한 접촉과 연결, 통제력은 잃어버린 상태다.

에너지와 힘을 절약할 수 있는 작은 실천 방안을 소개하겠다. 기진맥진해서 진이 다 빠지거나 심한 부담감을 느낄 때는 에너지 평가를 하는 게 도움이 될 수 있다. 잠시 시간을 내서 자신의 호흡과 몸 상태를 정확하게 살펴본다. 기본적으로 통제 불가능한 삶의 양

상들, 즉 원치 않는 내적 경험, 타인, 과거와 미래를 통제하려고 애쓰다가 낭비하는 시간과 에너지가 얼마나 많은지 주의 깊게 확인한다.

그런 다음, 가치관과 태도, 지금 하는 행동 등 자신의 통제 범위 안에 있는 부분에 현명하게 투자 중인 시간과 에너지는 얼마나 되는지 평가한다.

자기가 힘을 쓸데없이 허비하고 있다는 걸 알아차리면, 최대한 동정적인 태도로 이 사실을 인정하자. 이건 인간인 이상 어쩔 수 없는 부분이다. 통제와 예측에 관한 욕망은 진화 과정에서 우리 본성에 고착되었다. '작은 것의 힘' 도구 중에서 여러분이 통제할 수 없는 부분에 활용할 기술 몇 가지를 의식적으로 선택한다. 가장 중요한 건 여러분의 통제 범위 안에 있는 작은 행동을 한두 가지 고르는 것이다. 자기 삶에 미치는 영향력을 되찾는 데 도움이 될 것이다.

4. 평형 상태를 안전한 상태로 오인하지 않는다.

안전해지고 싶다는 말은 끊임없이 변화하는 인생 속에서 보호받고 싶다는
얘기다. 나는 삶과 분리되고 싶다. 하지만 이런 분리된 느낌이
결국 나를 불안하게 만든다.

앨런 왓츠(Alan Watts)

모든 것이 안정적이고 안전해야 한다는 생각은 균형 잡힌 생각이 아니다. 이건 우리가 하나의 사회로서 체계적으로 구성되었을지도

모른다는 개념이지만, 사실은 어떤 조치를 취하거나 어떤 방향으로 나아가기 위해서는 순간적으로 균형을 포기해야 한다. 이건 성장과 움직임을 진행하기 위해 필요한 부분이다.

행복이나 만족과 마찬가지로, 균형도 우리가 항상 유지할 수 있는 안정적인 상태가 아니다. 심지어 걷는 행위조차도 계속 균형을 잃었다가 회복하는 과정으로 설명할 수 있다. 이때 몸의 균형을 잃은 뒤에 다시 회복할 수 있는 능력을 높이는 기술을 연마하는 게 비결이다.

'작은 것의 힘' 관점에서 보면, 여러분에게는 균형과 불균형이 둘 다 필요하다. 설령 지향 행위가 불편함을 야기한다고 해도 기꺼이 지향 행위에 참여해야 한다. 또 자신을 관리하고 자양분을 공급하는 활동에 참여하는 것도 중요하다. 움직일 때와 정지할 때의 균형을 맞추면, 장기적으로 지속적이고 의미 있는 변화를 이룰 최고의 기회를 안겨 줄 것이다. 살면서 벌어지는 대부분의 일들과 마찬가지로, 여기에서도 적당히 균형을 맞출 필요가 있다.

균형 재조정 실습은 다음과 같다. 현재의 순간과 지금 자신에게 일어나고 있는 일에 집중한다. 균형이 더 필요한 부분에 주목하자. 이런 부분은 대개 과도한 수준으로 운영되는 경향이 있거나 무조건적인 전진만 꾀하는 부분이다. 자신을 육성하고 자양분을 제공하여, 균형을 유지하면서 장수할 가능성이 가장 높은 수준으로 움직이게 해 주는 자기 관리 행동을 하나 선택한다.

이제 여러분 인생에서 불균형이 필요한 부분도 주목해 보자. 아마 성취감을 주지 못하는 곳에 계속 머물면서 그 너머로 뻗어 가는 걸 두려워하는 이런 부분에서는, 안전지대에 갇힌 채로 자신을 과소평가하고 있을지도 모른다. 이런 곳이 바로 불균형이 필요한 부분이다. 의미 있는 변화를 이루기 위해 상황을 뒤흔들 필요가 있다. 원하는 곳으로 가까이 다가갈 수 있는 작은 행동을 하나 고르면, 필연적으로 약간의 불균형이 발생할 것이다.

균형은 불균형을 통해서만 회복할 수 있다는 사실을 기억하자.

5. 대응과 반응의 차이를 파악한다.

사람들은 종종 반응성 사이클에 말려들곤 한다. 어떤 일에 반응할 때는 향후 대응 방안에 대해 의식적인 결정을 내린 뒤에 반응하는 경우가 거의 없다. 이때의 행동은 무의식중에 자동으로 이루어진다. 이 모드에 있을 때는 원치 않는 생각과 감정, 육체적 감각, 이런 원치 않는 내적 경험을 잠재우려는 욕구에 따라 움직이는 일이 많다. 특정한 버튼이 눌리거나 경계를 무시하거나 위반할 경우 적색경보 시스템이 작동한다. 그리고 이런 상태에서는 대개 대응이 아닌 반응을 하게 된다. 그리고 이때 보이는 반응은 대부분 회피 행위다.

생존 가이드 실습은 다음과 같다. 자신의 적색경보 시스템이 활성화될 가능성이 있는 상황이나 환경에 진입했다는 걸 알고 있다면, 이 책을 통해 배운 작은 기술들을 검토하고 수정하고 실천하면 매우 유용할 수 있다. 미리 계획을 세운 다음 여러 가지 기술을 직접 시도하고 시험하면 자신의 가치관에 맞는 방식으로 대응할 기회가 늘어날 것이다.

어떤 반응을 보일 때면, 반응성의 연속적인 소용돌이에 말려들 수도 있다. 그렇게 되면 원래부터 좋아하지 않던 상황과 일련의 대응 방식에 더 깊이 빠져들게 된다. 자기가 반응성의 소용돌이에 말려들었다는 걸 깨닫는 순간, 이에 대해 뭔가를 할 수 있다. 작은 기술을 연습하는 건 언제 시작해도 늦지 않다. 모든 반응은 여러분을 더 깊은 구덩이 속으로 밀어 넣고, 여러분이 되고 싶은 존재나 있고 싶은 장소에서 멀어지게 만든다. 반면 여러분의 가치관과 일맥상통하는 의식적인 대응은 되고 싶은 존재나 있고 싶은 장소에 다시 가까워지도록 도와준다.

6. 시간을 들여 세상에 대응한다.

기술이 주도하는 오늘날의 문화적 상황은 빠르게 진행되는 콘텐츠에 대한 관심과 즉각적인 반응을 요구하지만, 항상 인터넷에 접속한 상태를 유지하거나 연중무휴 대응할 필요는 없다. 또 뭔가를 보자마자 바로 반응할 필요도 없다.

한 연구 결과에 따르면, 주당 60시간 이상 일하는 사람이 그 상태로 2주 동안 일하고 나면 주당 40시간씩 일하는 사람들에 비해 업무 효율이 별로 높지 않다고 한다. 소셜미디어와 이메일, 메시징 앱에 즉각적으로 반응하기 위해 '인터넷 접속 시간'을 늘리는 경우에도, 이와 유사한 프로세스가 작용한다. 연결 상태의 질이 반드시 나빠지기 마련이다. 이 내용뿐만 아니라 기술에 대한 애착이 증가하면서 나타나는 다른 유해한 영향들을 증명한 연구가 늘고 있다.

반응의 양과 속도에 초점을 맞추기보다는 반응의 질에 중점을 두는 실험을 해 보자. 이건 특히 다소 자극적인 정보를 접하고 분노와 좌절, 원망 같은 감정을 느끼는 상황에서 매우 중요하다.

일반적으로 본인의 감정을 완전히 무효화하는 방식으로 대응하면 회피 행위다. 하지만 이 감정과 그걸 완화시키려는 욕구에 완전히 기름을 붓는 방식으로 대응하는 것 또한 회피 행위다. 이때 보이는 대응, 좀 더 정확히 말해 반응에는 중요하고 유효한 정보가 포함되어 있을 수 있다. 하지만 분노와 좌절, 원망을 담아 반응할 때는 여러분이 하는 말을 사람들이 진지하게 받아들이지 않는다. 그러니 의식, 용기, 연민을 바탕 삼아서 대응할 내용을 신중하게 정리하는 게 최선이다.

관심의 초점을 내면으로 돌리는 연습을 해 보자. 답장하기 까다로운 이메일, 앱 메시지, 소셜미디어 응답 등을 받으면 하던 일을 멈추고 잠시 시간을 내 자기 자신과 자신의 가치관에 집중하는 방법으로 눈앞에 제시된 정보에 대응한다. 자신에게 멈출 수 있는 재량권을 주고 관심을 내면으로 돌려서 지금 일어난 일에 대한 진짜 감정을 느껴 보는 것이다.

경험의 충만함을 일깨우자. 성찰이나 본인만 볼 수 있는 글쓰기 등의 형태를 통해 자신에게 자신의 진짜 감정을 표현할 용기를 내자. 여러분이 어떤 식으로 대응하든 간에 스스로에게 연민을 품어야 한다. 그런 다음 상대방이나 관련된 당사자들에게도 동정을 느낀다. 그렇다고 해서 그들을 좋아하거나 사랑하거나 원하거나, 그들의 대응 방식을 마음에 들어 해야 한다는 얘기는 아니다. 그저 그들과 공유하는 공통된 인간성을 인정하는 시간을 가지면 된다.

동등한 수준의 인식, 용기, 연민의 장소에 도달했다면, 이제 응답 내용을 만들어 보자. 가능하면 여러분이 신뢰하는 사람들 가운데 현명하고 건전한 조언을 해 줄 수 있는 사람에게 그 응답 내용을 먼저 보여 주는 게 좋다.

7. 자신의 가치관을 융통성 있게 활용하는 방법을 안다.

자신의 가치관을 주사위로 생각하면 이해하는 데 도움이 될 수 있다. 주사위에 여러 개의 면이 있는 것처럼 여러분의 가치관도 그렇다. 예를 들어, 우리 두 사람은 이 책을 쓰면서 극심한 불안감과 우울증에 시달릴 때 읽을 수 있는 책을 쓰는 걸 목표로 삼았다. 하지만 결과적으로 책을 쓰느라 바빠서 가족이나 친구와 보내는 시간이 줄었다.

그건 가족이나 친구의 중요성이 줄어서가 아니다. 다만 이 책을 일정 기간 안에 완성해야 해서 시간이 없었다. 가족의 건강이 나빠져서 우리를 정말 필요로 하던 때가 있었다. 이때는 가족을 돌보는 일이 가장 중요하고 시급한 문제가 되었다. 그렇다고 이 책에 대한 관심이 줄어든 건 아니었고, 그냥 더 화급한 일에 매달린 것뿐이다. 또 보다 효과적으로 글을 쓸 수 있도록 우리 본인의 욕구를 충족시키고 적절한 자양분을 공급하는 등 자기 관리에 힘써야 하는 때도 있었다. 이것도 주사위의 또 하나의 측면이었다.

우리가 목표로 하는 건 유연성이다. 늘 그렇듯이 여러분의 가치관에 따라 행동하는 것도 중요하지만, 지금 이 순간 다른 대응이 필요한데 한 가지 가치관에만 지나치게 매달려도 문제가 발생한다. 이럴 때는 자기가 정말 가치관을 충실히 지키고 있는지, 아니면 계획적으로 행동하는지 스스로에게 솔직하게 물어 보면 도움이 된다.

자신과 관련된 가치관을 실천하는 방법은 다음과 같다. 여러분의 가치관을 나타내는 주사위를 떠올리면서, 인생의 어떤 부분이 자신에게 가장 중요한지 살펴보자. 그리고 지금 이 순간 가장 중요한 가치관은 무엇인지 생각해 보자. 이때도 그 가치관이 항상 다른 가치관들보다 더 중요하다는 얘기는 아니다(물론 그럴 수도 있지만). 그저 자신의 전체적인 가치관에 따라 어떤 행동을 할 것인지 능동적으로 선택하고, 그와 동시에 그 순간 중요한 가치관과도 긴밀하게 연결되어 있다는 뜻이다.

타인과 관련된 가치관을 실천하는 방법은 다음과 같다. 때로는 불가피하게 우리의 중심적인 가치관과 다른 사람의 가치관이 충돌할 때가 있다. 이런 상황에서는 자신의 가치관이나 상대방의 가치관에 대한 인식, 용기, 연민 등을 떠올리면 된다. 상대방이 믿거나 말하는 내용에 모두 동의할 필요는 없다. 하지만 여러분이 자기 내면의 지혜에 귀 기울이면서 지금 이 자리에서 상대방에게 가장 중요한 게 뭔지 떠올릴 수 있다면 큰 도움이 될 것이다.

8. 분노보다 불편함을 택하라.

브렌 브라운 박사는 '분노보다 불편함을 택하라'는 관용구를 만들었다. 이건 실제로 여러분의 인생에 큰 이익을 안겨 줄 말이다.

다른 사람의 요청이나 지적에 무의식적으로 대응하는 일이 종종 있다. 별 생각 없이 좋다고 해 놓고는, 나중에 그 행동에 따르는 곤란한 결과를 깨닫고 애초에 요청을 받아들인 걸 후회하는 것이다. 우리의 문제 해결 모드가 방금 약속한 일들에서 빠져나갈 방법을 찾아 주지 못하면 분개하거나 아무 도움도 안 되는 혼잣말이나 아집에 빠지기도 한다. 이와 반대로, 때로는 어떤 부탁을 수락하고 싶으면서도 '시간이 없다'거나 '너무 바빠서 곤란하다'거나 부탁받은 일이 좀 바보스럽다는 생각에 사로잡혀서 거절하기도 한다.

일례로 폴린은 세 아이를 키우는 워킹맘이다. 그녀는 자기가 맡은 여러 가지 역할들 사이에서 갈팡질팡하는 일이 많지만, 그래도 삶의 모든 부분에서 최선을 다하려고 노력한다. 그녀는 주말에 가외의 업무를 처리해 달라는 부탁을 받으면 불편함보다는 주로 분노를 느낀다. 아이가 없는 동료들만큼 열심히 일하는 모습을 보여야 한다는 압박감 때문에 상사의 요구를 받아들이지만, 주말에 남편과 아이들은 영화를 보러 가는데 자기만 혼자 컴퓨터 앞에 앉아 있으면 점점 화가 끓어오른다.

폴린은 자기를 무신경하게 대하는 상사에게 좋지 않은 생각과 감정을 품는 일이 늘어나는 것을 알아차리기 시작했고, 일 때문에 기진맥진할 때면 아이들에게 잔소리를 하는 일도 늘었다. 그러던 중

폴린의 친구들이 '여자들만의 저녁 모임'을 갖자고 제안했고 폴린도 정말 모임에 나가고 싶었다. 하지만 노는 것에 죄책감을 느껴 일거리를 집에 들고 왔다가, 아무래도 외출을 하기가 힘들겠다는 생각에 다시 사로잡혔다. 그래서 친구들에게 못 나가겠다고 했다. 그러고는 친구들이 페이스북에 자기만의 시간을 즐기는 것처럼 보이는 사진을 올릴 때마다 점점 분노가 쌓인다는 걸 깨달았다.

폴린이 분노가 아닌 불편함만 느끼려면 상사와 의논해서 업무 한도를 정해야 한다. 폴린이 할 수 있는 지향 행위는 한 달에 한 주 정도만 주말에 일하겠다고 통보하는 것이고, 그러려면 업무 스케줄을 미리 정해 놓아야 한다. 폴린은 상사가 이 제안에 어떻게 반응할지 몰라서 불안했기 때문에 마음이 많이 불편했다. 당연한 일이지만, 그녀의 상사는 폴린이 대부분의 주말 동안 계속 일 해주기를 바랐고 처음 몇 달 동안은 폴린을 다시 예전 같은 주말 근무 방식으로 복귀시키려고 몇 번이나 꼬드기기도 했다.

하지만 결국 폴린의 상사는 그녀의 결정을 존중했고 부정적인 결과는 전혀 발생하지 않았다. 흥미로운 사실은(그리고 이건 생산성에 관한 연구 결과와도 일치하는데) 폴린이 야근과 주말 근무를 줄이고 두어 주가 지나자 창의성과 생산성이 높아졌고, 정상적인 근무 시간 중에 처리할 수 있는 업무량도 훨씬 늘었다. 가족과 함께 주말을 보내고 나면 월요일에는 더 상쾌한 기분으로 출근할 수 있었고, 매달 최소 한 번은 토요일 밤에 친구들과 함께 외출도 했다. 단기간 동안 불편한 기분을 느낀 대가는 장기적인 분노를 감소시키는 것 이상의 큰 가치가 있었다.

분노 대신 불편함을 택하는 방법은 다음과 같다. 잠깐 하던 일을 멈추고, 다른 사람과의 관계에서 불편함 대신 분노를 택했던 인생 영역을 생각한다. 불편함보다 분노를 택했을 경우, 여러분과 그 관계가 얻었을 이점에 대해 아주 현실적이고 깊게 분석해 보자. 그런 다음, 불편함보다 분노를 택했을 경우 치러야 할 대가에 대해서도 실질적이고 깊게 분석한다.

대가가 이익보다 큰 경우가 많다. 우리 중 많은 이들은 다른 사람의 욕구를 자신의 욕구보다 우선시하는 문화권에서 자랐다. 때로는 이런 태도가 도움이 되고 심지어 필요하기도 하다. 하지만 늘 그렇지는 않다. 모든 건 균형의 문제다. 만약 여러분이 계속 다른 사람의 욕구를 본인의 욕구보다 우선시한다면, 자기 관리 부족으로 인한 결과를 겪게 될 것이다.

몇 분간 조용히 침묵을 지키면서 분노 대신 불편함을 택하라는 이 주문이 마음속 깊이 배어들게 한다. 그런 다음, 여러분이 이 주문에 따라 살고 있다는 걸 분명하게 보여 줄 수 있는 작은 행동을 하나 택한다. 가능하면 여러분의 안전지대에서는 벗어나 있지만 자기 관리 영역 안에 확실하게 자리 잡은 행동을 택하는 게 좋다.

9. 현실과의 괴리가 자신을 삼키지 못하게 한다.

어느 순간에든 우리 삶에는 최소 몇 가지 이상의 현실적 괴리가 생기기 마련이다. 이건 현대사회에서 살아가는 사람들에게는 자연스러운 부분이다. 다른 사람들이 뭘 하고 있는지 볼 때마다 자신의 부족한 부분이 뺨을 때리는 것처럼 느껴질 수 있다. 때로는 이상적인 삶과 현재의 삶 사이의 현실적 괴리가 아주 깊고 커다란 골처럼 느껴질 때도 있다.

우리보다 더 많은 일을 하고, 더 많은 걸 가지고 있고, 더 많은 삶을 함께하는 것처럼 보이는 이들이 늘 있다. 베스트셀러 작가인 스티븐 퍼틱(Steven Furtick)의 표현처럼, 우리 대부분은 자신의 무대 뒤 장면을 다른 사람의 하이라이트 장면과 끊임없이 비교하면서 산다.

우리 고객들도 다른 사람들이 살아가는 현실은 그들이 소셜미디어에 공유하는 세심하게 조정되고 관리된 이미지와 전혀 닮지 않았다는 사실을 깨닫고 놀라는 일이 정말 많다.

기대와 성과를 포기하고 대신 한 번에 한 걸음씩 그 과정에 참여하는 것이 도움이 될 수 있다. 항상 괴리가 존재할 테지만, 그건 인간으로 살아가기 위해 치러야 하는 대가의 일부라고 생각하면 놀랄 만큼 마음이 가볍고 자유로워질 것이다.

예를 들어, 친구 사이인 리와 샘은 둘 다 40대인데 아직 두 사람 다 자기 집이 없다는 점에서 현실과의 괴리를 느끼고 있다.

아래에 설명한 실습을 진행하는 과정에서, 리는 집을 소유하는 게 자신에게 매우 중요하다는 사실을 깨달았다. 또 큰 즐거움을 안겨 주지도 않고 자기 인생에 의미를 더해 주지도 않는 것들에 경박하게 돈을 낭비하는 일이 매우 많다는 사실도 알았다. 예를 들어, 그는 이용하지도 않는 구독 서비스에 몇 개나 가입해 있었다.

리의 첫걸음은 하루 15분씩 자기가 구독하는 서비스를 살펴보고, 그게 회피 행위에 해당될 경우 포기하는 것이었다. 이 작업을 마친

다음에는 하루 5~10분 정도 지출 내역을 기록하면서 어떤 지출이 지향 행위와 관련 있고 어떤 지출이 회피 행위와 관련 있는지 판단했다. 리는 이런 식으로 첫 달에 400유로를 저축했다. 그는 현실과의 격차를 메우기 위해 날마다 돈을 얼마씩 모으기 시작했다.

그에 비해 샘은 현실과의 격차 실습을 마친 뒤, 자기가 주택 구입과 관련해 부담감을 느낀 건 친구들이 다 집을 샀고 가족들도 샘에게 얼른 집을 사야 한다는 말을 자주 했기 때문이라는 걸 깨달았다.

샘은 이 연습을 통해 자기가 좋아하는 곳에서 살고 싶기는 하지만 지금 당장은 집을 사는 게 급선무가 아니라는 걸 알게 되었다. 자신의 가치관을 곰곰이 살펴본 샘은 예전부터 늘 꿈꾸던 3개월간의 남미 여행을 위해 저축하는 것이, 처음에 사회적으로 강요당한 현실 격차보다 자신의 진짜 가치관에 따른 현실 격차에 더 부합하는 일임을 알게 되었다. 그녀는 지출에 대해서도 비슷한 깨달음을 얻었다. 리와 달리 샘은 자신의 가치관과 일맥상통하는 여행을 위해서 기꺼이 돈을 썼다.

현실 격차를 메우는 방법은 다음과 같다. '스몰 스텝 다이어리'를 꺼낸다. 글을 쓰기 전에 잠깐 조용히 시간을 보내면서 지금 이 순간 자기 모습이 어떤지 다시 파악한다. 자신의 생각, 감정, 신체 감각을 재빨리 살펴본 다음, 호흡과 몸 상태에 집중한다.

이렇게 자신을 구체화할 수 있는 장소에서 몇 분간 자기 삶에 존재하는 현실 격차를 깨닫고 인정한다. 이건 여러분의 현실과 여러분이 원하는 경험이 서로 일치하지 않는 어떤 영역이다. 현실의 격차는 인간으로 살아가는 이상 어쩔 수 없는 부분이라는 걸 최대한 이해하자. 이런 현실 격차 때문에 괴로워하는 이유가, 어떻게든 지금과는 달라야 한다고 생각하기 때문인지 아니면 그게 자신에게 정말 중요한 무엇인가를 암시하기 때문인지를 알고 인정하기만 하면 된다.

현실 격차로 인한 고통이 자기가 해야 하는 일과 사회적 기대감 때문에 생겼다면, 눈가리개 제거 기술과 감정의 함정 탈출 기술을 연습하면 좋다. 그리고 이런 현실 격차를 통해 정말 중요한 게 부각된다면, 자기가 겪는 고통을 동정하고 그 격차를 해소하는 과정을 시작하기 위해서 당장 참여할 수 있는 작은 행동을 하나 찾아보자.

오늘의 스몰 스텝

한 가지 교훈을 읽고 꾸준히 따른다

교훈을 다 읽고도 아무것도 실행하고 싶지 않다는 충동에 최대한 저항하면서, 지금 이 순간 자기 자신과 충족되지 않은 욕구에 진심으로 귀를 기울인다. 자기 자신과 연민 어린 관계를 맺기 위해 가장 필요한 교훈을 읽고 끝까지 실천한다. 기억하자. 미래의 자신이 고마워할 일을 오늘 당장 하는 것도 진정한 연민에 포함된다.

33장
자신에게 연료를 공급하라

못 다 부른 노래를 가슴에 묻은 채로 죽어 가는 사람들이 많다. 왜 그럴까?
사람들은 항상 살아갈 준비만 하기 때문이다.
하지만 자기도 모르는 새에 시간이 다 지나가 버린다.

— 올리버 웬델 홈스(Oliver Wendell Holmes)

 꿈꾸는 삶을 사는 것은 특정한 기술을 마스터한 특별한 사람들만
을 위한 것이 아니다. 그리고 그 삶은 마케팅 담당자나 블로거, 부
모, 친구들이 여러분에게 반드시 누려야 한다고 주장하는 그런 삶
일 필요도 없다. 여러분은 풍요롭고 성취감을 주고 의미 있는 삶을
살 수 있는 도구와 기술을 지니고 있다. 이걸 이용해 자신의 인생
진로를 선택해야 한다.

 우리의 목표는 가장 중요한 부분에서 여러분의 인생을 확장시키
도록 돕는 것이다. 여러분이 길을 잃었더라도 중요한 곳으로 다시
돌아올 수 있는 유연성을 배웠기를, 그리고 여기서 배운 것들을 삶
에 계속 적용하기를 바란다. 이 책에서 가르친 기술을 이용하면 피
할 수 없는 좌절 앞에서도 균형을 되찾을 수 있다. 장수의 비결은
매일 꾸준히 삶을 유지하면서 자양분을 공급하는 것이다.

기억해야 할 것들이 있다.

a. 할 가치가 있는 일은 계속 해야 하지만, 자기가 하는 일을 꾸준히 개선하고, 실용적인 일만 골라 해서는 안 된다.

b. 이 책을 읽기 시작한 이후로 성취한 것들을 애정 어린 시선으로 돌아본다.

c. 궤도를 벗어나는 건 인간의 본성이지만, 경로를 이탈할 때마다 다시 돌아올 수 있는 장기적이고 의미 있는 변화의 맥락을 정해 놓아야 한다.

연료(FUEL)

심한 부담감을 느끼거나 바다에서 표류할 때마다 언제든 돌아갈 수 있는 4단계 과정을 만들었다. '작은 것의 힘'이라는 길을 따라 계속 나아가는 동안, 본인의 가치관에 맞는 중요한 일을 다시 탐색하고 방향을 바꾸려면 불가피하게 연료가 필요할 것이다.

F(Find) – 현재 시점에서 가장 중요한 가치관을 찾는다.

U(Unblinker) – 자신을 제약하는 생각과 이야기에서 벗어난다.

E(Expand) – 마음을 넓혀서 원치 않는 감정과 불편한 감정까지 받아들일 수 있는 공간을 마련한다.

L(Look) – 연민의 마음으로 자신을 돌본다.

이 4단계 과정은 여러분이 사랑하는 사람을 위해 그러듯이, 사랑과 보살핌에 대한 자신의 욕구를 존중해서 자신의 한계 안에 머무르도록 도와줄 것이다. 자기가 통제할 수 있는 것에 집중하고 선택한 행동에 책임을 져야 한다.

자신의 인생을 책임져라

합리적 정서행동치료(REBT)를 개발한 심리학자 앨버트 엘리스(Al-
bert Ellis) 박사는 우리 인생에서 가장 훌륭한 시기는 자기가 겪는 문
제가 자신만의 것이라는 사실을 깨닫는 시기라고 했다. 다른 사람
들을 비난하기를 멈추고 자신의 대응 방식을 결정할 힘이 있다고
판단할 때라는 얘기다.

자신의 생활환경을 타인 탓으로 돌리면서 책임감이 부족한 모습
을 보이는 부분이 어디인지 깨달아야 한다. 또 인생에서 자기가 통
제할 수 없는 부분들, 즉 내면의 경험이나 자신의 과거, 미래, 타인
등을 통제하고 책임지려고 하는 과잉 책임 쪽으로 기우는 경향도
깨달아야 한다.

다음과 같은 작지만 강력한 세 가지 행동을 꾸준히 해 나가면
좋다.

1. 이런 행동을 통해 본인의 가치관과 일치하는 삶에 가까이 다가갈 수 있
   다면 실패나 거부, 잘못을 저지를 위험을 감수해야 한다.
2. 이런 행동을 할 때나 안 할 때나 자기 자신과 다른 사람들에게 친절하
   고 동정적인 태도를 보인다.
3. 진정한 연민이 미래의 여러분에게 이익이 된다는 사실을 기억한다.

오늘의 스몰 스텝

자신에게 연료를 공급하라

이 4단계 과정을 통해 자신에게 연료를 공급하자. 이 연습을 하면서 알게 된 사실을 '스몰 스텝 다이어리'에 기록한다.

F — 현재 시점에서 가장 중요한 가치관을 찾는다.

U — 자신을 제약하는 생각과 이야기에서 벗어난다.

E — 마음을 넓혀서 원치 않는 감정과 불편한 감정까지 받아들일 수 있는 공간을 마련한다.

L — 연민의 마음으로 자신을 돌본다.

여러분에게 보내는 편지

오라, 오라, 네가 누구든 상관 말고,
방랑자든 숭배자든 떠나고자 하는 사람이든 그건 중요하지 않다.
우리는 절망의 캐러밴이 아니다.
서약을 천 번을 어겼어도 오라.
오라, 다시 한 번, 오라, 오라.

— 루미

그룹 상담이나 워크샵을 진행할 때 마지막으로 하는 일이 그룹의 다른 구성원이나 자신에게 편지를 쓰는 것이다. 그룹 구성원들이 훗날 부담감을 느끼거나, 우울하거나, 불안할 때마다 이 편지를 보면서 힘을 얻게 하기 위해서다.

이 편지를 쓰는 데는 옳고 그른 방법이 따로 없다. 누군가 힘든 시기를 겪을 때 도움이 될지도 모르는 조언을 들려주면서, 동정적이고 힘이 되는 친절한 태도로 마음을 담아서 글을 쓰는 것이다. 또 모든 참가자가 어려운 시기를 이겨 낼 수 있도록, 지금보다 나이 많고 현명하고 자애로운 자신이 보내는 편지를 써 보기도 한다. 이건 우리가 배운 작은 기술들을 하나로 합칠 수 있는 아주 좋은 방법이다.

아는 게 많아질 때까지 최선을 다해라.
그리고 아는 게 많아지면 행동도 잘 해야 한다.

— 마야 안젤루

우리가 여러분에게 보내는 편지다. 힘들 때 읽어 보기 바란다.

친애하는 독자들에게,

이 편지를 읽고 있다면 아마 힘든 시기를 겪고 있을 가능성이 클 것이
다. 고난은 우리가 살아가는 과정에서 극히 자연스러운 일부라는 사
실을 기억하기 바란다. 아무리 선한 의도를 지녔더라도, 또 아무리 지
향 행위를 많이 하더라도 인생이 때때로 던지는 커브볼을 피할 방법
은 없다.

우리도 살면서 커브볼을 많이 겪어 봤기 때문에 그 당시에는 그게 얼
마나 엄청나고 극복할 수 없는 일처럼 느껴지는지 잘 안다. 여러분은
혼자가 아니라는 사실을 알아야 한다. 우리도 힘든 일을 겪고 있다. 다
른 사람들도 마찬가지다. 하지만 본인이 힘들 때 그 사실을 외부에 알
리는 사람이 많지 않기 때문에, 때로는 나만 혼자 힘들고 나만 혼자 고
통받는 기분이 들기도 한다. 또 본인한테 문제가 있다는 생각에 빠지
기도 쉽다.

한꺼번에 많은 일들이 잘못되면 어디서부터 손을 대야 할지 도저히 모
르겠다고 느낄 수도 있다. 최선을 다해 자신의 가치관에 닻을 내리자.
자신을 묘사할 때 어떤 단어를 사용하고 싶은지, 또 남들에게 어떤 사

람으로 기억되고 싶은지 알아보기 위해 몇 가지 질문을 던져 보자. 이들 단어와 특징이 지금처럼 힘든 상황에서 어느 방향으로 움직여야 하는지에 대해 매우 강력한 단서를 안겨 줄 것이다.

필요할 때마다 여기서 배운 작은 기술을 다시 익힐 수 있다는 걸 기억하자. 부담감이 너무 심할 때는 그런 기술을 완전히 잊어버린 것처럼 느낄 수도 있다. 하지만 다행히 그 기술들은 여전히 여러분 안에 있다. 한 번 배운 건 사라지지 않는다. 그저 먼지가 몇 겹 쌓여 있는 것뿐이다.

하던 일을 멈추고 자신의 호흡과 가치관에 닻을 내리는 순간, 이미 그 먼지를 털어 내고 있는 셈이다.

절대 잊지 말아야 할 것이 있다. 지금 당장 할 수 있고 또 여러분에게 도움이 되는 작은 일이 반드시 있게 마련이다. 호흡과 가치관에 집중하기 시작하면 그게 뭔지 점점 또렷하게 드러날 것이다. 침대에서 도저히 못 일어날 것 같은 기분일 때 레인지에 주전자를 올려놓는 것처럼 아주 사소한 일일지도 모른다. 아니면 자신을 세상에서 고립시키고 싶을 때 친구에게 연락을 취하는 것일 수도 있다. 불편한 기분을 받아들이고 작은 행동을 실행하자.

이 작업을 한 후, 이런 행동을 통해 본인이 되고 싶은 존재나 있고 싶은 장소와 더 가까워졌는지 아니면 멀어졌는지 평가해 보자.

어느 쪽이든, 뭔가를 배울 것이다. 그리고 어느 쪽이든, 다음에는 뭘 해야 하는지 좀 더 잘 알 것이다.

지금도 그리고 앞으로도 여러분에게 항상 좋은 일들만 있길 바란다.

아이슬링 & 트리시

천 리 길도 한 걸음부터.

– 노자

오늘의 스몰 스텝

힘든 시기를 이겨 낼 수 있도록 지금보다 나이 많고 현명하고 동정심 많은 자신이 보내는 편지를 써 보자.

우리가 여러분에게 보낸 편지를 가이드 삼아, 지금보다 나이 많고 현명하고 동정심 많은 자신이 현재의 자신을 지지하는 편지를 보낸다면 무슨 말을 쓸지 생각해 보자.

과거를 되돌아보면서 완벽한 시야를 얻는 경우가 많다. 어려운 시기에 도움이 될 만한 인용문이나 시, 연설문, 일반적인 지침을 적어 두자. 원한다면 소중한 친구에게 이 편지에 대해 알려 두고, 가장 필요할 때 친구에게 읽어 보라고 상기시켜 주면 큰 도움이 될 것이다.

감사의 글

비록 이 책의 제목은 《작은 것의 힘》이지만 우리가 해낸 작업은 결코 작은 위업이 아니었다. 우리는 전 세계 수많은 이들의 지지를 받는 축복받은 사람들이고, 이 기회를 빌려 그들에게 감사를 전하고 싶다.

〈아이리시 타임스(The Irish Times)〉에 실린 5분 탈출 관련 기사를 읽고 '작은 것'의 개념과 이 책의 필요성을 인정해 준 우리 편집자 시아라 콘시딘에게 감사한다. 또 책이 나오기까지 도와주고 지지해 준 조안나 스미스와 아셰트 아일랜드 직원들에게도 감사한다.

〈아이리시 타임스〉에 5분 탈출에 관한 첫 번째 기사를 실어 '작은 것'의 개념에 대한 폭넓은 관심을 불러일으키고, 우리가 수년간 개발한 여러 가지 작은 기술과 전략을 모아 책을 내도록 격려해 준 로이신 잉글에게 감사한다.

우리는 이 책을 쓰는 동안 수많은 지지자들과 후원자들의 도움을 받았다. '트위팅의 여신'으로 알려진 샘 켈리, 그리고 헬레나 길훌리와 우먼스 인스파이어 네트워크의 모든 멤버들은 트위터와 소셜 미디어를 통해 우리에게 큰 지지를 보내 줬다. 전문연사협회는 우리의 메시지를 최대한 많은 사람들에게 전달하는 방법과 관련해 귀중한 피드백을 제공해 줬다. 또 많은 이들과 우리의 생각을 공유할 수 있도록 미디어 노출을 도와 준 빅토리아 메리 클라크와 타라 길리체에게도 감사한다. 동료 심리학자 말리 코인도 우리 일의 중요한 후원자이자 치어리더였다. 정말 감사드린다.

우리는 수용전념치료(ACT)를 위한 국제기구인 맥락적행동과학협회의 일원이 된 것을 큰 축복이자 행운이라고 생각한다. 이 기관과 여기 속한 트레이너들은 전 세계에서 배우고 가르치고 협력할 수 있는 많은 기회를 제공했다. 이 책에 소개된 작은 기술 중에서 동료 트레이너들의 업적에 영감을 받은 것이 많다. 벤지 쉔도르프는 자기 관리 영역이라는 개념을 소개해 줬고, 결국 이것이 '작은 것의 힘' 방식에서 중추적인 역할을 하게 됐다. 로빈 발저, 마티유 빌라트와 제니퍼 빌라트는 일관적이거나 비일관적인 내러티브와 이야기에 대해 많은 걸 가르쳐 줬다.

기능 분석적 심리치료(FAP) 커뮤니티는 오랫동안 다양한 인식과 용기, 애정을 나눠 줬다. FAP의 많은 친구들과 그들이 우리 삶에 베풀어 준 것들에 감사한다. 특히 FAP 공동 설립자 중 한 명인 마비스 차이에게 많은 영향을 받았다.

'액트 나우 퍼포즈풀 리빙(Act Now Purposeful Living)' 팀, 특히 지난 몇 년

간 우리에게 광범위한 도움을 준 트레이시 퀸과 조 시아둘에게 감사한다.

책을 쓰는 동안 우리 원고를 검토하고 피드백을 해 주신 분들이 많다. 아오이페 헤리티, 앤 마리 그레이엄, 피놀라 하워드, 커크 스트로살, 루이즈 맥휴, 마이클 싱클레어, 릭 두디, 로절린드 힐리, 러스 해리스에게 깊은 감사 인사를 전한다.

훌륭한 글쓰기 지침을 알려 주고 물심양면으로 도와준 카밀 헤이즈에게도 감사한다.

아일랜드의 야심 찬 작가들에게 훌륭한 자원과 지원을 제공하는 아일랜드 작가 센터에 감사한다. 《작은 것의 힘》의 초안은 대부분 아일랜드 작가 센터에서 썼다.

《작은 것의 힘》 구성 방식과 여러 가지 개념을 가장 잘 표현할 수 있는 방법에 대해 매우 귀중한 의견을 제공해 준 브라이언 피네건에게도 이루 말할 수 없이 감사하다.

믿을 수 없을 정도로 바쁜 스케줄 속에서도 시간을 내 우리 원고를 읽고 그토록 아름답고 사려 깊은 머리말을 써 준 올리비아 오리어리에게 크나큰 감사 인사를 전한다. 정말 고마운 분이다.

브레시, 데니스 터치, 제니퍼 오코넬, 커크 스트로살, 로라 실버슈타인-터치, 메리 웰포드, 마이클 싱클레어, 루스 스콧, 러스 해리스, 스티븐 C. 헤이스 등 바쁜 중에 시간을 내서 진솔하게 우리 책을 리뷰하고 지지해 준 놀라운 분들에게 감사한다.

가족과 친한 친구들도 우리가 책을 쓰는 내내 엄청난 지원을 아끼지 않았다. 이 책을 완성하기까지 수많은 일과 부탁과 초대를 거절해야 했는데, 너그럽게도 모두 이해하고 받아 준 분들께 감사드린다. 특히 가족과 친척들, 그리고 가족 이상으로 가까운 친구들에게 감사한다.

우리 털북숭이 아기들—이 책을 쓰는 동안 무지개다리를 건넌 로키, 샨티, 레이아, 루나에게도 감사한다. 너희 넷은 우리 옆으로 계속 파고들면서 많은 사랑을 나눠 줬어. 현재에 충실하게 살아가는 방법도 가르쳐 주고, 우리가 컴퓨터 앞에 너무 오랫동안 앉아 있으면 그만 일어나라는 신호를 보내기도 했지.

그리고 지금 이 책을 읽고 실행에 옮기려는 독자 여러분의 의지에도 감사한다.

마지막으로 끊임없는 피드백과 질문을 통해 이 모델을 더욱 정교하게 만들도록 도와준 수많은 클라이언트와 워크숍 및 단체 상담 참석자들에게 일일이 감사 인사를 전하지 못해 크나큰 마음의 빚을 지고 있다. 이 책은 여러분이 제공해 준 정보를 바탕으로 만들어졌으니 온전히 여러분을 위한 책이다. 여러분이 몇 번이고 되짚어 볼 수 있는 영원한 지침서가 될 수 있기를 바란다.